看懂中国GDP

宋旭光◎等　著

北京大学出版社
PEKING UNIVERSITY PRESS

图书在版编目（CIP）数据

看懂中国 GDP/宋旭光等著. —北京：北京大学出版社,2015.4
ISBN 978 – 7 – 301 – 25667 – 1

Ⅰ. ①看… Ⅱ. ①宋… Ⅲ. ①国内生产总值—研究—中国 Ⅳ. ①F222.33

中国版本图书馆 CIP 数据核字(2015)第 071620 号

书　　　名	看懂中国 GDP
著作责任者	宋旭光　等著
责 任 编 辑	黄炜婷
标 准 书 号	ISBN 978 – 7 – 301 – 25667 – 1
出 版 发 行	北京大学出版社
地　　　址	北京市海淀区成府路 205 号　100871
网　　　址	http://www.pup.cn
电 子 信 箱	em@ pup.cn　　　QQ:552063295
新 浪 微 博	@北京大学出版社　@北京大学出版社经管图书
电　　　话	邮购部 62752015　发行部 62750672　编辑部 62752926
印 刷 者	北京大学印刷厂
经 销 者	新华书店
	730 毫米×1020 毫米　16 开本　20.25 印张　289 千字
	2015 年 4 月第 1 版　2015 年 4 月第 1 次印刷
定　　　价	48.00 元

序　言

　　中国的经济规模到底是世界第二？还是第一？在2014年4月30日，世界银行公布了国际比较项目的结果之后，这个问题成为一个舆论热点，引起了许多人的关注。

　　在研究中国经济规模在世界上的排名的时候，我们想起宋朝大诗人苏东坡的一首诗：

> 横看成岭侧成峰，
> 远近高低各不同。
> 不识庐山真面目，
> 只缘身在此山中。

　　说庐山是岭，对；说庐山是峰，也对。就看你从哪个角度来观察庐山。

　　说中国的经济规模是世界第一，对；说中国的经济规模是世界第二，也对。就看你关注哪方面的问题。度量一个国家的经济规模要比观察一座山复杂多了，有的人关注经济总量，有的人关注人均指标，有的人关注生活品质……角度不同，结论也大不相同。

　　恰如世界银行国际比较项目的报告所说，如果从购买力平价法来看，中国刚刚超过美国，位居世界第一；可是，如果从汇率法来看，中国的经济规模只有美国的一半。如果从物质性产出来看，中国早在2002年就超过了美国；可是，如果从生活水平来看，在2013年，美国的人均GDP是中国的4.46倍（按购买力平价法计算）或7.80倍（按汇率法计算），美国的人均消费是中国的5.32倍。中美两国之间的差距还相当悬殊。

世界银行主导的国际比较项目致力于购买力平价法研究，取得了许多可喜的进步。但是囿于在理论上和统计方法的内在矛盾，购买力平价法还有待进一步完善。目前根据购买力平价法得出的结果充其量也只能提供一个特定的观察角度，离制定相关政策还有相当长的路要走。

北京师范大学国民核算研究院自 2011 年成立以来，承担了一系列国民核算研究任务，取得了一些成果，其中，《国民核算研究报告，2013》和《国民核算研究报告，2014》等得到了学术界、企业界和政策研究部门普遍的好评。鉴于当前中国 GDP 相关问题受到国内外的普遍关注，在前期研究的基础上，国民核算研究院的同事们集体攻关、分工协作，在短短几个月内拿出了这本书。

本书的第一章由宋旭光和徐滇庆执笔；第二章由邱东执笔；第三章由王亚菲和徐滇庆执笔；第四章由陈梦根、王亚菲、胡雪梅、李昕、丁萌萌、徐滇庆执笔；第五章由王亚菲、李昕、徐滇庆执笔；第六章由王亚菲执笔；第七章由席玮、丁萌萌、李昕、徐滇庆执笔；第八章由吕光明、徐曼、贾帅帅执笔；第九章由李昕、杜勇宏、丁萌萌、徐滇庆执笔；第十章由丁萌萌、徐滇庆执笔；第十一章由丁萌萌、徐滇庆执笔；第十二章由丁萌萌、李昕、徐滇庆执笔；第十三章由李昕、胡雪梅、徐滇庆执笔；第十四章由宋旭光、陈梦根、王亚菲、徐滇庆执笔。在撰写过程中，北京师范大学国民核算研究院的朋友们相互切磋，通力合作，研究助理王璐瑶、杨朔，以及许多研究生也积极参与，在数据收集、整理上做了许多工作。集体的努力是本书得以付梓的保证。

在本书的编写过程中，得到了刘国光、吴敬琏、茅于轼、张曙光、张维迎、卢锋、姚洋、李玲、李实、李晓西、唐任伍、谢平、汤敏、左小蕾、李善同、郑玉歆、赵海英、任若恩、曹远征、左学金、史晋川等人的指导和帮助。北京大学出版社的林君秀、郝小楠和黄炜婷女士为本书的出版作出了重大贡献。在此一并致以衷心的感谢。

我们清楚地知道，限于自身的水平，不可能对这个复杂的问题作出完美的解答。在许多地方可能挂一漏万，顾此失彼，还有许多地方很可能存在谬误，需要不断改正与完善。我们的这本书只不过是抛砖引玉，衷心希望能够得到各方面专家的批评指教。

作　者
2014 年 11 月 15 日

目　录

第一章

一石激起千层浪

1.1 世界银行报告引起的争论

2014 年 4 月 30 日,世界银行根据第八轮国际比较项目(ICP 2011)的初步结果,发布了题为《根据购买力和实际支出的世界经济》报告。报告指出,2011 年中国的购买力平价(Purchasing Power Parity, PPP)为 3.506。根据这一结果换算,2011 年中国 GDP 为人民币 47.16 万亿元,折合 13.46 万亿美元,占全球份额的 14.9%。美国同期的 GDP 为 15.53 万亿美元,占全球份额的 17.1%。中国的经济规模达到美国的 87.0%,也就是说,中国的经济规模在 2011 年已经逼近美国。随后跟进的世界银行数据显示,在 2013 年,中国 GDP 为 16.16 万亿美元,美国为 16.80 万亿美元(见表 1-1),两国的经济规模已经相差无几。由于中国在 2013 年的 GDP 增长率为 7.7%,美国的经济增长率为 1.6%①。中国的经济增长速度显著地高于美国,因此,世界银行的研究机构预测,在 2014 年中国有可能超过美国成为世界第一大经济体。②

---

① 美国 2013 年的经济增长率数据来自 www.cia.gov

② "在 IMF 最新发布的《世界经济展望》报告预计,按 PPP 得出中国将在今年年底占有全球 GDP 总量的 16.48%,规模达 17.632 万亿美元;而美国则占 16.28%,总量为 17.416 万亿美元。并且据估算,到 2019 年中国经济总量将比美国高出 20%。"引自《人民日报》,2014 年 10 月 11 日。

表 1-1　世界银行按照购买力平价法估算的 GDP 　（单位：亿美元）

年份	中国	美国	日本	印度
1990	11 427	59 796	23 780	10 200
1991	12 260	61 740	25 387	10 651
1992	13 691	65 393	26 179	11 491
1993	16 012	68 787	26 848	12 323
1994	18 637	73 087	27 656	13 424
1995	21 514	76 640	28 782	14 742
1996	24 301	81 002	30 072	16 144
1997	27 190	86 085	31 075	17 086
1998	30 040	90 891	30 783	18 339
1999	32 856	96 657	31 160	20 246
2000	36 163	102 897	32 898	21 502
2001	40 062	106 253	33 771	23 055
2002	44 372	109 802	34 717	24 300
2003	49 796	115 122	35 690	26 734
2004	56 321	122 770	37 534	29 643
2005	64 702	130 954	38 896	33 434
2006	75 145	138 579	40 649	37 655
2007	88 064	144 803	42 643	42 443
2008	98 435	147 203	42 895	44 955
2009	108 332	144 179	40 811	49 143
2010	121 098	149 583	43 227	54 841
2011	134 959	155 338	43 862	59 630
2012	147 827	162 446	45 048	63 546
2013	161 577	168 000	46 244	67 744

数据来源：世界银行数据库，2014。

一石激起千层浪。这则消息立即引起了政界、学界和商界的热烈讨论，大家各持己见，众说纷纭。可是，中国政府迟迟没有表态，似乎对这个消息没有多大的兴趣。

时隔不到半年，国际货币基金组织（IMF）和世界银行在 2014 年 10 月宣布，以购买力平价计算，在 2014 年 10 月 10 日美国经济规模为 17.4 万亿美元，中国则为 17.6 万亿美元。中国已超越美国，位居世界第一。美国《世界日报》2014 年 10 月 14 日的社论称,中国比外界预期早五年成为世界经济上最大的经济体。

关于中国经济规模位居世界第一的争论,一波又一波,无可回避。

1.2　由来已久的争论

其实,关于中国经济规模的排名早已成为一个热门话题。近年来,许多海内外学者纷纷讨论中国 GDP 规模在世界上的排名位置。

根据 IMF 世界经济展望数据,如以汇率法计算,中国的经济规模在 1990 年排名世界第十一;在 2000 年超过意大利,位居世界第六;在 2003 年超过法国,成为世界第五;在 2006 年超过英国,位居世界第四;在 2007 年超过德国,变成世界第三。随后在 2010 年,中国 GDP 规模为 5.87 万亿美元,首次超过日本的 5.46 万亿美元,成为世界上仅次于美国的第二大经济体(见附表 1A-1)。

究竟中国在什么时候超越日本成为世界上第二大经济体? 许多学者和国际研究机构用不同的方法得出了不同的结论。如用汇率法计算,中国 GDP 在 2007 年约 56 114 亿美元,高于日本的 43 789 亿美元。如用购买力平价法计算,2001 年中国 GDP 约 33 392 亿美元,超过日本的 32 933 亿美元。若根据调整服务业比重后的数据,1999 年中国 GDP 就以 31 813 亿美元的规模超过日本的 30 591 亿美元。无论如何,对于中国经济规模已经超过日本这一点已无争议。从那个时候起,人们开始讨论,什么时候中国会超过美国成为世界上最大的经济体?[①]

北京大学中国经济研究中心姚洋教授指出:在估计中国的经济规模什么时候能赶上美国的时候需要一系列的假设。如果中国的经济增长率保持8.0%,而美国保持 3.0%;中国的通货膨胀率保持 3.6%,美国保持为2.0%;人民币相对美元每年升值 3.0%,那么两个国家的 GDP 在 2021 年都是24 万亿美元。如果中国的经济增长率在前 5 年保持在 9.0%—10.0%,后 5

---

① 详见本书第十二章。

年为 6.0%—7.0%,计算的结果几乎一样,中国也是在 2021 年赶上美国。①

IMF 在 2011 年 4 月发布的《世界经济展望》中预测,如以购买力平价衡量,中国的经济规模将在 2016 年超过美国,成为世界第一大经济体。届时,中国 GDP 将达到 18.7 万亿美元,而美国为 18.3 万亿美元。

美国加州大学戴维斯分校的芬斯强教授(Robert Feenstra)采用收入法计算 GDP。② 他认为,世界银行在估计中国实际 GDP 时使用城镇及周边地区价格指数,高估了平均价格水平,因此世界银行可能把中国实际 GDP 低估了 50.0%。修正这一指标意味着:中国的实际 GDP 将会在更短的时间内超过美国,即 2013 年甚至 2012 年,而不是 IMF 所预测的 2016 年(见表 1-2)。

表 1-2 美国芬斯强教授计算的中美两国经济规模比较

(单位:万亿美元)

国家	2005 年	2008 年	2011 年	2012 年	2013 年
美国	123 640	127 160	130 780	132 010	133 250
中国	68 630	89 160	115 830	126 390	137 900

数据来源:Robert Feenstra,"中国有多大?",经济学(季刊),2012 年第 11 期,第 367 页。

各种说法,差异甚大,让人无所适从。当世界银行、IMF 等权威机构在 2014 年 10 月站出来说话之后,人们不得不认真地梳理 GDP 数据,努力探索真相。

回顾历史,美国的经济规模在 1872 年超过了英国,成为世界上最大的经济体。美国保持这顶桂冠已经 142 年了。在 20 世纪 50 年代,中国人喊出了"赶英超美"的口号,许多人认为这只不过是浪漫的幻想。如今美国要把世界第一大经济体的称号拱手让给中国,不要说世界各国有些惊愕,许多美国人难以接受,就连中国人也未必做好了思想准备。

根据亚洲开发银行的报告,中国官方的态度是:"中华人民共和国国家统计局(NBS)表示,该项目在所用方法的某些方面还有所保留,因此不同意公布中华人民共和国(PRC)的大类结果。中华人民共和国的结果由亚洲开发银行

---

① 参阅姚洋,When will China's Economy Overtake America's?,China Daily,2012.
② 参阅 Robert Feenstra,"中国有多大?",经济学(季刊),2012 年第 11 期。

2011年ICP项目区域办公室和世界银行2011年ICP项目全球办公室共同估算。但中华人民共和国国家统计局并不承认这些结果为官方统计数据。"①

　　有些人认为世界银行按照购买力平价法计算出来的数字"太不靠谱",不必理睬;有些人质疑世界银行数据的准确性;有人认为这是给中国戴高帽子,企图捧杀中国;还有些人认为这个说法居心叵测,为"中国威胁论"提供依据。不过,大多数学者认为,作为一个国际组织,世界银行似乎犯不着跟中国过不去。世界银行使用的原始数据就是由中国官方统计机构提供的,中国政府还派人参加了ICP。世界银行和IMF一再如此宣布,必定有其内在的道理。无论接受还是不接受世界银行的说法,必须正视挑战,严肃、认真地进行分析研究。现在到了必须正面回答这个问题的时候了。

1.3　度量经济规模的难处

　　为什么对于中国的经济规模争论不休?

　　众所周知,如果要度量一个长度,必须用尺子,而尺子的刻度必须相同。当前,中国使用公尺,美国用英尺,虽然度量出来的数字不同,两者之间有固定的转换关系,因此不会产生误解。其实,中国早年使用的长度单位是市尺,为了便于和世界各国沟通才改用公尺。人们都知道,1公尺等于3市尺。可是,在古书中记载道,关公身长9尺。如果折算成公尺,岂不是身高3米?显然,这是不可能的,原因在于汉朝时候的一尺比现在小得多。尽管都使用"尺"这个单位,但是内涵却随着时代变迁而有很大的区别。这给我们理解古籍文献的记载增添了不少麻烦。由此可见,只有统一度量衡,人们才能避免在交流过程中产生误解。

　　度量一个经济体的规模要比度量一个物体的尺寸、重量困难多了。不仅涉及产出的数量、质量等,还涉及统计使用的本国货币和外国货币之间购买力的换算。工业、农业产品的度量就已经很复杂了,服务业包括的内容则更为复

──────────

① 参阅亚洲开发银行,"2011年亚洲及太平洋地区ICP,购买力平价与实际支出,概要报告",第12页。

杂。如何提高统计本身的准确性就是一个难题,更不要说进行国与国之间的比较了。

　　世界各国都有各自的统计体系,每年都统计各个部门和地区的 GDP。最原始的国内产出数据都是以本币作为基础统计出来的。各国统计 GDP 的最根本目的是征税。为了维持政府机器(如军队、法院、警察、消防队等)正常运转,财税收入须臾不可或缺。没有基本的统计数字,怎么能合理地征税以满足政府行政、社会福利、基本建设、军事国防等多方面的财政需求?必须根据各个部门、各个不同收入的居民组、各个地区的产出和实际收入才能合理地分配财税负担。许多原始统计数据就来源于征税。人们往往根据国内的统计数据来分析国民经济的增长速度、结构变化、贫富差距、基本建设投资等。

1.4　两套 GDP 统计数据

　　随着国际贸易、国际金融的发展,人们需要在国与国之间进行横向比较。最简单的方法就是将各国各自统计出来的 GDP 乘上一个汇率,折算到一个相同的货币上,然后进行国际比较(见表 1-3)。这就是通常人们常用的汇率法。

　　表 1-3 中第二列和第三列分别给出以人民币为单位统计的中国 GDP 和中国人均 GDP。尽管这些统计数据可能存在误差,可是,大家都知道,这些统计数据是最原始的、无可替代的。表中第四列给出各年的年均汇率,例如在2013 年,1 美元兑换 6.19 元人民币。按照这个汇率可以将人民币单位的 GDP 折算为美元。表中第五列和第六列分别给出以美元计算的中国 GDP 和中国人均 GDP 的数值。细心的读者可能会发现,这里的数字与某些官方公布的数字略有不同。其实,各个国际统计机构公布的数字也各不相同。尽管大家都使用汇率作为人民币和美元之间的转换因子,可是,有人使用年中的汇率,有人使用年底的汇率,有人使用全年汇率平均值,还有人使用前几年汇率的移动平均值。虽说汇率波动幅度有限,但是计算出来的 GDP 数值可能相差甚远。由此可见,在进行国际比较的时候,折算因子的选择至关重要。

表 1-3 按照汇率法计算的中国 GDP

年份	GDP（亿元）	人均 GDP（元）	年均汇率 人民币/1 美元	GDP（亿美元）	人均 GDP（美元）
1985	9 016	858	2.94	3 070	292
1986	10 275	963	3.45	2 976	279
1987	12 059	1 112	3.72	3 240	299
1988	15 043	1 366	3.76	3 996	363
1989	16 992	1 519	4.78	3 552	318
1990	18 668	1 644	5.32	3 507	309
1991	21 781	1 893	5.51	3 950	343
1992	26 923	2 311	5.76	4 673	401
1993	35 334	2 998	8.62	4 100	348
1994	48 198	4 044	8.35	5 772	484
1995	60 794	5 046	8.31	7 312	607
1996	71 177	5 846	8.29	8 586	705
1997	78 973	6 420	8.28	9 539	775
1998	84 402	6 796	8.28	10 196	821
1999	89 677	7 159	8.28	10 833	865
2000	99 215	7 858	8.28	11 987	949
2001	109 655	8 622	8.28	13 248	1 042
2002	120 333	9 398	8.28	14 538	1 135
2003	135 823	10 542	8.28	16 410	1 274
2004	159 878	12 336	8.28	19 316	1 490
2005	184 937	14 185	8.19	22 576	1 732
2006	216 314	16 500	7.97	27 135	2 070
2007	265 810	20 169	7.60	34 957	2 652
2008	314 045	23 708	6.95	45 218	3 414
2009	340 903	25 608	6.83	49 905	3 749
2010	401 513	30 015	6.77	59 312	4 434
2011	473 104	35 198	6.46	73 250	5 450
2012	518 942	38 420	6.31	82 209	6 086
2013	568 845	41 908	6.19	91 850	6 767

数据来源：GDP 数据和汇率来自《中国统计摘要，2014》，第 20、143 页。

因为汇率法存在许多缺点，从 20 世纪 80 年代起，世界银行、IMF 等机构开始同时公布两种 GDP 统计数据。一组是按照汇率法统计的 GDP 数据，另一组是按照购买力平价法统计的 GDP 数据。[①] 联合国、世界银行等国际组织曾多次表明,采用购买力平价法计算出来的 GDP 数字尚存在着一些问题,仅仅能够作为研究和观察时的参考。近年来,世界银行、亚洲开发银行组织了相当强的力量,花费了大量人力和物力不断地改进购买力平价法,经过长期的努力,购买力平价法取得了长足进展。最近世界银行公布的数据就是根据购买力平价法估算的。

如果将世界银行按照购买力平价法和汇率法计算出来的 GDP 放在一起比较(见表1-4),可以发现两种算法的差距相当大。以 1990 年为例,按照购买力平价法计算出来的中国 GDP 为 11 427 亿美元,按照汇率法计算出来的中国 GDP 只有 3 507 亿美元,两者相差 3.26 倍。也就是说,采用汇率法有可能低估中国的 GDP,或者说,采用购买力平价法有可能高估中国的 GDP。

表1-4　两种算法的差距

年份	购买力平价法(亿美元)	汇率法(亿美元)	两种算法结果之比
1990	11 427	3 507	3.26
1991	12 260	3 950	3.10
1992	13 691	4 673	2.93
1993	16 012	4 100	3.91
1994	18 637	5 772	3.23
1995	21 514	7 312	2.94
1996	24 301	8 586	2.83
1997	27 190	9 539	2.85
1998	30 040	10 196	2.95
1999	32 856	10 833	3.03
2000	36 163	11 987	3.02
2001	40 062	13 248	3.02
2002	44 372	14 538	3.05
2003	49 796	16 410	3.03
2004	56 321	19 316	2.92
2005	64 702	22 576	2.87

① 关于汇率法的缺点和购买力平价法的分析请参阅本书第三章和第四章。

（续表）

年份	购买力平价法(亿美元)	汇率法(亿美元)	两种算法结果之比
2006	75 145	27 135	2.77
2007	88 064	34 957	2.52
2008	98 435	45 218	2.18
2009	108 332	49 905	2.17
2010	121 098	59 312	2.04
2011	134 959	73 250	1.84
2012	147 827	82 209	1.80
2013	161 577	91 850	1.76

数据来源:购买力平价法数据来自世界银行数据库,汇率法数据来自表1-3。

不过,随着经济发展,两种统计方法之间的差距在逐渐缩小,由1990年的3.26倍缩减到2013年的1.76倍。纵观世界,不难发现,这并非中国特色,几乎所有的发展中国家都有类似的问题。两种统计方法之间存在着巨大的差距,越是经济欠发达的国家,这个差距就越大。对于发达国家来说,这两种统计方法之间的差距很小,无论采用哪种统计方法都无所谓。可是,对于发展中国家来说,两种方法得出的结论相差2—3倍,很容易导致误解。

1.5 观察角度不同,统计结论不同

汇率法和购买力平价法,两种统计方法得出两组不同的数据,哪一种统计数据更靠谱?显而易见,如果某一种方法更全面、更合理,另一种方法早就被人们抛弃了。之所以两种统计方法同时并存,本身就说明没有一种方法十全十美。可以说汇率法和购买力平价法各有千秋,都有各自的优点和缺陷。不论使用其中哪一种方法来度量、观察GDP都有它的道理。观察角度不同,得出的结论自然也不同。

在讨论一个国家的经济规模时,度量问题非常复杂。大千世界,纷纭复杂,世间事物,千变万化。有些经济活动很难定量;有些商品和生产要素不能跨越国境形成统一的市场;有些要素不能进入交易,没有充分的市场机制,哪来合理的价格;经济统计不可能面面俱到,在某些领域中难免挂一漏万。有些

问题很难解决,有些问题几乎不可能解决。这就是为什么当前对中国 GDP 规模争论不休而又得不出一个最终结论的原因。

更为重要的是,国际比较经济规模的目的是什么？有的人是为了研究、观察、比较综合国力;有的人是为了研究居民收入、福利以及贫富程度;有的人是为了研究国际贸易和国际金融。如果是研究综合国力,自然要倾向于观察物质性产出;如果讨论贫富程度,要关心人均 GDP 和居民收入和消费水平;如果要讨论国际贸易和金融,在交易过程中离不开汇率。研究目的不同,决定了各自观察的角度不同。例如,在短跑和游泳中比的是速度;在举重比赛中讲的是重量;在足球、篮球比赛中看集体对抗的得分。竞技项目不同,看点不同,竞赛的规则也不同,评判优劣的标准也不同。因此,在讨论一个国家的经济规模的时候,不能只采用单一的统计方法,更不存在单一的度量标准。有必要详细讨论各种有关 GDP 的统计方法,研究中国 GDP 统计的历史变迁和历次对 GDP 数据的调整。需要了解在 GDP 统计中的中国特色——由于中国税制和西方各国税制显著不同而导致大量丢失服务业数据。

两种统计方法,汇率法和购买力平价法,恰恰是从不同的角度来度量一个国家的经济规模。两种方法得出不同的结论,事在情理之中。究竟中国的经济规模在什么时候超越美国,完全用不着斤斤计较。如果调换一下观察的角度,也许可以发现:中国远远落后于美国,中国超越美国的时间还遥遥无期;或者中国超越美国成为世界最大的经济体的时间要比世界银行和 IMF 宣布的时间更早。只有心平气和、认真严谨、客观公正,才能确切地了解中国 GDP 规模,才能在经济高速增长过程中不断调整和世界各国的关系,共同促进世界的和平和发展。

1.6　世界银行的两套排名榜

按照世界银行公布的数据,如果要给世界各经济体的经济规模排名,起码有两套排名榜,一套按照购买力平价法排名,一套按照汇率法排名。最近世界银行公布的排名榜是按照国际比较项目(ICP),采用购买力平价法排列的。

附表 1A-1 按照购买力平价法列出世界上前 30 名的 GDP 排名。为了便于对比,附表 1A-2 按照汇率法测算的结果,列出世界上前 30 名的 GDP 的排名。

按照购买力平价法计算(见表 1-5),在 1990 年,美国名列榜首,GDP 为 59 796 亿美元;日本位居第二,23 780 亿美元;德国第三,14 721 亿美元;俄罗斯(当时还是苏联)第四,11 894 亿美元;中国第五,11 427 亿美元;印度第六,10 200 亿美元。如果以美国为基准,日本的经济规模是美国的 39.8%,德国是美国的 24.6%,俄罗斯是美国的 19.8%,中国是美国的 19.1%,印度是美国的 17.1%。中国和印度的经济规模相差无几,基本相当。

表 1-5　按购买力平价法计算的 GDP 的横向比较 （金额单位:亿美元）

年份	中国	美国	日本	以美国 GDP 作为比较基准(%)	中国占美国 GDP 的比例(%)	日本占美国 GDP 的比例(%)
1990	11 427	59 796	23 780	100.0	19.1	39.8
1991	12 260	61 740	25 387	100.0	19.9	41.1
1992	13 691	65 393	26 179	100.0	20.9	40.0
1993	16 012	68 787	26 848	100.0	23.3	39.0
1994	18 637	73 087	27 656	100.0	25.5	37.8
1995	21 514	76 640	28 782	100.0	28.1	37.6
1996	24 301	81 002	30 072	100.0	30.0	37.1
1997	27 190	86 085	31 075	100.0	31.6	36.1
1998	30 040	90 891	30 783	100.0	33.1	33.9
1999	32 856	96 657	31 160	100.0	34.0	32.2
2000	36 163	102 897	32 898	100.0	35.1	32.0
2001	40 062	106 253	33 771	100.0	37.7	31.8
2002	44 372	109 802	34 717	100.0	40.4	31.6
2003	49 796	115 122	35 690	100.0	43.3	31.0
2004	56 321	122 770	37 534	100.0	45.9	30.6
2005	64 702	130 954	38 896	100.0	49.4	29.7
2006	75 145	138 579	40 649	100.0	54.2	29.3
2007	88 064	144 803	42 643	100.0	60.8	29.4
2008	98 435	147 203	42 895	100.0	66.9	29.1
2009	108 332	144 179	40 811	100.0	75.1	28.3
2010	121 098	149 583	43 227	100.0	81.0	28.9
2011	134 959	155 338	43 862	100.0	86.9	28.2
2012	147 827	162 446	45 048	100.0	91.0	27.7
2013	161 577	168 000	46 244	100.0	96.2	27.5

数据来源:世界银行数据库,2014。

如果按照汇率法计算(见表 1-6),在 1990 年,美国名列榜首,GDP 为 59 796 亿美元;日本位居第二,31 037 亿美元;德国第三,17 145 亿美元;法国第四,12 402 亿美元;中国排名第十一,3 569 亿美元;印度排名第十二,3 266 亿美元。如果以美国为基准,日本的经济规模是美国的 51.9%,中国是美国的 6.0%。

表 1-6 按汇率法计算的 GDP 的横向比较 (金额单位:亿美元)

年份	中国	美国	日本	以美国 GDP 作为比较基准(%)	中国占美国 GDP 的比例(%)	日本占美国 GDP 的比例(%)
1990	3 569	59 796	31 037	100.0	6.0	51.9
1991	3 795	61 740	35 368	100.0	6.1	57.3
1992	4 227	65 393	38 528	100.0	6.5	58.9
1993	4 405	68 787	44 150	100.0	6.4	64.2
1994	5 592	73 087	48 503	100.0	7.7	66.4
1995	7 280	76 640	53 339	100.0	9.5	69.6
1996	8 561	81 002	47 062	100.0	10.6	58.1
1997	9 527	86 085	43 243	100.0	11.1	50.2
1998	10 195	90 891	39 146	100.0	11.2	43.1
1999	10 833	96 657	44 326	100.0	11.2	45.9
2000	11 985	102 897	47 312	100.0	11.6	46.0
2001	13 248	106 253	41 599	100.0	12.5	39.2
2002	14 538	109 802	39 808	100.0	13.2	36.3
2003	16 410	115 122	43 029	100.0	14.3	37.4
2004	19 316	122 770	46 558	100.0	15.7	37.9
2005	22 569	130 954	45 719	100.0	17.2	34.9
2006	27 130	138 579	43 567	100.0	19.6	31.4
2007	34 941	144 803	43 563	100.0	24.1	30.1
2008	45 218	147 203	48 492	100.0	30.7	32.9
2009	49 902	144 179	50 351	100.0	34.6	34.9
2010	59 305	149 583	54 954	100.0	39.6	36.7
2011	73 219	155 338	59 056	100.0	47.1	38.0
2012	82 295	162 446	59 378	100.0	50.7	36.6
2013	92 403	168 000	49 015	100.0	55.0	29.2

数据来源:世界银行数据库,2014。

到了 2013 年,按照购买力平价法计算的 GDP 排名榜发生了重大变化。美国的 GDP 为 168 000 亿美元,中国为 161 577 亿美元,两国的 GDP 规模基本相当。由于中国的 GDP 增长率显著地高于美国,因此,世界银行的专家们断言,中国的经济规模将在 2014 年超过美国,成为世界上最大的经济体。

如果按照汇率法计算,中国的 GDP 在 2013 年为 92 403 亿美元,和美国 GDP(168 000 亿美元)相比,只占美国的 55.0%。中国的经济规模刚刚超过美国的一半,离世界第一的距离还很远很远。

值得关注的是,印度的经济规模排名也在不断上升。在 1990 年,印度的 GDP 为 1.02 万亿美元,是美国的 17.1%,是日本的 42.9%。在 2007 年,印度的 GDP 为 4.24 万亿美元,日本为 4.26 万亿美元,两国的经济规模几乎相当。在 2008 年,印度超过日本成为世界第三大经济体。日本由第二位退居第四位。在 2013 年,印度的 GDP 为 6.77 万亿美元,日本为 4.62 万亿美元,仅仅是印度经济规模的 68.2%。

从 1990 年到 2013 年,按照购买力平价法,许多人口众多的发展中国家的排名也发生了巨大的变化。例如,印度尼西亚的排名从世界第十四位连续超越了英国、意大利、加拿大,变成世界第九位;巴西从第九位上升为第七位;德国从第三位下降为第五位。

在探讨中国经济规模的时候,必须要回答如下几个问题:

第一,尽管中国方面对按照购买力平价法估算出来的数据有所保留,可是世界银行和亚洲开发银行的研究人员依然一次又一次地公布了他们的估算结果,还详细地公布了购买力平价法计算公式和程序。那么,什么是购买力平价法?它和常用的汇率法比较,有些什么优缺点?

第二,世界银行和其他国际组织采用的购买力平价法还有哪些地方需要进一步改善和发展?

第三,应当如何全面地看待 GDP 的国际排名?

我们将在下面各章逐一讨论。

附表 1A-1　按照购买力平价计算的各国 GDP 排名

（单位：亿美元）

排名	1990		1991		1992		1993		1994	
1	美国	59 796	美国	61 740	美国	65 393	美国	68 787	美国	73 087
2	日本	23 780	日本	25 387	日本	26 179	日本	26 848	日本	27 656
3	德国	14 721	德国	15 988	德国	16 665	德国	16 891	中国	18 637
4	俄罗斯①	11 894	中国	12 260	中国	13 691	中国	16 012	德国	17 677
5	中国	11 427	俄罗斯	11 670	印度	11 491	印度	12 323	印度	13 424
6	印度	10 200	印度	10 651	法国	10 863	巴西	11 088	巴西	11 928
7	法国	10 025	意大利	10 503	意大利	10 832	法国	11 048	法国	11 536
8	意大利	10 011	法国	10 466	巴西	10 347	意大利	10 996	意大利	11 471
9	巴西	9 690	巴西	10 164	俄罗斯	10 201	英国	10 293	英国	11 032
10	英国	9 193	英国	9 376	英国	9 714	俄罗斯	9 539	俄罗斯	8 517
11	加拿大	5 522	印度尼西亚	5 594	印度尼西亚	6 134	墨西哥	7 681	墨西哥	8 213
12	西班牙	5 170	加拿大	5 591	墨西哥	5 888	印度尼西亚	6 736	印度尼西亚	7 398
13	墨西哥	5 158	墨西哥	5 555	加拿大	5 777	加拿大	6 062	加拿大	6 492
14	印度尼西亚	4 970	西班牙	5 478	西班牙	5 655	西班牙	5 730	西班牙	5 991
15	沙特阿拉伯	3 699	沙特阿拉伯	4 189	韩国	4 531	韩国	4 933	韩国	5 480
16	韩国	3 695	韩国	4 170	沙特阿拉伯	4 463	沙特阿拉伯	4 570	沙特阿拉伯	4 698
17	乌克兰	3 532	伊朗	3 686	澳大利亚	3 196	伊朗	3 961	伊朗	4 031
18	伊朗	3 169	乌克兰	3 342	乌克兰	3 087	澳大利亚	3 397	澳大利亚	3 586
19	澳大利亚	2 972	澳大利亚	3 077	荷兰	2 900	泰国	3 208	泰国	3 571
20	荷兰	2 634	荷兰	2 788	泰国	2 894	荷兰	3 007	荷兰	3 162
21	土耳其	2 395	泰国	2 618	土耳其	2 708	土耳其	2 995	土耳其	2 892
22	泰国	2 334	土耳其	2 498	巴基斯坦	2 548	乌克兰	2 711	巴基斯坦	2 813
23	波兰	2 278	南非	2 317	埃及	2 452	巴基斯坦	2 655	埃及	2 743
24	埃及	2 265	巴基斯坦	2 313	南非	2 319	埃及	2 583	波兰	2 620
25	南非	2 198	埃及	2 296	波兰	2 294	波兰	2 437	南非	2 534
26	巴基斯坦	2 131	波兰	2 188	委内瑞拉	2 287	南非	2 403	委内瑞拉	2 341
27	尼日利亚	1 889	委内瑞拉	2 108	比利时	2 037	委内瑞拉	2 347	比利时	2 178
28	比利时	1 865	比利时	1 962	尼日利亚	1 993	尼日利亚	2 083	哥伦比亚	2 151
29	委内瑞拉	1 859	尼日利亚	1 940	哥伦比亚	1 899	比利时	2 066	尼日利亚	2 147
30	阿尔及利亚	1 719	哥伦比亚	1 767	阿尔及利亚	1 827	哥伦比亚	1 990	乌克兰	2 134

① 本书涉及中国的数据不包括中国香港、中国澳门和中国台湾。

（续表）

排名	1995		1996		1997		1998		1999	
1	美国	76 640	美国	81 002	美国	86 085	美国	90 891	美国	96 657
2	日本	28 782	日本	30 072	日本	31 075	日本	30 783	中国	32 856
3	中国	21 514	中国	24 301	中国	27 190	中国	30 040	日本	31 160
4	德国	18 348	德国	18 871	德国	19 313	德国	19 837	德国	20 517
5	印度	14 742	印度	16 144	印度	17 086	印度	18 339	印度	20 246
6	巴西	12 714	巴西	13 225	巴西	13 905	巴西	14 061	英国	14 378
7	意大利	12 049	意大利	12 464	英国	13 314	英国	13 833	巴西	14 298
8	法国	12 018	英国	12 402	法国	12 982	法国	13 663	法国	14 242
9	英国	11 660	法国	12 400	意大利	12 913	意大利	13 586	意大利	13 856
10	俄罗斯	8 335	印度尼西亚	8 973	印度尼西亚	9 556	墨西哥	9 241	墨西哥	9 833
11	印度尼西亚	8 187	俄罗斯	8 181	墨西哥	8 751	印度尼西亚	8 391	俄罗斯	8 707
12	墨西哥	7 542	墨西哥	8 037	俄罗斯	8 436	俄罗斯	8 071	印度尼西亚	8 578
13	加拿大	6 808	加拿大	7 058	加拿大	7 480	加拿大	7 891	加拿大	8 413
14	西班牙	6 285	韩国	6 651	韩国	7 155	西班牙	7 502	西班牙	7 912
15	韩国	6 094	西班牙	6 591	西班牙	7 001	韩国	6 819	韩国	7 659
16	沙特阿拉伯	4 806	沙特阿拉伯	5 059	沙特阿拉伯	5 279	沙特阿拉伯	5 488	沙特阿拉伯	5 525
17	伊朗	4 224	伊朗	4 607	伊朗	4 844	土耳其	5 355	伊朗	5 201
18	泰国	3 982	泰国	4 294	泰国	4 307	伊朗	5 031	土耳其	5 177
19	澳大利亚	3 803	澳大利亚	4 043	澳大利亚	4 242	澳大利亚	4 546	澳大利亚	4 785
20	荷兰	3 328	荷兰	3 516	荷兰	3 800	荷兰	4 001	荷兰	4 258
21	土耳其	3 164	土耳其	3 465	土耳其	3 760	泰国	3 896	泰国	4 128
22	巴基斯坦	3 014	巴基斯坦	3 218	波兰	3 396	波兰	3 625	波兰	3 826
23	埃及	2 930	埃及	3 133	埃及	3 361	埃及	3 535	埃及	3 804
24	波兰	2 861	波兰	3 109	巴基斯坦	3 306	巴基斯坦	3 427	巴基斯坦	3 603
25	南非	2 667	南非	2 833	南非	2 958	南非	3 005	南非	3 120
26	委内瑞拉	2 484	委内瑞拉	2 525	委内瑞拉	2 732	委内瑞拉	2 769	委内瑞拉	2 641
27	哥伦比亚	2 310	哥伦比亚	2 400	马来西亚	2 598	哥伦比亚	2 567	马来西亚	2 619
28	马来西亚	2 276	马来西亚	2 380	哥伦比亚	2 525	尼日利亚	2 536	比利时	2 593
29	尼日利亚	2 185	尼日利亚	2 336	尼日利亚	2 442	比利时	2 488	尼日利亚	2 584
30	马来西亚	2 125	比利时	2 318	比利时	2 428	马来西亚	2 433	哥伦比亚	2 494

（续表）

排名	2000	2001	2002	2003	2004
1	美国 102 897	美国 106 253	美国 109 802	美国 115 122	美国 122 770
2	中国 36 163	中国 40 062	中国 44 372	中国 49 796	中国 56 321
3	日本 32 898	日本 33 771	日本 34 717	日本 35 690	日本 37 534
4	印度 21 502	印度 23 055	印度 24 300	南亚 34 458	印度 29 643
5	德国 21 200	德国 22 018	德国 22 638	德国 26 734	德国 24 479
6	英国 15 540	英国 16 478	英国 17 231	英国 23 412	英国 19 168
7	法国 15 348	法国 16 296	法国 17 049	巴西 17 926	巴西 18 462
8	巴西 15 253	巴西 15 807	巴西 16 477	法国 16 999	法国 17 605
9	意大利 14 682	意大利 15 561	意大利 15 399	意大利 16 936	意大利 16 007
10	墨西哥 10 607	俄罗斯 10 755	俄罗斯 11 667	俄罗斯 15 719	俄罗斯 14 741
11	俄罗斯 10 005	墨西哥 10 739	墨西哥 10 926	墨西哥 13 387	墨西哥 12 041
12	印度尼西亚 9 205	印度尼西亚 9 759	印度尼西亚 10 355	印度尼西亚 11 296	印度尼西亚 11 942
13	加拿大 8 924	加拿大 9 328	西班牙 9 944	西班牙 11 067	西班牙 11 076
14	西班牙 8 591	西班牙 9 205	韩国 9 898	韩国 10 404	韩国 11 002
15	韩国 8 519	韩国 9 091	加拿大 9 606	加拿大 10 213	加拿大 10 761
16	沙特阿拉伯 5 925	沙特阿拉伯 6 094	伊朗 6 475	伊朗 10 146	伊朗 7 638
17	土耳其 5 900	伊朗 5 931	沙特阿拉伯 6 196	沙特阿拉伯 7 074	沙特阿拉伯 7 637
18	伊朗 5 593	土耳其 5 616	土耳其 5 721	土耳其 6 843	土耳其 6 880
19	澳大利亚 5 045	澳大利亚 5 328	澳大利亚 5 641	澳大利亚 5 928	澳大利亚 6 305
20	荷兰 4 688	荷兰 4 945	荷兰 5 158	泰国 5 882	泰国 5 901
21	泰国 4 422	泰国 4 622	泰国 4 942	荷兰 5 401	荷兰 5 401
22	埃及 4 099	埃及 4 341	埃及 4 513	埃及 5 147	埃及 5 080
23	波兰 4 048	波兰 4 193	波兰 4 421	波兰 4 750	波兰 4 965
24	巴基斯坦 3 842	巴基斯坦 4 008	巴基斯坦 4 201	巴基斯坦 4 581	巴基斯坦 4 956
25	南非 3 324	南非 3 493	南非 3 676	尼日利亚 4 492	尼日利亚 4 845
26	马来西亚 2 916	马来西亚 2 998	马来西亚 3 208	南非 3 861	南非 4 147
27	比利时 2 838	尼日利亚 2 973	尼日利亚 3 133	马来西亚 3 526	马来西亚 3 798
28	委内瑞拉 2 801	委内瑞拉 2 962	比利时 3 105	比利时 3 462	阿联酋 3 525
29	尼日利亚 2 784	比利时 2 936	菲律宾 2 896	菲律宾 3 144	菲律宾 3 399
30	哥伦比亚 2 664	哥伦比亚 2 770	哥伦比亚 2 884	阿联酋 3 131	阿尔及利亚 3 345

（续表）

排名＼年份	2005		2006		2007		2008		2009	
1	美国	130 954	美国	138 579	美国	144 803	美国	147 203	美国	144 179
2	中国	64 772	中国	75 145	中国	88 064	中国	98 435	中国	108 332
3	日本	38 836	日本	40 649	日本	42 643	印度	44 955	印度	49 143
4	印度	33 434	印度	37 655	印度	42 443	日本	42 895	日本	40 811
5	德国	25 650	德国	27 660	德国	29 212	德国	30 479	德国	29 453
6	英国	20 059	英国	21 556	俄罗斯	23 775	俄罗斯	28 782	俄罗斯	27 653
7	巴西	19 656	俄罗斯	21 339	巴西	22 938	巴西	24 595	巴西	24 703
8	法国	18 637	巴西	21 062	英国	22 107	英国	22 464	法国	21 987
9	俄罗斯	16 957	法国	19 940	法国	21 111	法国	21 912	英国	21 691
10	意大利	16 574	意大利	17 934	意大利	19 008	意大利	19 967	意大利	19 574
11	墨西哥	13 248	墨西哥	14 699	印度尼西亚	15 464	印度尼西亚	16 715	印度尼西亚	17 623
12	印度尼西亚	13 027	印度尼西亚	14 166	墨西哥	15 462	墨西哥	16 409	墨西哥	16 245
13	西班牙	11 838	西班牙	13 411	西班牙	14 445	西班牙	15 105	西班牙	14 813
14	韩国	11 659	韩国	12 490	韩国	13 564	韩国	14 057	韩国	14 007
15	加拿大	11 624	加拿大	12 332	加拿大	12 920	加拿大	13 334	加拿大	13 029
16	伊朗	8 247	沙特阿拉伯	9 199	沙特阿拉伯	10 009	沙特阿拉伯	11 065	沙特阿拉伯	11 354
17	土耳其	7 812	伊朗	9 002	伊朗	9 964	土耳其	10 679	伊朗	10 701
18	澳大利亚	6 646	土耳其	8 960	土耳其	9 749	伊朗	10 217	土耳其	10 483
19	泰国	6 370	澳大利亚	7 096	澳大利亚	7 622	澳大利亚	7 971	澳大利亚	8 726
20	荷兰	5 729	泰国	6 901	泰国	7 441	泰国	7 775	泰国	7 652
21	巴基斯坦	5 537	荷兰	6 229	埃及	6 663	埃及	7 244	埃及	7 642
22	埃及	5 477	埃及	6 032	荷兰	6 631	荷兰	7 058	尼日利亚	7 387
23	波兰	5 251	巴基斯坦	6 027	巴基斯坦	6 486	波兰	6 870	波兰	7 238
24	尼日利亚	5 173	尼日利亚	5 770	波兰	6 379	尼日利亚	6 855	巴基斯坦	6 968
25	南非	4 536	波兰	5 754	尼日利亚	6 327	巴基斯坦	6 725	荷兰	6 839
26	马来西亚	4 128	南非	4 905	南非	5 314	南非	5 614	南非	5 571
27	阿联酋	3 814	马来西亚	4 493	马来西亚	4 903	马来西亚	5 240	马来西亚	5 200
28	菲律宾	3 675	阿联酋	4 318	阿联酋	4 574	委内瑞拉	4 843	委内瑞拉	4 724
29	阿尔及利亚	3 656	委内瑞拉	4 042	委内瑞拉	4 512	阿联酋	4 812	菲律宾	4 723
30	哥伦比亚	3 574	菲律宾	3 987	菲律宾	4 363	菲律宾	4 633	哥伦比亚	4 665

（续表）

排名	2010		2011		2012		2013	
1	美国	149 583	美国	155 338	美国	162 446	美国	168 000
2	中国	121 098	中国	134 959	中国	147 827	中国	161 577
3	印度	54 841	印度	59 630	印度	63 546	印度	67 744
4	日本	43 227	日本	43 862	日本	45 048	日本	46 244
5	德国	31 329	德国	33 521	德国	33 666	德国	34 935
6	俄罗斯	29 248	俄罗斯	32 266	俄罗斯	33 653	俄罗斯	34 613
7	巴西	26 886	巴西	28 163	巴西	28 951	巴西	30 122
8	法国	22 605	法国	23 696	法国	23 691	法国	24 369
9	英国	21 496	印度尼西亚	22 014	印度尼西亚	22 242	印度尼西亚	23 884
10	意大利	19 891	英国	20 571	英国	22 152	英国	23 209
11	印度尼西亚	18 946	意大利	20 561	意大利	20 384	意大利	20 524
12	墨西哥	17 360	墨西哥	18 963	墨西哥	19 551	墨西哥	20 140
13	韩国	15 032	韩国	15 594	韩国	15 912	韩国	16 643
14	西班牙	14 578	西班牙	14 832	西班牙	14 735	沙特阿拉伯	15 504
15	加拿大	13 593	加拿大	14 195	沙特阿拉伯	14 714	加拿大	15 191
16	沙特阿拉伯	12 346	沙特阿拉伯	13 667	加拿大	14 570	西班牙	14 975
17	土耳其	11 683	土耳其	13 149	土耳其	13 457	土耳其	14 219
18	伊朗	11 469	伊朗	12 045	伊朗	12 623	伊朗	12 071
19	澳大利亚	8 607	澳大利亚	9 309	澳大利亚	9 729	尼日利亚	10 179
20	泰国	8 350	尼日利亚	8 604	尼日利亚	9 344	澳大利亚	10 074
21	埃及	8 133	埃及	8 520	泰国	9 334	泰国	9 643
22	尼日利亚	8 063	波兰	8 438	埃及	8 776	埃及	9 096
23	波兰	7 783	巴基斯坦	8 380	波兰	8 613	波兰	8 968
24	巴基斯坦	7 166	巴基斯坦	7 510	巴基斯坦	7 949	巴基斯坦	8 559
25	荷兰	6 909	荷兰	7 203	荷兰	7 119	荷兰	7 294
26	南非	5 816	南非	6 143	马来西亚	6 515	马来西亚	6 923
27	马来西亚	5 654	马来西亚	6 061	南非	6 405	南非	6 625
28	菲律宾	5 145	菲律宾	5 437	菲律宾	5 909	菲律宾	6 428
29	哥伦比亚	4 909	哥伦比亚	5 335	哥伦比亚	5 648	哥伦比亚	5 978
30	阿联酋	4 750	阿联酋	5 032	委内瑞拉	5 377	委内瑞拉	5 532

注:*在 1990 年俄罗斯还是苏联的一部分。
数据来源:世界银行数据库,2014 年。

附表 1A-2　按照汇率法计算的各个国家或地区 GDP 排名

（单位：亿美元）

排名	1990		1991		1992		1993		1994	
	国家	金额	国家	金额	国家	金额	国家	金额	国家	金额
1	美国	59 796	美国	61 740	美国	65 393	美国	68 787	美国	73 087
2	日本	31 037	日本	35 368	日本	38 528	日本	44 150	日本	48 503
3	德国	17 145	德国	18 086	德国	20 644	德国	20 075	德国	21 480
4	法国	12 442	法国	12 454	法国	13 730	法国	12 970	法国	13 680
5	意大利	11 381	意大利	12 007	意大利	12 720	意大利	10 261	英国	10 800
6	英国	10 193	英国	10 665	英国	11 062	英国	9 968	意大利	10 591
7	加拿大	5 920	加拿大	6 083	西班牙	6 120	加拿大	5 748	加拿大	5 760
8	西班牙	5 205	西班牙	5 599	加拿大	5 901	西班牙	5 094	中国	5 592
9	俄罗斯*	5 168	俄罗斯	5 094	俄罗斯	4 602	墨西哥	5 040	巴西	5 462
10	巴西	4 620	巴西	4 073	中国	4 227	中国	4 405	墨西哥	5 273
11	中国	3 569	中国	3 795	巴西	3 906	巴西	4 383	西班牙	5 147
12	印度	3 266	韩国	3 323	墨西哥	3 636	俄罗斯	4 351	韩国	4 587
13	澳大利亚	3 114	澳大利亚	3 256	韩国	3 561	韩国	3 920	俄罗斯	3 951
14	荷兰	2 949	墨西哥	3 145	荷兰	3 362	荷兰	3 275	荷兰	3 512
15	韩国	2 848	荷兰	3 034	澳大利亚	3 254	澳大利亚	3 120	印度	3 330
16	墨西哥	2 627	印度	2 748	印度	2 933	印度	2 842	澳大利亚	3 228
17	瑞典	2 484	瑞典	2 602	瑞典	2 697	瑞士	2 500	阿根廷	3 119
18	瑞士	2 440	瑞士	2 469	瑞士	2 570	阿根廷	2 368	瑞士	2 767
19	比利时	2 028	比利时	2 079	比利时	2 319	比利时	2 220	比利时	2 419
20	奥地利	1 648	阿根廷	1 897	阿根廷	2 288	瑞典	2 020	瑞典	2 175
21	土耳其	1 507	奥地利	1 720	奥地利	1 931	奥地利	1 884	奥地利	2 014
22	阿根廷	1 414	土耳其	1 510	土耳其	1 591	土耳其	1 804	印度尼西亚	1 769
23	芬兰	1 389	丹麦	1 367	丹麦	1 502	印度尼西亚	1 580	丹麦	1 536
24	丹麦	1 358	沙特阿拉伯	1 313	印度尼西亚	1 391	丹麦	1 406	泰国	1 443
25	挪威	1 175	印度尼西亚	1 282	沙特阿拉伯	1 363	沙特阿拉伯	1 322	中国香港	1 358
26	沙特阿拉伯	1 168	芬兰	1 253	南非	1 305	南非	1 304	南非	1 358
27	伊朗	1 160	南非	1 202	挪威	1 283	泰国	1 250	沙特阿拉伯	1 343
28	印度尼西亚	1 144	挪威	1 197	泰国	1 115	中国香港	1 204	土耳其	1 307
29	南非	1 120	希腊	1 003	希腊	1 108	挪威	1 182	挪威	1 245
30	希腊	933	泰国	982	芬兰	1 102	希腊	1 038	希腊	1 112

（续表）

排名\年份	1995		1996		1997		1998		1999	
1	美国	76 640	美国	81 002	美国	86 085	美国	90 891	美国	96 657
2	日本	53 339	日本	47 062	日本	43 243	日本	39 146	日本	44 326
3	德国	25 229	德国	24 370	德国	21 572	德国	21 782	德国	21 310
4	法国	15 721	法国	15 728	法国	14 215	英国	14 778	英国	15 182
5	英国	11 807	意大利	12 664	英国	13 841	法国	14 689	法国	14 564
6	意大利	11 318	英国	12 418	意大利	11 987	意大利	12 246	意大利	12 082
7	巴西	7 690	中国	8 561	中国	9 527	中国	10 195	中国	10 833
8	中国	7 280	巴西	8 397	巴西	8 712	巴西	8 438	加拿大	6 743
9	加拿大	6 020	加拿大	6 270	加拿大	6 510	加拿大	6 314	西班牙	6 176
10	西班牙	5 962	西班牙	6 221	西班牙	5 725	西班牙	6 007	巴西	5 869
11	韩国	5 593	韩国	6 034	韩国	5 605	墨西哥	5 020	墨西哥	5 795
12	荷兰	4 190	荷兰	4 180	墨西哥	4 806	印度	4 287	韩国	4 863
13	俄罗斯	3 955	澳大利亚	4 016	澳大利亚	4 358	荷兰	4 026	印度	4 669
14	澳大利亚	3 682	印度	3 998	印度	4 232	澳大利亚	3 995	荷兰	4 115
15	印度	3 666	墨西哥	3 974	俄罗斯	4 049	韩国	3 765	澳大利亚	3 889
16	墨西哥	3 438	俄罗斯	3 917	荷兰	3 865	阿根廷	3 621	阿根廷	3 434
17	瑞士	3 240	阿根廷	3 297	阿根廷	3 548	瑞士	2 789	瑞士	2 735
18	阿根廷	3 126	瑞士	3 120	瑞士	2 723	俄罗斯	2 710	瑞典	2 588
19	比利时	2 845	瑞典	2 765	瑞典	2 532	土耳其	2 693	比利时	2 545
20	瑞典	2 537	比利时	2 758	比利时	2 498	比利时	2 556	土耳其	2 498
21	奥地利	2 386	奥地利	2 347	印度尼西亚	2 157	瑞典	2 547	奥地利	2 123
22	印度尼西亚	2 021	印度尼西亚	2 274	奥地利	2 078	奥地利	2 133	俄罗斯	1 959
23	丹麦	1 820	丹麦	1 844	土耳其	1 898	丹麦	1 737	丹麦	1 739
24	土耳其	1 695	泰国	1 819	中国香港	1 774	波兰	1 729	波兰	1 678
25	泰国	1 680	土耳其	1 815	丹麦	1 704	中国香港	1 689	中国香港	1 658
26	南非	1 511	挪威	1 602	沙特阿拉伯	1 650	挪威	1 511	沙特阿拉伯	1 610
27	挪威	1 489	中国香港	1 597	挪威	1 582	沙特阿拉伯	1 458	挪威	1 590
28	中国香港	1 447	沙特阿拉伯	1 577	波兰	1 572	希腊	1 353	印度尼西亚	1 400
29	沙特阿拉伯	1 425	波兰	1 567	泰国	1 509	南非	1 343	希腊	1 332
30	波兰	1 391	南非	1 437	南非	1 488	芬兰	1 298	南非	1 332

（续表）

排名	2000		2001		2002		2003		2004	
年份	国家	数值	国家	数值	国家	数值	国家	数值	国家	数值
1	美国	102 897	美国	106 253	美国	109 802	美国	115 122	美国	122 770
2	日本	47352	日本	41 599	日本	39 808	日本	43 029	日本	46 558
3	德国	18 864	德国	18 809	德国	20 066	德国	24 238	德国	27 263
4	英国	14 936	英国	14 851	英国	16 209	英国	18 751	英国	22 208
5	法国	13 263	法国	13 383	中国	14 538	法国	17 922	法国	20 557
6	中国	11 985	中国	13 248	法国	14 520	中国	16 410	中国	19 316
7	意大利	11040	意大利	11 237	意大利	12 252	意大利	15 145	意大利	17 355
8	加拿大	7 395	加拿大	7 327	加拿大	7 525	加拿大	8 878	西班牙	10 446
9	墨西哥	6 836	墨西哥	7 247	墨西哥	7 416	西班牙	8 838	加拿大	10 184
10	巴西	6447	西班牙	6 089	西班牙	6 863	墨西哥	7 133	墨西哥	7 703
11	西班牙	5 803	巴西	5 536	韩国	6 090	韩国	6 805	韩国	7 649
12	韩国	5 616	韩国	5 331	印度	5 240	印度	6 184	印度	7 216
13	印度	4 766	印度	4 940	巴西	5 042	巴西	5 525	巴西	6 638
14	澳大利亚	4 152	澳大利亚	4 007	荷兰	4 378	荷兰	5 383	澳大利亚	6 132
15	荷兰	3 851	荷兰	3 786	澳大利亚	3 944	澳大利亚	4 667	荷兰	6 099
16	阿根廷	3 4?3	阿根廷	3 255	俄罗斯	3 451	俄罗斯	4 303	俄罗斯	5 910
17	土耳其	2 666	俄罗斯	3 066	瑞士	2 867	瑞士	3 346	土耳其	3 922
18	俄罗斯	2 597	瑞士	2 626	比利时	2 528	瑞典	3 147	瑞士	3 742
19	瑞士	2 560	比利时	2 325	瑞典	2 510	比利时	3 117	瑞典	3 621
20	瑞典	2 473	瑞典	2 274	土耳其	2 325	土耳其	3 030	比利时	3 617
21	比利时	2 327	土耳其	1 960	奥地利	2 075	奥地利	2 539	奥地利	2 914
22	奥地利	1 921	奥地利	1 917	波兰	1 982	印度尼西亚	2 348	挪威	2 600
23	沙特阿拉伯	1 884	波兰	1 904	印度尼西亚	1 957	挪威	2 249	沙特阿拉伯	2 587
24	中国香港	1 717	沙特阿拉伯	1 830	挪威	1 919	波兰	2 168	印度尼西亚	2 568
25	波兰	1 713	挪威	1 709	沙特阿拉伯	1 886	沙特阿拉伯	2 146	波兰	2 528
26	挪威	1 683	中国香港	1 694	丹麦	1 739	丹麦	2 126	丹麦	2 447
27	印度尼西亚	1 650	丹麦	1 605	中国香港	1 663	希腊	1 929	希腊	2 280
28	丹麦	16C1	印度尼西亚	1 604	希腊	1 460	南非	1 682	芬兰	1 891
29	南非	1 329	希腊	1 298	芬兰	1 352	芬兰	1 643	爱尔兰	1 863
30	以色列	1 249	芬兰	1 246	葡萄牙	1 323	葡萄牙	1 619	葡萄牙	1 854

（续表）

排名	2005	2006	2007	2008	2009
1	美国 130 954	美国 138 579	美国 144 803	美国 147 203	美国 144 179
2	日本 45 719	日本 43 567	日本 43 563	日本 48 492	日本 50 351
3	德国 27 663	德国 29 027	中国 34 941	中国 45 218	中国 49 902
4	英国 23 214	中国 27 130	德国 33 238	德国 36 237	德国 32 982
5	中国 22 569	英国 24 830	英国 28 571	法国 28 318	法国 26 197
6	法国 21 366	法国 22 557	法国 25 824	英国 26 878	英国 22 080
7	意大利 17 863	意大利 18 730	意大利 21 272	意大利 23 073	意大利 21 111
8	加拿大 11 642	加拿大 13 108	加拿大 14 579	俄罗斯 16 608	巴西 16 202
9	西班牙 11 308	西班牙 12 364	西班牙 14 414	巴西 16 535	西班牙 14 543
10	韩国 8 981	巴西 10 889	巴西 13 668	西班牙 15 934	加拿大 13 708
11	巴西 8 822	韩国 10 118	俄罗斯 12 997	加拿大 15 426	印度 13 654
12	墨西哥 8 663	俄罗斯 9 899	印度 12 387	印度 12 241	俄罗斯 12 226
13	印度 8 342	墨西哥 9 667	韩国 11 227	墨西哥 10 991	澳大利亚 9 267
14	俄罗斯 7 640	印度 9 491	墨西哥 10 434	澳大利亚 10 555	韩国 9 019
15	澳大利亚 6 937	澳大利亚 7 475	澳大利亚 8 539	韩国 10 022	墨西哥 8 953
16	荷兰 6 385	荷兰 6 777	荷兰 7 826	荷兰 8 708	荷兰 7 963
17	土耳其 4 830	土耳其 5 309	土耳其 6 472	土耳其 7 303	土耳其 6 146
18	瑞士 3 848	瑞士 4 052	瑞典 4 625	印度尼西亚 5 294	印度尼西亚 5 396
19	比利时 3 774	比利时 4 000	比利时 4 596	波兰 5 243	瑞士 5 095
20	瑞典 3 706	瑞典 3 991	瑞士 4 505	瑞士 5 198	比利时 4 733
21	沙特阿拉伯 3 285	沙特阿拉伯 3 769	印度尼西亚 4 322	沙特阿拉伯 5 102	波兰 4 309
22	奥地利 3 050	印度尼西亚 3 646	波兰 4 253	比利时 5 074	沙特阿拉伯 4 291
23	挪威 3 041	波兰 3 417	沙特阿拉伯 4 159	瑞典 4 862	瑞典 4 058
24	波兰 3 039	挪威 3 400	挪威 3 935	挪威 4 539	奥地利 3 837
25	印度尼西亚 2 859	奥地利 3 250	奥地利 3 750	奥地利 4 142	挪威 3 788
26	丹麦 2 577	丹麦 2 744	阿根廷 3 298	阿根廷 4 060	阿根廷 3 785
27	南非 2 471	阿根廷 2 645	丹麦 3 114	伊朗 3 560	伊朗 3 627
28	希腊 2 401	希腊 2 617	希腊 3 054	丹麦 3 439	委内瑞拉 3 294
29	阿根廷 2 229	南非 2 610	南非 2 862	希腊 3 416	希腊 3 210
30	爱尔兰 2 026	伊朗 2 229	伊朗 2 861	委内瑞拉 3 156	丹麦 3 105

（续表）

排名	2010		2011		2012		2013	
1	美国	149 583	美国	155 338	美国	162 446	美国	168 000
2	中国	59 305	中国	73 219	中国	82 295	中国	92 403
3	日本	54 954	日本	59 056	日本	59 378	日本	49 015
4	德国	33 044	德国	36 281	德国	34 260	德国	36 348
5	法国	25 650	法国	27 822	法国	26 112	法国	27 349
6	英国	22 955	巴西	24 767	英国	24 618	英国	25 214
7	巴西	21 431	英国	24 625	巴西	23 027	巴西	22 457
8	意大利	20 554	意大利	21 963	俄罗斯	20 175	俄罗斯	20 968
9	印度	17 085	俄罗斯	19 048	意大利	20 133	意大利	20 713
10	加拿大	16 141	印度	18 801	印度	18 587	印度	18 768
11	俄罗斯	15 249	加拿大	17 786	加拿大	18 214	加拿大	18 268
12	西班牙	13 848	西班牙	14 545	澳大利亚	15 324	澳大利亚	15 606
13	澳大利亚	11 418	澳大利亚	13 869	西班牙	13 225	西班牙	13 583
14	韩国	10 945	韩国	12 025	韩国	12 228	韩国	13 046
15	墨西哥	10 516	墨西哥	11 701	墨西哥	11 865	墨西哥	12 609
16	荷兰	7 772	印度尼西亚	8 459	印度尼西亚	8 767	印度尼西亚	8 683
17	土耳其	7 312	荷兰	8 328	土耳其	7 889	土耳其	8 202
18	印度尼西亚	7 092	土耳其	7 748	荷兰	7 701	荷兰	8 002
19	沙特阿拉伯	5 491	沙特阿拉伯	6 695	沙特阿拉伯	7 340	沙特阿拉伯	7 453
20	瑞士	5 268	瑞士	6 589	瑞士	6 312	瑞士	6 504
21	比利时	4 712	阿根廷	5 577	阿根廷	6 032	阿根廷	6 118
22	瑞典	4 698	瑞典	5 360	瑞典	5 239	瑞典	5 589
23	阿根廷	4 631	伊朗	5 284	伊朗	5 027	尼日利亚	5 218
24	波兰	4 627	波兰	5 158	挪威	5 000	波兰	5 175
25	伊朗	4 226	比利时	5 133	波兰	4 902	挪威	5 126
26	挪威	4 209	挪威	4 908	比利时	4 829	比利时	5 081
27	委内瑞拉	3 938	奥地利	4 160	尼日利亚	4 630	委内瑞拉	4 383
28	奥地利	3 777	尼日利亚	4 117	奥地利	3 945	奥地利	4 157
29	尼日利亚	3 691	南非	4 039	阿联酋	3 838	泰国	3 873
30	南非	3 652	阿联酋	3 486	南非	3 823	哥伦比亚	3 781

注：在1990年俄罗斯还是苏联的一部分。
数据来源：世界银行数据库,2014年。

第二章

国际经济比较方法论问题的再思考

2014 年,世界银行等国家和组织主持开展的第八轮国际比较项目(ICP)结果公布于世,再次引起关于国际经济比较问题的热议。在经济学界主要有两种认识:从事国际比较的专家多数对 ICP 持赞成态度,高度认定 ICP 的基本思想和比较框架,只是比较方法的技术细节尚有改进的余地;也有些经济学家对 ICP 方法及其结果持怀疑态度。

我们高度尊重 ICP 专家的创造性贡献,但认为 ICP 并没有神圣到不可置疑的地步,其方法论中尚有值得深思的问题,并坚持认为汇率法也有其可取之处。本章分四个方面展开讨论:第一,比较同质性前提的设定;第二,ICP 法与汇率法比较的再思考;第三,空间结构及其测度比较;第四,国际经济比较需要进一步研究的问题和建议。

2.1 比较同质性前提的设定

交易是商品与货币的对立统一,表现为货币的购买力与相同单位商品价格的相对关系。价格低,意味着货币强势,可购买的商品多,购买力高;价格高,意味着货币弱势,可购买的商品少,购买力低。价格与货币的购买力成反比。

商品总值包含了数量、质量和价格三个因素,剔除了数量和质量因素,就只剩下价格因素，从而可以进行购买力的比较。如果商品采用单位价格计量，就去掉了数量因素；如果能够确认为相同商品，就剔除了质量因素；那么，商品单价之比就可以体现货币购买力之比。可见，要比较不同货币的购买力，确认商品同质性是非常重要的前提。

我们认为，商品同质性主要有微观和宏观两个层面，一是支出项目的同质性，二是所比较经济体的同质性。

2.1.1　支出项目的同质性

同质支出项目的价比才是货币购买力的反映，如果支出项目异质，则包含质量因素，不能真实地反映货币购买力的状况。然而，经济现实中要做到同质比较是非常困难的。《经济学人》杂志设立了专门的汉堡包指数，用单一产品来反映货币购买力平价，此举甚至受到经济学家的热捧。表面看来，汉堡包在世界各地都有门店，且产品按照统一标准生产和销售，可比性最佳，似乎足以反映各国的货币购买力差异。深入思索，汉堡包指数是有大问题的。且不说用单一产品来推断整个购买力平价多么荒唐，即便汉堡包本身也并不是完全同质的。汉堡包在欠发达经济体与在欧美就有很大区别，一个汉堡包并不仅仅是一个汉堡包。汉堡包在欧美是快餐，在欠发达经济体则是一个文化符号，是现代生活的一种象征，是时髦的体验式消费，是表明自己开放和热爱生活的一种经济行为，是孩子接受大人奖励时的一种优先选择。汉堡包在欠发达经济体包含了太多的文化内涵，远超出发达国家那种简单的快餐性质。按照亚洲开发银行报告的说法，"汉堡包在发展中国家不仅仅是汉堡包!"

商品的同质性可以从产出、投入、过程及综合等不同角度来确定，为什么某一个角度相对于其他角度更好？选择时应该提供充分的论证。投入不同，产出即便达到统一标准也未必全然相同。比如汉堡包产品，其投入的肉、面粉、土豆、油、西红柿、包装纸、操作工人皆有其不同，很难说产品就完全可比。

人不可能两次踏入同一条河流，世界没有绝对相同的事物，所谓同质，只能是相对而言的。严格确定产出或支出项目的同质性，是人类发展至今共同面临的经济统计难题。

ICP 强调各国产品实物量的比较,实行所谓实物原则。"一个马铃薯就是一个马铃薯",就是按照可行理念所做的变通,实物原则是同质性原则的现实延伸,或者说,经济统计原则也是有层次的,实物原则是同质性原则的次位原则,是一种工作标准,更偏重于可行性。我们知道,国际经济比较也可以采用生产法进行,之所以最后选择了支出法,与其更容易确认同质性有很大关系。

正是由于这种相对同质性,或者说同质的近似性,我们在选择比较方法和使用比较结论时,应该采取更为审慎的态度。

我们不应该忘记或者忽略:现实世界中,一个马铃薯不是一个马铃薯。即使物理形态完全相同的产品也很难确定其为同质,销售地点、条件不同,给人们带来的经济福利和生活质量也往往不同,也就是说,其内在质量可能大异,发达国家与发展中国家的主要差别就在于此。比如,发达国家出售商品时还包含"可退换"等后续服务约定,显然,如果剔除这些服务约定等质量差别,其价格将会下降许多。在这种差异中,发展中经济体的商品价格低,并不是其货币购买力强,而是该商品包含的服务少;发达经济体的商品价格高,也不是其货币购买力弱,而是该商品包含了更多服务。忽略这种商品质量差异,必然高估发展中国家的货币购买力,而低估发达国家的货币购买力。

还应该注意到经济发展的趋势,个人偏好对价格决定的作用更为重要,私人定制使得经济项目的同质性降低,所包含的服务差异加大,定制化生产是对经济同质化的反向作用,此类因素的存在可以保障经济的活力,产出或支出不会单一地趋向同质。经济现实中既有同质化的取向,也有异质化的取向。这种趋势对国际经济比较的影响究竟是什么?至少产品的定制化发展不利于ICP 法的推广。

2.1.2　所比较经济体的同质性

对可比较项目,操作中要确定其同质性,不过问题还在于:所有的支出项目都可比吗?我们知道,ICP 对调查地区的基本要求是:市场商品种类丰富,客观上存在可比较对象。这个要求告诉我们,各国经济中确实存在着不可比的项目,由此构成了宏观意义上的同质性问题。

显然，不同国家的商品集合之间存在着不可忽视的差异，不少国家的市场中有着其"特征商品"，即其他国家市场中没有或罕见的商品。比如，A 国货币的购买能力包含着对其特征商品 a 的部分，也包含着对共有商品 c 的部分，同样，B 国货币的购买能力包含着对其特征商品 b 的部分，也包含着对共有商品 c 的部分。

在这种市场差异情况下，如果计算 PPP 一定要满足全面性要求，势必需要比较特征商品 a 和 b 的比价，但经济现实中并不存在这种交易，遑论比价！这就是说，货币购买力总比价中包含着空的子集。这意味着，ICP 的比较对象中存在着不可比的部分，它需要比较并不存在的支出项目！这是否意味着 ICP 存在超越测度边界的问题呢？

对这个困难，ICP 采用代表品替代的方法加以解决，即采用"取其有、代其无、表其全"的办法，着眼于所有支出项目中的可比部分，直接计算其比价，并假设非代表品的价比等于代表品的价比。因为支出类别细分，每一细类中二者的差别似乎得到了限制，非代表品不至于过度偏离代表品，非代表品价比如果存在的话，也不至于过度偏离代表品价比，假定似乎可靠。

用代表品替代，实际上是假定了经济同构。经济发展水平相近的经济体更适用于开展 ICP，就是同质性要求的表现。那么，其余不可比的部分怎么办？对于外人的质疑，光回答比较项目"很大程度上重叠"（Considerable Overlap）还不够，还得说明究竟有多少重叠，为什么重叠多了就好？究竟多少重叠可以达到必要条件？不同国家重叠的水平不同，是否意味着其结果可靠性水平的差异？支出项目中不可比部分恰是经济结构不同的直接体现，因而我们建议，计算不同国家商品篮子的同异程度，可按品种数或支出额计算，以反映国际比较的可靠程度。

还需要注意的是，在 ICP 处理过程中，非代表品与代表品的差异并没有被消除，只是被分解，局限在细类之中。当我们对代表品价比进行加总处理（平均化）时，这种差异实际上也同时被加总了。经济结构不同，用代表品替代的影响究竟如何？这是个值得关注的问题。

ICP 初期都是在市场经济较发达国家进行，或许能得到较为精准的计算结果,但后期在全世界推广普及,经济结构差异的影响就大大加深了。适用于充分竞争市场经济的核算模式,能否有效地反映"不完全市场经济"的运行?会不会出现用一种统一模式套裁现实的危险?这是我们在评估 ICP 结果有效性时应该认真考虑的。

第八轮 ICP 是参与比较经济体最多的一轮,同时也是异质性经济体参与最多的一次。ICP 存在着实质上相悖的一个基本事实:只有参与比较的经济体多,才能更为真实地反映全球的经济规模。但晚加入 ICP 的经济体往往是异质性比较强的经济体。于是,参比经济体增加得越多,ICP 的同质性保障就越困难,更不容易做到准确比较。

2.2 ICP 法与汇率法比较的再思考

有汇率法进行国际比较,为什么还要研制 ICP 法?其初衷是更准确地测度各不同货币的购买力水平,进而在经济体、区域和全球层面上测度真实的经济规模。

由此必然引发出 ICP 法与汇率法之间的比较问题。一直以来,从事国际经济比较的多数学者推崇 ICP 法,而对汇率法颇多批判,有关著述中出现许多以 ICP 法为标准的明示和暗示。然而,最近出现了一个微妙的信号:ICP 最新方法论手册中关于二者的表述有所变化,不再极端地否定汇率法。我们认为,这是一种科学的态度,我们的确应该更为开放地思考:ICP 法的结果一定优于汇率法结果吗?或者说,ICP 法在经济的哪些方面体现了其真实性?又在多大程度上体现出其真实性?从另一面看,汇率法的结果果真一无是处吗?这些问题还有深入探讨的必要。

2.2.1 国际比较结果真实性的指向

在现实经济生活中,汇率是人们进行国际交易的基础尺度。任何人到国外旅行,兑换货币时,并不能要求以 ICP 的比较结果为标准,而只能依照市场汇率。此次 ICP 简要结果公布后,国际上有人评论说,中国不能用购买力平价标示的价比去购买导弹、船只、手机和德国汽车,还得按照汇率来支付,这就是在比较国家实力时为什么汇率更重要的原因。这并不是中国搞特殊,哪个国家不是如此呢?显然,市场汇率更好地测度了一国国民和企业在国际市场上的购买能力。因而,汇率法的真实性有其微观经济基础,其真实性建立在日常国际交易的实际操作上,是单个交易项目意义上的。特别是就国际贸易品的货币购买力比较而言,汇率法结果或许更为真实。

那么,ICP法结果的真实性又体现在哪些方面呢?笔者以为,那应该是宏观经济意义上的、平均意义上的真实。这意味着,ICP法结果并不是处处时时都优于汇率法结果。

好多人认为,汇率没有反映出各国货币在本国市场的相对购买力,汇率法仅能反映国际贸易中货物和服务价格的比例关系。笔者认为,从直接意义上看,这个"仅能"或许成立,但从间接意义上看,汇率法未见得全然"没有反映"。从比较的范围看,汇率法似乎只包括贸易品价比,但那只是表象。

众所周知,市场不是完全切割着的,国内市场与国际市场是相连接的。价格不是孤立的,不同商品的价格是相互影响、无法切割开的。贸易品价格与非贸易品价格在形成过程中并没有绝对界线,它们彼此相互影响。为何汇率投机得以存在?不正是购买力差异使然吗?汇率投机方向和程度取决于货币购买力差异的大小,能够反映贸易品价比的汇率法,也能够在一定程度上间接地反映出非贸易品的价比(如果它没有直接反映的话)。可见考虑到间接影响,指称汇率法有所欠缺是有失公允的。作为综合方法,汇率法诚然不能区分(分解)出单项的价比关系,但不能"区分"(分解)并不等于其中没有"包含"。

2.2.2　如何看待所谓汇率的政治扭曲

质疑汇率法结果,一个主要原因是汇率容易受到非经济因素的干扰,直而言之,就是政府对汇率的可能干预,所谓政治扭曲造成信号失真。这里有以下几点值得考虑:

第一,汇率和价格被扭曲的等位性。汇率不过是国际货币市场的价格,也是众多市场价格中的一种，不过是综合价格而已。在一个经济体中，政府对经济的作用力并不是单向度的，政府干预并不只针对汇率。如果汇率被扭曲，那么价格通常也会被扭曲。现实经济中不只汇率可能被扭曲，所有价格都可能被扭曲。充分竞争的完美市场并不存在，价格信号对供求关系的反映总有一定程度的扭曲。

第二，扭曲的多元主体。如果说价格扭曲存在的话，那么在现实经济生活中，不只有政治扭曲，还有经济领域中垄断行为造成的扭曲，如垄断企业对价格的干涉。政府和垄断企业都会"干预"市场价格，甚至非政府组织（NGO）和"国外"（即国外的居民、企业、政府和 NGO 之和）对价格决定的影响都很大。国民账户体系（SNA）设计了五大经济主体，即居民、企业、政府、NGO 和"国外"，它们都内生于经济过程，价格正是在这五大经济主体的博弈中形成的。在现代国际经济比较中，如果还不承认居民和企业之外的经济主体，将其对价格的作用视为外在干预，那就与 SNA 的逻辑框架相悖，与 SNA 结构设计的基本思想相悖。

第三，扭曲的程度和层次。如果说政府扭曲存在的话，那么汇率扭曲是集中体现的，汇率法接受的是一种总体性的扭曲。而价格扭曲则是分散体现的，ICP 采价，即采信市场价格数据，意味着接受各国现实市场中对支出项目价格的扭曲。然后，把不同的扭曲接受了之后再加总处理。如果采价本身即为接受扭曲信息，那么它与汇率法就只是接受扭曲在程度和层次上的差别，这样问题就转化为：在哪个层次上接受扭曲？是直接接受，还是间接受？可能有人会提出，众多价格信息的扭曲可以彼此抵消，果真如此，就需要就各种扭曲的分布形态等相关问题给出论证。

第四，"对扭曲的扭曲"。政府对于价格的作用，并不纯粹出于政治原因，政府从来就与经济活动密切相关。世界各国的经济史告诉我们，所谓"守夜人"定位不过是经济理论的一个神话，"李斯特梯子"从来就存在于经济发展的"阁楼"之下。只是发展阶段和地位不同，国家政府参与经济的程度或许有所不同。对于经济弱国而言，政府"干预"价格是对抗经济强国和垄断企业（跨国公司）干预的必要手段，可能起到正向调节作用，具有正能量，未必就是扭曲。恰恰相反,还可能是对其他扭曲的反作用,是"对扭曲的扭曲"。比如,最低工资限额是不是对价格的扭曲? 政府对企业与工会之间工资谈判的规制,是不是正向调节? 政府反垄断法的实施,本身难道不是反价格扭曲吗? 作为超级政府,世界银行和国际货币基金组织等国际组织对各国经济的作用,能统统归结为对价格的扭曲吗? ICP 本身也是一种政府行为,能将其视为对购买力平价的扭曲吗?

基于上述四点原因,所谓政治扭曲并不能作为否定汇率法的充分理由。在这方面,ICP 法并不一定优于汇率法。如果政府对汇率的干预不可接受,那么政府对价格的干预同样也不应该被接受。

2.2.3　精细方法有效空间的局限

从方法精细程度和复杂程度看,ICP 法的确优于汇率法,这是毋庸置疑的,但这种优势在结果上未必能得到充分保障。从结果上看,技术含量高的方法未必一定优于技术含量低的方法,ICP 法未必一定优于汇率法,我们不能把方法优势绝对等同于结果优势。

之所以这么说是因为,人往往有技术崇拜倾向,更愿意相信和采用技术含量更高的方法。人们在评价某种测度时,往往会依据其方法自身的优良程度来推测其结果的可信度。通常的推断是:方法精美结果就准。实际上方法精美与否只是得到准确结果的一个必要条件,而不是其充分条件。如果必要的前提得不到满足,很可能用特别精美的方法得出一个错误百出的结果。人们在比较不同方法及其结果时,往往容易或愿意忘记改进或创新方法所隐含的假定前提条件,或没有意识到技术创新陷阱的存在。而且,这比用粗略方法得出结果更令人可怕,因为方法的精美往往使人更容易确信其可能错误的结果。就是说,人们的技术崇拜倾向加剧了方法改进陷阱的危害。

技术先进的方法,比起简单的方法而言,往往需要更多的假定前提条件,才能确保结果的精确,通常是:技术越先进,需要的假定前提条件越多。但在测算现实中,数据取得并不能一定满足这些假定前提条件。为了实现或完成测算,就必须放松这些假定前提条件。

从空间角度看,技术越先进,对应其更多的假定前提条件,其应用的有效空间范围就越窄小,先进技术方法有效空间(小空间)与现实空间(大空间)的不匹配,导致了先进技术方法在其有效空间外的失灵,而人们往往忽视这两种空间的差异,将一定空间内有效的技术方法放大到其失效空间去应用,并盲目认同其应用结果,从而进入了方法改进或创新的陷阱。

就国际经济比较而言,ICP 法需要逐项比较 GDP 支出,需要尽可能保证所比项目的同质性,这本身就是非常困难的。而采用各国的经济统计数据,也添加了误差种类和误差机率。参比国越多,比较结果的全面性越强,但其可比性也就越难保证。相比而言,汇率法即使同样存在这方面的问题,也没有 ICP 法这样明显。

2.2.4 ICP 和汇率法的综合比较

时至今日,某些经济学家还在用"汇率的变化无常"(其实价格同样变化无常)来否定汇率法,似乎忽略了世界银行图表集法(ATLAS)的修匀工作,忽略了汇率法的进步。

可能出现奇异结果,难以给出合理解释,这曾经是否定汇率法的重要原因之一。值得指出的是,ICP 法同样不能确保不出现奇异结果,归纳性描述不能保证"永远不会出现意外",演绎性描述也不能做出此类保证。一旦测度模型确定,计算过程总是会有一部分黑箱,计算者不能确保计算结果一定符合理论预期。

概括来说,汇率是国际市场现实存在的货币交换价格比率,采用汇率法是记录市场指标数值后加以调整,实质上属于交易结果的记录。相对 ICP 法而言,汇率法直接比较的项目范围小一些,主要是国际贸易品。汇率法是笼统地比较,属于综合比较方法。

ICP 对购买力平价的计算是从单个项目(商品和服务)算起,逐层递推,通过设定的一个支出分类体系,确定了不同国家间的价比关系。这是自下而上的分项比较,属于结构比较方法。归结 ICP 的指标计算性质,购买力平价是不同经济体(国家或地区)相同支出项目价格比率的加权平均。相对汇率法而言,ICP 比较的范围更为全面,包括了全部 GDP 支出项目。由于 ICP 法经济意义的宏观性,购买力平价是人为计算出来的经济分析指标,属于人工构造指标。

从思想方法、指标计算的基本设定看,ICP 法和汇率法有很大的一致性。从最基本的思想方法上看,二者都存在着价格比较的平均化处理,由于汇率本身的综合性质,汇率法体现了经济过程本身内含的平均化,ICP 法则是外在的人工构造的平均化。在价比的测度中,汇率法实质上设定了非贸易品价比等于贸易品价比,ICP 法则假定非代表品价比等于代表品价比。

比较两种方法计算结果的数值序列,我们可以看出,二者存在着高度的相关性,对发达经济体而言尤其如此。从理论概念看,市场发达的经济体更适用于 ICP 法,但如果不考虑结构数据的话,发达经济体的购买力平价法结果与汇率法结果相差很小,实施 ICP 的价值又没有那么大。

我们还应该看到,ICP 的应用实际上面临着一个悖境。不否定汇率法,似乎 ICP 的存在意义就比较弱,毕竟研发 ICP 的动因就是为了弥补汇率法的不足。但 ICP 法又无法完全与汇率法切割干净,或者说,为了 ICP 本身的应用,也无法完全否定汇率法结果。

一个最明显的例证就是价格水平指数(PLI)指标的设置。按照 ICP 方法论手册的定义,价格水平指数是汇率法购买力平价与 ICP 法购买力平价的对比。按照三者关系判断,如果认可 ICP 法购买力平价和价格水平指数的数值,就得同时认可汇率法的测度结果。从一般逻辑看,如果说汇率法的结果存在着扭曲,那么这种扭曲一定会传导到 ICP 结果上,不是扭曲到购买力平价上,就是扭曲到价格水平指数上。那么,对汇率法结果的否定,也在一定程度上否定了 ICP 法的结果。

总之,汇率法并没有通常所认定的那么差,ICP 法的最大优势在于购买力平价的结构测度,由此,在推行 ICP 时可以极大地推动世界各国的经济统计水平。当然,取得这种优势是以经济统计的巨大投入为代价的。

2.3 空间结构及其测度比较

ICP 法与汇率法最大的区别和优势在于：ICP 法是一个结构分析方法。也正因为自身是结构方法，比较结构问题的适度设计和处理对 ICP 更为重要。

由于价格水平不同、参与经济体不同、分组不同、方法不同，故不同基准年的购买力平价不可比。这个计算性质说明：比较结构不同，其比较结论也会产生差异，换言之，ICP 的比较结果与其比较结构的相关性较强，比较结果对比较结构的敏感度较高。

由该相关性还产生出一个不同比较结构的选择问题，要让人相信国际比较的结论，就需要证明现有的比较结构是诸结构中最佳的。

笔者以为，就比较结构而言，主要有五个方面的问题需要特别关注：参与比较经济体的范围、参与比较经济体的分组、参与比较经济体的规模及其内部结构、参与比较经济体的统计能力、不同类别经济体测度和比较方法的选用。

2.3.1 参与比较经济体的范围

一般来说，参与国际比较的经济体越多，比较范围越大，全球比较结果越趋于接近真实。第八轮 ICP 中，较大国家中唯有阿根廷缺席，该国没有参加拉美和全球的 ICP。那么，类似大国不参与比较的统计后果是什么？对比较结果的真实性意味着什么？此次比较中，巴西占拉美经济总量的 56%，这个数字是否考虑了阿根廷不介入的影响？如果已经作了考虑，又如何能较为适当地作出估算和调整？

日本和韩国是亚太的经济大国，它们参与了全球比较，但没有参加亚太地区的比较。如果它们按照地理区域加入进来，亚太地区的比较结果会不会有变化？如果有变化，又会有怎样的变化？按照经济发展水平，日本和韩国当然更应该参与经济合作与发展组织（OECD）的比较，而通过 OECD 参与全球比较也是顺理成章的。可是，日本和韩国的缺失会不会改变亚太区经济比较的结论呢？这两个国家能不能同时参与 OECD 和亚太的比较呢？至少，能不能做这样的试算,以期验证亚太地区现有比较的结果呢?

还有一个问题值得关注:依据 ICP 法计算过程中内含的传递性,全球购买力平价数据中,欧美国家数据的真实度会不会因统计水平低的国家加入而降低? 若此,虽然有新加入国家而因此提高全球购买力平价数据的真实度,但由于欧美国家的重要性更高(数据所占的比重更大),如果其比较结果的真实度下降,全球比较效果也可能并不比规模扩充前好,纳入更多低水平国家,仅从这一点看或许得不偿失。

2.3.2　参与比较经济体的分组

除了参与比较经济体的范围外,还有一个参与比较的经济体如何分组的问题,这涉及各经济体间的经济发展水平差异。

目前,ICP 采取按地域和按发展水平相结合的办法:OECD 与欧盟作为一组,这是 ICP 的核心成员,余下的经济体按地区分组。OECD 与欧盟组跨越了欧美亚几个大洲,这说明地区分组与地理空间并没有绝对关联,与时间指数不同,空间指数计算可以跳跃自然地理,而经济空间的考量更为重要。

地理区域划分与经济、文化等比较因素有一定的关联,而且比较容易操作,可以得到各洲国际组织的支持,这是近两轮 ICP 成功的重要经验。

那么,所谓地区分组是不是应该考虑多种因素? 比如,经济发展水平,按收入组进行国际比较? 还有经济体规模(人口和地理面积两个方面)、生活文化习惯、地理距离,等等。按综合诸因素分组可能提高国家比较的质量,但会添加统计负担,有的条件从工作组织角度看一时还难以具备,不同分组选择之间到底如何平衡,也是需要精心设计的。

2.3.3　参与比较经济体的规模及其内部结构

经济体规模大小对 ICP 结果准确度有无影响? 这牵涉到一个基本问题:经济体之间当然存在着货币购买力的差别,那么,同一经济体内是否也存在货币购买力的差别? 经济体间比较需要关注其经济发展水平差异,那么,经济体内部各地区是否也需要关注这一差异呢? 比如,中国经济发展在各地区间极不平衡,上海、深圳等地区的经济水平已经可以跟 OECD 国家相比,但中西部却有不少地区刚刚脱离贫困线。

对内部各地区间差异大的大型经济体而言,国家平均价格的代表性难以有效保证。市场经济不发达,经济要素和商品流通不充分,支出项目的多样性,这些都会增大经济体内各地区之间的差异,极可能减弱平均价格的代表性。平均价格代表性差,由其推出的比较结论就容易产生偏误。

这种问题在市场经济发达的大国不会出现,同样是大国,如果市场竞争充分,商品流通顺畅,地区间的差异就不会那么大,采用一个国家平均价格,其代表性容易得到保证。盲人摸象,容易以偏概全,但如果盲人摸草垛,那就不会作出误判。

由此提出的问题是:是否需要在异质大型经济体内分区实施 ICP? 是否需要在异质大型经济体内部设立"同质区",以分别参与全球不同组的国家比较? 如若需要,又以多大范围合适? 比如,中国上海、广东等同时参与 OECD 组的国际比较,可否进行此类试算?

2.3.4 参与比较经济体的统计能力

除了经济同质性要求外,ICP 地区调查还有一个基本要求:参与比较的经济体统计力量较强,主观上资料可得。否则,ICP 结果就难以保证其结论的可靠性,从这个要求可知 ICP 推广工作的困难。

ICP 所包含的国家越多,越容易反映全球 PPP 的真实水平,但同时这也就意味着:不同经济体间经济统计水平的差异就越大。第八轮 ICP 是参与比较经济体最多的一次,这同时也就意味着,这是经济统计基础薄弱国家最多的一次。

一般而言,某经济体加入 ICP 越晚,其经济发展水平和经济统计工作水平就越低。于是,国家增加越多,ICP 的质量保障就越困难,更不容易做到准确。对提高 ICP 工作质量而言,这是一个相悖的境地。采用各国上报数据,对 ICP 结果的影响究竟如何? 如果不尊重各国的经济统计基础,ICP 的扩展容易失败;而所谓尊重则在一定程度上意味着对不合标准的现状妥协。为保证比较质量,ICP 工作团队采取了一系列措施,这些措施是否足以弥补发展中经济体的统计水平的缺欠,使之达到应有的标准? 社会和 ICP 结果的用户需要阐明此类问题的系统报告。

2.3.5　不同类别经济体测度和比较方法的选用

国家经济比较方法是一个大系统,其中包含了各种各样的测度和比较方法,不同方法有其特点和适用场合,由此,不同国家具备了选用不同处理方法的可能,同时,又要尽可能保持 ICP 的系统自洽性。选用何种方法,对比较结果可能产生不小的影响。

发达国家采用先进方法,发展中国家采用粗略方法,整个比较的自洽性如何? 会对结果产生什么样的影响? 相比之下,如果所有国家都采用同一方法处理,比较的自洽性是否更高? 这种考虑是否意味着方法的改进存在某种悖境:如果没有发达国家率先改进方法,整体比较水平无法提高;但如果部分国家先行,多数国家沿用旧法,第八轮比较的自洽性又难以保障。

一个较为突出的事例是教育的测度,欧盟和 OECD 从投入法(间接法)改用产出法(直接法),而其他国家仍然采用投入法,整个系统的教育测度是否更为精确?

另外,用国际学生评估项目(PISA)调整教育生产率也可能存在需要进一步思考的问题。不同社会、不同社会群体,对教育功能的认识也可能不同。受教育到底是为了提高素质,还是为了就业? 教育产出的指向不同,所谓效率及其测度也可能不同。PISA 到底打算测什么? 到底能够测什么? 是不是得到了全球各经济体的基本认同? 不同国家不同时期教育的指向不同,民众对教育的诉求也不同,如何确定统一的教育测度指向和结构? 如果 PISA 确实是调整教育生产率的不二选择,那又该如何准备其实施条件? 对尚未开展 PISA 的经济体而言,其教育生产率如何调整? 还有,PISA 并没有对应教育的所有层级,对 PISA 尚没有涉及的层级,教育的生产率又如何调整? 特别是高等教育,由于高等教育与科学研究难以明确区分,其生产率调整问题更需要系统考量。

2.4 国际经济比较中进一步研究的问题和建议

2.4.1 慎用 ICP 结论

我们看到,在 ICP 过程中,第七轮所用方法当时看是最可行的选择,但到了第八轮实践中又被发现问题,故而需要改进。再比如,采用"重要性权数"时,将 3∶1 作为重要性指标,同时还测试其他权重(如 2∶1、5∶1、10∶1)。这也表明了 ICP 方法论的实验性质。可见,ICP 是一个发展中的经济统计方法,它不是绝对完善的,是可以提出质疑和讨论的。

ICP 包含了不少人为设定和计算。由于经济测度"中性悖律"的存在,模型构建不可能做到完全客观,不同专家对指标和模型的偏好反倒是一种客观存在,因而模型构建会受到构建者方法偏好的深刻影响。在评价国际比较结果时,应该充分意识到这种影响的存在。

世界银行提出:PPP 只是一种统计估计,所有的统计都存在着抽象误差、测度误差和分类误差,因此 PPP 应该被视为真值的近似。由于收集数据和计算 PPP 过程的复杂性,甚至无法直接估计误差范围。

基于这些理由,应该提出慎用 ICP 结论的警告。

2.4.2 需要进一步研究的问题

国际经济比较是相当复杂的经济统计工作,我们在讨论不同比较方法时应该始终保持"问题意识"。

ICP 侧重于不同货币购买力的比较,然而货币的功能是多元的,且是相互影响着的,货币的储蓄力(Saving Power)是否需要测度? 它与货币购买力是什么关系? 货币储蓄力的测度会不会影响货币购买力的测度? ICP 设计中是否需要考虑此种影响? 或者说,ICP 是如何考虑此种影响的?

由于 ICP 是一个基于 GDP 统计的项目,因此 GDP 统计上的种种性质,包括优势和不足,都会传递到 ICP 中来。国民收入核算从 1993 年 SNA 起就以

GDP 为核心指标,而 GDP 是国土意义上的,然而支出却更立足于国民意义,能支出的应该是国民总收入(GNI),分解支出项目的也应该是 GNI。那么,ICP 是否应该或者可能基于 GNI 开展?

ICP 对支出项目价比可以采用多种合成方法,这对综合比较结果意味着什么? ICP 结果是否具有不唯一性? 那么,其经济意义又应该如何解释?

2.4.3　对进一步拓展国际比较研究的补充建议

除了前面文中提出的改进建议外,还有以下补充建议:

第一,设计购买力平价(PPP)同质度指数。将一国 CPI 代表品篮子与 ICP 代表品篮子对比,就可以最严格地反映该国消费品结构的同异,得到核心同质度比率。再对该国 ICP 代表品篮子外的支出项目分解,可以得到同质度增量指数,核心指数与增量指数相加可以得到同质度总指数,用以考察 PPP 的代表性高低。

第二,对国际对比进行专题研究。尝试用双边比较来印证全球多边比较结果,发动或联合重要经济体(内部发展差异比较大的经济体、经济比重大的经济体)开展此项工作,不要轻易否定某些经济体对 ICP 结果提出的异议。还应该借用其他调查,如美国美世咨询公司的全球生活成本调查,来推算全球比较结论的可靠性。

开展新兴经济体比较结果的专题研究。注重地区大、人口多、GDP 规模大、市场发育程度低等指标,选择诸如巴西、印度尼西亚、印度、中国等作为重点关注经济体,以进一步支撑全球比较结论。

关注城市经济体(大都市经济体),如新加坡、中国香港、卢森堡等,研究其 ICP 结果与汇率法结果的相关性,也研究此类经济体与其他经济体在国际比较上的差异。

第三,对 ICP 采取开放的发展战略。对未来社会开放,比如,预先考虑大数据发展对 ICP 的影响? 探讨基本类 PPP 不再使用代表品推断的前景,大数据发展在 ICP 发展的不同阶段能有多大作为?

对持不同见解者开放。经济界和经济学界对 ICP 有着不同看法,有的甚至认为 ICP 没有前途。建议把各界所提出的问题和看法集中起来,列出一个表,鼓励对这些问题的解答和深入研究。特别是,应该改变"重 ICP 轻汇率法"的传统倾向,实行二者并行发展的战略,将两种比较结果相互参照使用,而非定于一尊。

附录:购买力平价同质度指数的设计

(1) 从经济学的理论定义或"定义概念"上看,货币作为通货是针对所有商品的,从而,购买力平价(PPP)是一国货币购买能力与外币购买能力的总体对比。为了分析实际经济过程,经济统计需要让这个定义可操作,将其从"定义概念"变成一个"计算概念",需要设计出一个可计算的总价比指标。从指标的计算性质看,PPP 是不同国家全部支出项目价格比率的加权平均。

然而,"可计算"并不能真的都去计算,所谓"全部支出项目"在经济统计实践中还需要打折扣。社会再发达,从事经济统计仍然会遭遇资源约束,人们可以用在货币购买力比较上的资源肯定是有限的,故而 ICP 只能采用比较节约和可行的方法:货币可以购买的商品成千上万,尽管理论概念中有着全面性要求,也不能真就去计算每一项支出的价比,而只能选择一部分作为代表品,计算其价比。

ICP 计算 PPP 的过程是:将所有支出分成"基本类""大类""组""门类"几个层次。先计算最低层次类别中代表品的价比,用代表品的比价代表其所在类的价比,再将代表品价比按 GDP 支出额比重加权平均,推断出更高层次类组的 PPP。这个过程从"基本类"开始,逐层推算直至全部支出的总价比,使命得以完成。

(2) 这个过程有没有值得深思之处?按照前面提到的理论定义,货币购买能力的比较应该针对一国市场中所有的交易对象(商品),甚至隐性交易也应该包括进来。对其计算口径有着全面性的要求。

现实问题是,不同国家的商品集合之间存在着不可忽视的差异,不少国家的市场中有着其"特征商品"，即其他国家市场中没有或罕见的商品。比如，A 国货币的购买能力包含着对其特征商品 a 的部分，也包含着对共有商品 c 的部分，同样，B 国货币的购买能力包含着对其特征商品 b 的部分，也包含着对共有商品 c 的部分。

在这种市场差异情况下，如果计算 PPP 一定要满足全面性的要求，势必需要比较特征商品 a 和 b 的比价，但经济现实中并不存在这种交易，遑论比价！这就是说：货币购买力总比价中包含着空的子集。这意味着，ICP 的比较对象中存在着不可比的部分，它需要比较并不存在的支出项目！

众所周知，PPP 合成公式中不乏乘法运算，然而计算对象如果包含为 0 的子集，是不能采用乘法运算得出总值的，这也反映出 PPP 计算的微观基础的部分缺失。严格而论，不同货币的购买力整体上其实是不可比的，计算 PPP，非要比较那些不可比的支出项目，原本是一项不可完成的使命。

（3）幸好，计算经济统计指标时还需要满足"经济性要求"，即便比价都存在，也不能逐项计算。于是，比价子集为空的现实困难就因为经济性计算而被解决并掩盖了。正是采用代表品的方法使得 PPP 的"定义概念"发展成为 PPP 的"计算概念"，人们躲掉了特征商品比价不存在的困难，对于那些不了解 PPP 计算过程的用户而言，这个尴尬甚至不存在。

显然，用代表品价比替代组内非代表品的价比，即假定某类组内非代表品的价比存在，且等于该类组代表品的价比，或者说，代表品篮子外商品的国际价比关系由篮子内同层级代表品的国际价比关系来代替，这是 ICP 最基本的假定之一，它是比较满足同质性的必然要求。

假定二者价比一致或相等是采用 GDP 支出额加权合成总价比的基本前提，PPP 的经济统计意义能否成立，关键就在这个假定。就不同的商品而言，这项假定可能完全成立，可能部分成立，也可能并不成立。这项假定能否满足，能够满足多少，决定了 PPP 数据结果的质量。

计算 PPP 所用的商品篮子只是一个代表样本。如果一个国家的经济现实中特征商品多，且份额大，而它参与国际比较时遵循全球的（或地区的）PPP 商品篮子，就是用一个有偏样本来反映本国货币的购买力，计算得出的 PPP

就是一个基于有偏样本得出的数值,这就会影响该国货币购买力比价的准确程度。

不仅如此,由于 ICP 计算过程内在的传递性,有偏样本还会影响到其他国家货币购买力的数值,可能降低其准确程度。因此,在没有基本的可靠性估计之前,对 PPP 计算结果不应该过度解读,更不能绝对地视其为货币购买力的真值。

采用一致的代表商品篮子,可以保证 PPP 的可计算性,即 ICP 过程和结果的逻辑一致性,在这个代表商品篮子之内,即在 PPP 模型的有效空间内 ICP 正确、自洽。但其得出的比价关系,即对一国货币购买力的总体比较,不能绝对地外推到现实空间中去。

就现实空间与 PPP 模型有效空间一致或重叠部分而言,ICP 结果完全正确。而当现实空间大于 PPP 模型有效空间时,就会有一定程度的偏误,空间越扩展,偏误可能越大。由两种空间不一致所造成的偏误是不可完全避免的,只可以尽量减少。

(4) 为了保证 PPP 质量,ICP 在选取代表品篮子时确定了若干原则,其中最重要的两条是,可比性原则和代表性原则。如何解读或评价这两条原则?

我们认为,可比性原则是 ICP 的必要条件,满足可比性是解决 ICP 有无的问题。没有可比性,就无法进行 ICP,就无法得出 PPP。而代表性原则是 ICP 的充分条件,满足代表性是要解决 ICP 意义大小的问题:PPP 质量好与差,其经济意义大与小。ICP 的主要困难和矛盾就在于如何处理好这两条原则的关系,如何在满足所比商品可比性的必要前提下尽可能地满足其代表性。

由于研发 ICP 的经济学家的开创性智慧,PPP 计算中采用了层级化处理,一种自下而上的构建金字塔式 PPP 的方法,这一设计或许较大地限制了基本假定失效的可能范围,ICP 从而成为 20 世纪经济统计的重大进步之一。

ICP 提出了选取代表品的代表性原则,但没有进一步考察:如果这一原则落实程度有所欠缺,偏误或失真究竟有多少?如果我们计算了某种可靠性指数,就可以更具备方法论自信,就容易减少 PPP 应用中可能发生的负面影响,甚至异化。

(5) 代表品篮子中所选取商品代表性缺失的程度,就是 PPP 可靠性下降的程度,故而可以设计出一种专门指数,用以表明 PPP 计算中代表性缺失(即最基本假定不能完全得到满足时)的后果,对 PPP 可靠性的影响。它是代表性损失程度的指数,也是 PPP 可比性程度高低的指数,是 PPP 的最低可靠性指数。

以消费品为例,一国的 CPI 代表品篮子和 ICP 消费品篮子存在着差异,有的商品 CPI 篮子有,而 ICP 篮子没有,这个差异主要反映出一国经济的特征商品;有的 CPI 篮子没有,而 ICP 篮子却有,这部分商品在更大经济空间内是重要的,但对该国而言却仍然缺失,这或许是经济发展阶段的差别所致。

除去这两部分,两个代表品篮子共有的商品就是既满足代表性又满足可比性的,这部分商品的价比是实实在在地直接计算得出的,而不是推算出来的,计算中不需要那个最基本的假定。计算出这部分商品支出额在本层次 GDP 支出额中所占的比重,就可以视为 PPP 的核心同质度指数(Core Homogeneity Ratio)。这个检验 PPP 数据可靠性的指数,还可以叫核心一致性指数或最低可靠性指数(Mini-reliability Index)等。

用支出额比重加权分层计算,需要有一致的代表品篮子层次结构。目前 CPI 的分类层级结构与 ICP 的分类层级结构是否一致?如果不一致,最好调整一致,以便计算上述可靠性指数。

(6) 核心同质度指数可能数值很低,但这并不说明 PPP 的可靠性只有那么低,它只是最低的可靠性指数。不可比商品的价比推算也会具有 定程度的可靠性。

不可比部分的价比关系分成几种情况。一是不可比品的确与可比品价比一致,基本假定可以满足,这可以提高比价推算的可靠性。但其程度不同,有大有小,大了则可靠性提高得多一些,小了则作用没那么大。

二是不可比品是某国家唯一性的特征商品,就该商品而言完全不可比,但该商品内部可能还存在可比因素,可以进一步分解之,找出可比因素,再通过相近商品的价比推算出近似的价比。

三是不可比品与可比品的价比方向相反,反映了 PPP 代表性确实损失的部分。如果相反变化的程度高,则 PPP 代表性损失得多一些,反之就少一些。

在计算核心同质度指数的基础上进一步,对不可比商品中支出额比重较大的部分进行分析,专门调查其价比关系,然后通过可比部分再进行间接推算,可以得出可靠性增量指数,将最低可靠性指数值与可靠性增量指数值相加,可以得出总的可靠性指数。

(7) 不可比的部分中,有的商品地区可比,但全球不可比。这样应该分空间层次计算同质度指数,比如经济体的、地区的和全球的。地区内的经济文化差异小于地区间的经济文化差异,由此可以推论,在其他因素相同的前提下,地区 PPP 质量通常应该优于全球 PPP。

同质度指数可以分支出类别计算。比较 CPI 消费品篮子与 ICP 消费品篮子的差异,可以得出消费品 PPP 的可靠性指数;比较 PPI 投资品篮子与 ICP 投资品篮子的差异,可以得出资本形成 PPP 的可靠性指数;还可以计算政府支出 PPP 的可靠性指数,进出口品 PPP 的可靠性指数。一般来说,消费类的同质度指数会高一些,而投资类等其他类的同质度指数则会低一些。

用 ATLAS 法(即图表集法)得出的货币购买力比价关系也存在这个问题。就汇率法计算本身而言,由于价比对象都是可贸易品,尚未包含特征商品的价比,因此此阶段的计算结果并没有这种类型的推断失误。

但是,当我们把汇率法结果解读为货币的总体购买力比值时,其中自然就包含了特征商品部分的比价推断,即在汇率法结果的"使用阶段",同样存在用可贸易品价比来替代非贸易品价比的问题。

就用可比商品的价比代替不可比商品的价比这一点而言,ICP 法并没有超越汇率法,反而由于在"计算阶段"就涉及了特征商品如何确定价比的困难,不可比问题暴露得更早,也更为明显。

以 CPI 和 PPI 的商品篮子为比较对象计算同质度指数,也包含着一个假定,即各国价格统计中代表品的选取充分代表了该国(比较对象国)的经济社会文化特征。

一般来说,统计工作水平越高,价格指标所捕捉到的经济文化特征信息越充分。这个假设也不是完全成立。就统计工作水平而言,发达国家远远高于发展中国家,毋庸讳言的是,发达国家的同质度指数与发展中国家相比,其可靠性更高。

第三章

汇率法的局限

3. 1　汇率法与购买力平价法

世界各国都有各自的统计体系,每年都会公布国内生产总值(GDP)。只要统计方法前后保持一致,就可以根据统计数据的变化得到国家经济增长、结构变化、要素流动、对外经贸合作等许多有用的信息。

如果要进行国与国之间的横向比较,事情就变得复杂了。众所周知,没有任何一个国际组织或者外国机构能够越俎代庖去统计某个国家的数据。进行国际横向比较的基础只能依托以本币为单位统计的 GDP 数据。必须选择一种货币作为比较的基准,将各国以本币表示的 GDP 转换到基准货币上来,然后才能进行横向比较。

汇率法和购买力平价法是各国进行 GDP 比较最常用的两种方法。

将各国统计的以本币表示的 GDP 除以汇率,折算为基准货币(如美元),然后进行国与国之间的比较,这种方法就叫汇率法。例如,在 2014 年,人民币对美元的汇率为 1∶6.2。无论是贸易结算、出国旅游,还是对外投资,人们都习惯于用汇率来折算两种货币。汇率法很简单、实用,在国际贸易和金融中,采用汇率来折算不同货币早已是天经地义的事情,没有争议。可是,在比较两国或多国的经济规模(一般采用 GDP)的时候,使用汇率法却导致很大的困惑。人们进而发展并且不断改善、健全购买力平价法。

购买力平价法的计算过程:首先选择一个比较的基础货币(如美元、港币等),通过各国商品和服务之间的相对价格计算出来一个购买力折算因子(即购买力平价,PPP),然后拿这个折算因子去除各国以本币为单位统计出来的名义 GDP,得到的就是以基础货币为单位的 GDP。购买力平价法和汇率法之间出现分歧的直接原因在于转换因子不同。

当两个经济体的 GDP 均按照国别价格水平测算并用国别货币表示时,两个 GDP 的比率包含三个构成比率:

$$\text{GDP 比率} = \text{价格水平比率} \times \text{物量比率} \times \text{货币比率} \qquad (3\text{-}1)$$

当采用货币比率(汇率)去除式(3-1)的两边,也就是把 GDP 比率换算成统一货币表示时,就得到汇率法 GDP 比率(GDPXR 比率)。显然这个比率中包含两个构成比率:

$$\text{GDPXR 比率} = \text{价格水平比率} \times \text{物量比率} \qquad (3\text{-}2)$$

计算购买力平价时,由于其被定义为空间价格平减指数和货币转换器,它包含两个构成比率:

$$\text{购买力平价} = \text{价格水平比率} \times \text{货币比率} \qquad (3\text{-}3)$$

当采用购买力平价时,将式(3-1)除以式(3-3),算得的 GDP 购买力平价比率仅包含一个物量比率:

$$\text{GDP 购买力平价比率} = \text{GDP 比率} / \text{购买力平价} = \text{物量比率}$$

以上公式表明,在进行国际比较时,采用汇率法换算成统一货币表示的 GDP,不仅反映出各经济体所生产的商品与服务物量的差异,还反映了它们之间的价格水平差异。由于各国价格水平不同,因此,汇率法无法客观地评估各国商品和服务在数量上的差异。采用购买力平价换算成统一货币表示的 GDP 之后,就可以做到按照统一价格水平估值,比较准确地反映出两个经济体之间的物量差异。

在购买力平价法得以广泛使用之前,汇率法被广泛地用于 GDP 的国际比较。然而,由于汇率法的种种缺陷,购买力平价法逐渐兴起并大有取代之势。人们往往主观上认为新方法更科学,因而更接近真值,在方法选取上有所偏好。但真值究竟是什么?如果从不同的观察角度可以得出不同的"真值",那么也许"唯一"的真值并不存在。

购买力平价法和汇率法各有所长,各自衡量并反映了 GDP 比较的某些方面。因此,有必要细究购买力平价法和汇率法为什么出现分歧。

3.2　汇率法的内在矛盾

采用汇率法计算 GDP 有着悠久的历史。众所周知,在统计 GDP 的时候,原始统计资料必然使用本国的货币单位。美国用美元,英国用英镑,中国用人民币。在进行横向比较的时候,人们必须选择一种货币作为基础。由于美元既是国别货币又是国际储备货币,于是人们将各国的 GDP 乘上汇率,转换为以美元计量的 GDP,然后再进行各种分析比较。亚洲开发银行在撰写亚洲各国 GDP 比较报告的时候,采用港币作为比较的基础货币。这个方法简单、实用,在转换过程中无需任何附加工作量。因此,长期以来人们早已习惯了这个方法。许多新闻媒体和政治人物受到统计学知识的局限,也偏爱这种简单的折算方法。

汇率法的计算公式如下:

$$GDP = E_x \sum PY$$

其中 E_x 表示汇率,P 表示价格,Y 表示商品或服务的数量,$\sum$ 表示求和。在计算 GDP 的时候,将产品的数量乘以国内价格,再求和,最后乘上汇率。汇率法计算公式中总共只有三个要素,非常遗憾,在横向比较各国 GDP 的时候,这三个要素都带来了难以解决的矛盾。

第一,价格差异导致统计偏差。GDP 的原始统计数据必定采用国内价格。众所周知,世界各国价格差别非常大,同样花一美元,在各地的购买力不一样。例如,小米在国际市场上的价格比在陕西高好多倍。陕北农民吃饭的时候,根本就没想到这些小米在北美居然值很高的价钱。如果按照陕北价格来计算,小米的产值必然远远低于按照北美价格计算的结果。

众所周知,高收入经济体的价格水平比较高,低收入经济体的价格水平比较低。与此同时,在高收入国家和低收入国家之间,非贸易品的价格水平差异大于贸易品。在附加关税、补贴以及贸易成本之前,全球范围内的贸易产品价格基本由单一价格法则决定,而非贸易品价格由当地情况(尤其是工资水平)决定。通常情况下,高收入经济体的工资水平更高,服务业收费就更高。倘若在将 GDP 换算成统一货币表示的过程中,未考虑非贸易品价格水平差异,那么价格水平较高的高收入经济体的规模将被夸大,而价格水平较低的低收入经济体的规模将被低估。

能不能消除各地之间的价格差异?几乎不可能。在市场经济中,价格水平反映了资源的稀缺性。物以稀为贵。中国劳动力资源比较丰富,工资水平就比较低;法国盛产葡萄,红酒的价格就比较便宜。由于地球上资源分布不均衡,某些产品的交易成本较高,或者很难投入市场交易,必然出现世界各国之间的价格差异。

第二,在发展中国家,许多商品的货币化、市场化程度不高。许多商品并不属于可贸易品。国内生产,国内消费,自给自足。例如,江西、湖南农民酿制米酒,自产自销,绝大部分都被本地人喝了。米酒在本地销价极低,统计不出什么产值来。日本也生产类似的米酒,但商品市场化之后价值很高。如果拿汇率法来折算,岂不是好几斤江西米酒才抵得上一斤日本米酒?即使是完全相同的产品,如果在某地没有商品化、市场化,就拿不出来正确的统计数字。

第三,并非所有产品都进入国际贸易。在现实生活中,有许多商品和服务(如理发、家政服务等)不能在国家之间流动。如果将以国内价格统计得出的 GDP 直接乘上汇率转换为美元,无形中意味着假设所有的商品或服务都可投入国际贸易。事实上,许多服务不能进行跨国交易。尽管中国已经改革开放了三十多年,沿海地区的开放程度比较高,可是广大的内陆地区尚且比较封闭。迄今为止,许多商品都没有参加国际贸易。许多服务业,诸如餐饮、理发、洗脚、家政等,几乎和国际贸易毫不相干。如果将包含这些产品及服务以国内价格统计的 GDP 乘以汇率换算成美元,无异于假设这些产品及服务是可贸易的。事实上,许多欠发达国家及地区,国内大部分商品和服务的国际化程度极低。汇率法假设所有商品和服务都可以参加国际贸易,这与现实情况不符。

第四,统计范围不同导致扭曲。在统计一个国家的 GDP 的时候,严格来讲,应该把这个国家所有的产品都包括进来。但是,世界上有成千上万种不同的产品和服务,在统计时不可能囊括一切,人们只能挑选一些具有代表性的产品进行统计。统计 GDP 的时候需要将各部门的总产出汇总求和。各国经济结构不同,在发达国家中,高科技产品的权重很大,可是在发展中国家里,这些产品几乎不存在。由于各国国情不同,人们选择的统计对象也不同。在美国的统计"篮子"里有许多高科技产品,可是在许多发展中国家,根本就没有这些项目。所统计的一篮子产品不同,必然导致统计偏差。

第五,在求和过程中,许多发展中国家的服务业数据大量丢失,造成很大的偏差。服务业的数据主要来自税收。在美国,律师、医疗、保险、教育等服务部门高度产业化,个人所得税比重较大,因此人们可以通过律师、医生等缴纳的所得税来推算这个行业的 GDP。而许多发展中国家,包括中国在内,由于个人所得税占比很小,民众纳税意识不强,很难统计某些服务行业的 GDP。许多服务部门(如家政服务、小商小贩等)根本就没有包括在统计范围之内,难免产生严重的数据缺失。

第六,汇率波动会显著影响 GDP 数值。汇率法将 GDP 换算为统一货币表示,暗含了汇率能完全反映货币比率的假设,然而在现实中,货币的供应和需求受到货币投机、利率、政府干预以及各经济体之间资本流动等因素的影响,汇率未能完全反映货币比率。汇率的波动会严重扭曲经济增长趋势,有的时候由于汇率波动导致的 GDP 扭曲让人啼笑皆非。按照汇率法来折算日本的 GDP 就是一个明显的例子(见表 3-1 和图 3-1)。

表 3-1　汇率波动对日本 GDP 估计的影响

年份	GDP (十亿日元, 不变价格)	GDP (十亿日元, 当期价格)	GDP (十亿美元, 当期价格)	不变价格计算的 GDP 增长率(%)	当期日元价格计算的 GDP 增长率(%)	当期美元价格计算的 GDP 增长率(%)
1960	72 176	15 951	44	—	—	—
1961	80 869	19 263	54	12.0	20.8	20.8
1962	88 074	21 860	61	8.9	13.5	13.5
1963	95 537	25 019	69	8.5	14.5	14.5

（续表）

年份	GDP（十亿日元，不变价格）	GDP（十亿日元，当期价格）	GDP（十亿美元，当期价格）	不变价格计算的 GDP 增长率(%)	当期日元价格计算的 GDP 增长率(%)	当期美元价格计算的 GDP 增长率(%)
1964	106 692	29 430	82	11.7	17.6	17.6
1965	112 901	32 742	91	5.8	11.3	11.3
1966	124 913	38 026	106	10.6	16.1	16.1
1967	138 756	44 561	124	11.1	17.2	17.2
1968	156 631	52 776	147	12.9	18.4	18.4
1969	176 175	61 994	172	12.5	17.5	17.5
1970	174 371	75 265	209	−1.0	21.4	21.4
1971	182 565	82 814	236	4.7	10.0	13.0
1972	197 925	94 814	313	8.4	14.5	32.4
1973	213 824	115 444	425	8.0	21.8	35.9
1974	211 204	137 759	472	−1.2	19.3	11.0
1975	217 733	152 211	513	3.1	10.5	8.7
1976	226 388	170 935	576	4.0	12.3	12.4
1977	236 327	190 482	709	4.4	11.4	23.1
1978	248 786	209 756	997	5.3	10.1	40.5
1979	262 430	227 347	1 037	5.5	8.4	4.1
1980	269 824	246 465	1 087	2.8	8.4	4.8
1981	281 094	264 966	1 201	4.2	7.5	10.5
1982	290 586	278 179	1 117	3.4	5.0	−7.0
1983	299 480	289 315	1 218	3.1	4.0	9.1
1984	312 848	307 499	1 295	4.5	6.3	6.3
1985	332 662	330 261	1 385	6.3	7.4	6.9
1986	342 080	345 644	2 051	2.8	4.7	48.1
1987	356 131	359 458	2 485	4.1	4.0	21.2
1988	381 582	386 428	3 015	7.1	7.5	21.3
1989	402 074	416 246	3 017	5.4	7.7	0.1
1990	424 479	449 392	3 104	5.6	8.0	2.9
1991	438 590	476 431	3 537	3.3	6.0	14.0
1992	442 182	487 961	3 853	0.8	2.4	8.9
1993	442 939	490 934	4 415	0.2	0.6	14.6
1994	446 764	495 743	4 850	0.9	1.0	9.9
1995	455 442	501 707	5 334	1.9	1.2	10.0
1996	467 329	511 935	4 706	2.6	2.0	−11.8

（续表）

年份	GDP（十亿日元，不变价格）	GDP（十亿日元，当期价格）	GDP（十亿美元，当期价格）	不变价格计算的 GDP 增长率(%)	当期日元价格计算的 GDP 增长率(%)	当期美元价格计算的 GDP 增长率(%)
1997	474 786	523 198	4 324	1.6	2.2	−8.1
1998	465 275	512 439	3 915	−2.0	−2.1	−9.5
1999	464 348	504 903	4 433	−0.2	−1.5	13.2
2000	474 830	509 860	4 731	2.3	1.0	6.7
2001	476 518	505 543	4 160	0.4	−0.8	−12.1
2002	477 898	499 147	3 981	0.3	−1.3	−4.3
2003	485 951	498 855	4 303	1.7	−0.1	8.1
2004	497 423	503 725	4 656	2.4	1.0	8.2
2005	503 903	503 903	4 572	1.3	0.0	−1.8
2006	512 434	506 687	4 357	1.7	0.6	−4.7
2007	523 667	512 975	4 356	2.2	1.2	0.0
2008	518 212	501 209	4 849	−1.0	−2.3	11.3
2009	489 571	471 139	5 035	−5.5	−6.0	3.8
2010	511 284	481 773	5 488	4.4	2.3	9.0
2011	507 705	468 258	5 867	−0.7	−2.8	6.9

数据来源：World Development Indicator，WDI，2012ed. http://data.worldbank.org/data-catalog/world-development-indicators

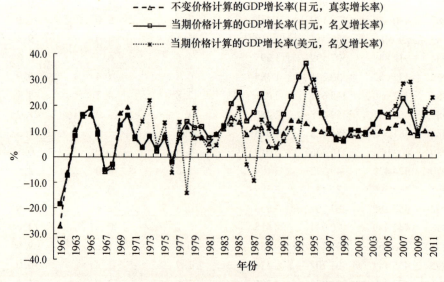

图 3-1　1960—2011 年以不同货币计算的日本 GDP 增长率

数据来源：WDI，2012ed.

在 1970 年前,日元严格盯住美元,无论是以日元为基础还是以美元为基础,统计出来的 GDP 增长率都差不多。随后,由于日元自由浮动,以日元统计的日本 GDP 增长率与以美元统计的日本 GDP 增长率差距非常大。1978 年,以日元统计的日本 GDP 名义增长率为 10.1%,而以美元统计的日本 GDP 名义增长率为 40.5%,两者相差 4 倍。20 世纪 80 年代中后期,由于日元大幅度升值,以美元统计的日本 GDP 名义增长率在 1986 年、1987 年和 1988 年分别高达 48.1%、21.2% 和 21.3%,这种“超高速经济增长”只不过是由于汇率调整带来的假象,实际上,日本在当年的真实经济增长率分别仅为 2.8%、4.1% 和 7.1%。

在 1997 年亚洲金融危机期间,由于日元急剧贬值,使得以美元计算的日本经济增长率在 1997 年和 1998 年分别下降 8.1% 和 9.5%,显然,这又是从反方向夸大了金融危机对日本经济的冲击强度。实际上,日本在亚洲金融危机时期,GDP 实际增长率仅在 1998 年出现 2.0% 的下降,进入 2000 年之后又逐渐恢复。有意思的是,在 2007 年年底爆发的美国次贷危机进而演变成席卷全球的金融危机中,美元对日元贬值,导致以美元计算的日本 GDP 增长率在 2008 年达到 11.3%,而日本 GDP 实际增长率当年为 -1.0%。可见,汇率波动会给 GDP 的跨国比较带来不小的扰动,特别是在本国货币或是美元出现较大波动的时期,以汇率法折算的 GDP 变动趋势会与真实情况相差甚远。

另外一个非常有说服力的例子是中国的经济增长率。在 1980 年,1 美元兑换 1.70 元人民币,自此之后人民币汇率连续贬值,到 1994 年,1 美元兑换 8.62 元人民币。就是在人民币贬值的过程中,中国经济实现了起飞,年均经济增长率超过了 9.0%。可是,如果按照汇率法计算,中国经济增长奇迹居然不见了(见表 3-2)。

表 3-2　中国的经济增长率

年份	GDP（亿元）	名义经济增长率（%）	汇率（人民币/1 美元）	按汇率法计算的经济增长率（%）
1990	18 668	3.8	4.78	-14.9
1991	21 782	9.2	5.32	4.8

（续表）

年份	GDP （亿元）	名义经济增长率 （%）	汇率 （人民币/1 美元）	按汇率法计算的 经济增长率（%）
1992	26 923	14.2	5.51	19.3
1993	35 334	14.0	5.76	25.6
1994	48 198	13.1	8.62	-8.8
1995	60 794	10.9	8.35	30.2
1996	71 177	10.0	8.31	17.6
1997	78 973	9.3	8.29	11.3
1998	84 402	7.8	8.28	7.0
1999	89 677	7.6	8.28	6.3
2000	99 215	8.4	8.28	10.6
2001	109 655	8.3	8.28	10.5
2002	120 333	9.1	8.28	9.7
2003	135 823	10.0	8.28	12.9
2004	159 878	10.1	8.28	17.7
2005	184 937	11.3	8.19	16.9
2006	216 314	12.7	7.97	20.2
2007	265 810	14.2	7.60	28.8
2008	314 045	9.6	6.95	29.4
2009	340 903	9.2	6.83	10.4
2010	401 202	10.4	6.77	18.8
2011	471 564	9.2	6.46	23.1
2012	519 470	8.4	6.31	12.8
2013	568 845	7.4	6.19	11.6

数据来源:《中国统计摘要,2014》和中经数据库。

在 1994 年,中国实施汇率改革,将双轨制下的外汇券和人民币合并,名义汇率从 1∶5.76 跳跃到 1∶8.62。倘若按照汇率法计算,1994 年中国的经济增长率为 -8.8%。看到这个数据的人也许会以为中国经济在 1994 年遭遇了什么巨大的挫折,真实情况恰恰相反,中国经济在 1994 年的名义增长率高达 13.1%。

在 2005 年以后,人民币持续升值。如果直接拿美元和人民币之间的汇率来折算,中国在 2008 年的经济增长率高达 29.4%,而实际情况是 9.6%。在

2013 年,实际 GDP 增长率为 7.4% ,可是按照汇率法折算出来的美元计算, GDP 增长率为 11.6% 。之所以汇率法折算出来的 GDP 增长率偏高,是因为其中包括了汇率升值的部分。显然,汇率法不能在汇率波动的情况下比较准确地反映宏观经济的变化趋势。

从日元升值和人民币贬值之后又升值的两个例子可见,如果使用汇率法来计算 GDP,其前提条件是汇率必须相对稳定。如果汇率发生较大幅度的波动,势必高估或者低估 GDP,从而导致对经济体运行状况的误解。

为了防止由于汇率波动带来的国际经济统计指标无意义的变动,世界银行采用三年期汇率平均值来平抑汇率波动,为的是将汇率短期波动的扰动剔除。但实际上,三年期的时间跨度选取过于短暂,无法剔除汇率大幅升值和贬值的影响。

3.3　汇率法的 GDP 官方数据由来

在国际比较中,汇率法采用汇率来折算以不同货币单位计算的经济指标,以解决各国指标的可比性问题。汇率法一般不直接采用市场汇率或官方汇率,而是对它作一定的修匀,消除短期或偶然因素的影响,反映各国货币在国际市场上购买能力的长期趋势。常用的调整汇率方法有世界银行的 ATLAS 法和联合国的价格调整汇率。

世界银行图表集法,亦称 ATLAS 法,是当年平均市场汇率与前两年价格调整后的市场平均汇率的简单算术平均值,它通过价格调整消除各国货币与美元之间汇率的短期波动因素,稳定性要好于市场汇率,用此系数作为各国 GDP 比较的货币转换因子,即用可比的国际价格衡量各国的实际经济产出,可以较准确地测量各国经济发展的差距。ATLAS 法是世界银行从 1994 年开始采用的。长期以来,世界银行采用该方法计算各国实际人均收入,作为确定高、中、低收入国家的标准。

联合国的价格调整汇率法,又称 PARE 法,是以某一年或某一时期平均市场汇率作为基准汇率,用各国的价格指数(一般用 GDP 缩减指数)调整后,将其外推到其他年份而取得的一种货币转换系数。其具体方法可分为两个步骤:首先以某一年或一定时期的平均市场汇率作为基准汇率,然后用定期价格指数对基准汇率进行调整,取得调整后的汇率转换系数。

ATLAS 法求平均值的目的是消除汇率在短期内的波动,但实际上,只能在一定程度上减弱这种波动的作用。因为它的覆盖期只有三年,三年以外的波动,特别是那种非经济因素造成的大幅度的汇率升值和贬值是除不掉的。所以,这种方法本质上只是对汇率有一些小修小补。在汇率快速变化、通货膨胀率高等情况下也会出现混乱的结果。

PARE 法实际上是按统一的汇率对不变价 GDP 指标进行折算的一种货币转换方法。它假设基准汇率接近或真实地反映对比国之间商品和服务的比价关系,其结果只受基准汇率的影响,不受各年份汇率变动的影响,同时它消除了一定时期内价格变动的影响。以此转换后的 GDP 在时间上具有可比性。从比较的角度上,它能真实地反映各国经济发展差距。该方法的关键在于,基准汇率的假设是否接近事实,且外推年份距离基准汇率的时间不宜太长。

ATLAS 法和 PARE 法分别从不同角度比较各国实际 GDP,前者按现价水平进行比较,按此系数折算后的 GDP 在时间上是不可比的;后者按不变价进行比较,在时间上是可比的。总之,PARE 法将一个国家的经济总量置于世界经济发展的同一水平上去衡量、比较,既考虑了经济发展的数量,又考虑了其质量,它不仅避免了数据受国家人为干预因素的影响,而且操作简便,能及时地提供比较结果。

目前,世界银行公布的汇率法 GDP 中,有现价 GDP 和以 2005 年为基期的不变价 GDP,它们是分别采用 ATLAS 法和 PARE 法得到的。表 3-3 列示了中国、美国、日本三国 1960—2013 年的现价汇率法 GDP,表 3-4 列示了中国、美国、日本三国 1960—2013 年以 2005 年为基期的不变价汇率法 GDP。通过表 3-3 和表 3-4 可以发现,无论是现价汇率法 GDP,还是不变价汇率法 GDP,美国一直遥遥领先,但中国与美国的差距不断缩小。按照现价汇率法 GDP,中国在 1961 年被日本超过,但又于 2010 年反超日本。而按照不变价汇率法 GDP,中国在 1961 年不到日本的 1/8,于 2013 年超过日本。这些结果一方面说明了汇率法较好地反映了 GDP 的走势,但另一方面又表明,对不同国家在个别年份进行比较时可能出现迥异的情形。

表3-3 中国、美国、日本三国1960—2013 年现价汇率法 GDP

(单位:十亿美元)

年份	中国	美国	日本
1960	59. 18	520. 53	44. 31
1961	49. 56	539. 05	53. 51
1962	46. 69	579. 75	60. 72
1963	50. 10	611. 67	69. 50
1964	59. 06	656. 91	81. 75
1965	69. 71	712. 08	90. 95
1966	75. 88	780. 76	105. 63
1967	72. 06	825. 06	123. 78
1968	69. 99	901. 46	146. 60
1969	78. 72	973. 39	172. 20
1970	91. 51	1 075. 90	209. 07
1971	98. 56	1 167. 80	236. 15
1972	112. 16	1 282. 40	312. 74
1973	136. 77	1 428. 50	424. 89
1974	142. 25	1 548. 80	471. 64
1975	161. 16	1 688. 90	512. 86
1976	151. 63	1 877. 60	576. 41
1977	172. 35	2 086. 00	709. 40
1978	148. 18	2 356. 60	996. 74
1979	176. 63	2 632. 10	1 037. 45
1980	189. 40	2 862. 50	1 086. 99
1981	194. 11	3 210. 90	1 201. 47
1982	203. 18	3 345. 00	1 116. 84

(续表)

年份	中国	美国	日本
1983	228.45	3 638.10	1 218.11
1984	257.43	4 040.70	1 294.61
1985	306.67	4 346.70	1 384.53
1986	297.83	4 590.10	2 051.06
1987	270.37	4 870.20	2 485.24
1988	309.52	5 252.60	3 015.39
1989	343.97	5 657.70	3 017.05
1990	356.94	5 979.60	3 103.70
1991	379.47	6 174.00	3 536.80
1992	422.66	6 539.30	3 852.79
1993	440.50	6 878.70	4 414.96
1994	559.22	7 308.70	4 850.35
1995	728.01	7 664.00	5 333.93
1996	856.08	8 100.20	4 706.19
1997	952.65	8 608.50	4 324.28
1998	1 019.46	9 089.10	3 914.57
1999	1 083.28	9 665.70	4 432.60
2000	1 198.47	10 289.70	4 731.20
2001	1 324.81	10 625.30	4 159.86
2002	1 453.83	10 980.20	3 980.82
2003	1 640.96	11 512.20	4 302.94
2004	1 931.64	12 277.00	4 655.80
2005	2 256.90	13 095.40	4 571.87
2006	2 712.95	13 857.90	4 356.75
2007	3 494.06	14 480.30	4 356.35
2008	4 521.83	14 720.30	4 849.18
2009	4 990.23	14 417.90	5 035.14
2010	5 930.50	14 958.30	5 495.39
2011	7 321.89	15 533.80	5 905.63
2012	8 229.49	16 244.60	5 937.77
2013	9 240.27	16 800.00	4 901.53

数据来源:http://databank.worldbank.org/data/views/reports/tableview.aspx

表 3-4 中国、美国、日本三国 1960—2013 年不变价汇率法 GDP

（单位：十亿美元）

年份	中国	美国	日本
1960	87.99	2 794.81	654.85
1961	87.73	2 859.09	733.72
1962	63.78	3 033.50	799.09
1963	60.21	3 166.97	866.80
1964	66.35	3 350.66	968.01
1965	78.49	3 565.10	1 024.35
1966	91.83	3 796.83	1 133.32
1967	101.66	3 891.75	1 258.92
1968	95.86	4 078.55	1 421.10
1969	91.93	4 204.99	1 598.42
1970	107.47	4 339.84	1 582.06
1971	128.32	4 482.70	1 656.40
1972	137.30	4 718.01	1 795.76
1973	142.52	4 984.23	1 940.01
1974	153.78	4 958.47	1 916.24
1975	157.32	4 948.63	1 975.48
1976	171.00	5 215.22	2 054.00
1977	168.27	5 455.59	2 144.18
1978	181.05	5 758.97	2 257.22
1979	202.18	5 941.85	2 381.01
1980	217.49	5 927.32	2 448.10
1981	234.55	6 081.12	2 550.35
1982	246.85	5 964.94	2 636.46
1983	269.20	6 241.28	2 717.16
1984	298.42	6 694.33	2 838.45
1985	343.71	6 978.12	3 018.22
1986	389.99	7 223.19	3 103.67
1987	424.49	7 473.22	3 231.15
1988	473.66	7 787.36	3 462.07
1989	527.10	8 074.01	3 647.99
1990	548.51	8 228.92	3 851.27

（续表）

年份	中国	美国	日本
1991	569. 57	8 222. 94	3 979. 30
1992	621. 85	8 515. 28	4 011. 89
1993	710. 41	8 749. 03	4 018. 75
1994	809. 61	9 102. 18	4 053. 46
1995	915. 51	9 349. 64	4 132. 19
1996	1 015. 53	9 704. 54	4 240. 04
1997	1 117. 17	10 140. 02	4 307. 70
1998	1 221. 04	10 591. 23	4 221. 41
1999	1 316. 69	11 104. 54	4 212. 99
2000	1 417. 01	11 558. 79	4 308. 10
2001	1 534. 63	11 668. 44	4 323. 41
2002	1 674. 01	11 875. 70	4 335. 93
2003	1 841. 83	12 207. 14	4 409. 00
2004	2 027. 58	12 670. 77	4 513. 08
2005	2 256. 90	13 095. 40	4 571. 87
2006	2 543. 00	13 444. 60	4 649. 26
2007	2 903. 15	13 685. 24	4 751. 18
2008	3 182. 86	13 645. 50	4 701. 69
2009	3 476. 13	13 263. 10	4 441. 83
2010	3 839. 28	13 595. 64	4 648. 47
2011	4 196. 33	13 846. 78	4 627. 42
2012	4 517. 46	14 231. 57	4 694. 39
2013	4 864. 00	14 498. 62	4 766. 66

数据来源：http://databank. worldbank. org/data/views/reports/tableview. aspx

3. 4　使用汇率法的前提条件

使用汇率法来比较各国 GDP 有其特定的前提条件：

第一，在这些国家之间必须存在一个相当发达的共同市场。

第二，通过市场交易使得各国价格差异不大。

第三,各国 GDP 统计口径基本一致。

第四,各国的汇率基本稳定。

显然,西方各国比较接近这些条件,因此采用汇率法来比较它们之间的经济数据是可行的。工业七国 GDP 排序基本上可以反映它们的相对经济规模。中国尚且处于从计划经济向市场经济转型的过程之中,有些统计口径和其他国家不同。即使某些统计项目的名称完全一样,内涵却不一样。近年来,中国的汇率处于不断的调整过程中,上下起伏波动比较大,因此,采用汇率法来估算中国 GDP 必然带来很大的扭曲。正是这些原因,使得许多人误解了中国的经济规模和外贸形势。

汇率法很简单,这是它的长处,同时,也是它最大的短处。汇率法强调对两国(或多国)总产值的比较。商品(或服务)的价值包括数量、质量和价格三个要素。在考察国民经济规模的时候,主要是比较两国(或多国)实际上拥有多少商品(或服务),而不是这些商品在本国市场上值多少钱。如果物价高,总产值就高,但是并不意味着商品总量多。

在讨论人民生活水平的时候,主要看每个人能够消费多少商品和服务。如果物价高,尽管在价值上可能更多一些,但是并不意味着民众的满意度更高。倘若物价飞涨,往往花的钱更多,但是居民的生活水平还不如以前。在评估 GDP 的时候,民众对生活水平的关注超过贸易。名义收入高低并不重要,要看能够买得起多少东西。如果甲国统计的生产总值比乙国高一倍,由于甲国的物价水平高,买同样的一组商品要比乙国多花一倍的钱,那么,这两个国家老百姓所享用的物质条件一样,实际生活水平也一样。例如,无论是在纽约还是在东京,麦当劳的汉堡包质量都差不多。如果在纽约买一个汉堡包用的美元,在东京可以买三个汉堡包,就汉堡包来说,一个美元的购买力在纽约要比东京高三倍。对于旅游者来说,不能说因为他在东京花了三倍的钱,在东京吃一个汉堡包就相当于在纽约吃三个。采用购买力平价法,如果汉堡包在纽约值多少美元,那么在东京也应当是多少美元。如果拿汉堡包的数量乘上纽约的价格,得出来的就是按照购买力平价计算的价值。

第四章

正确看待和应用购买力平价

4.1 货币购买力和购买力平价

4.1.1 横向比较的出发点

所谓货币购买力,是指一定单位的货币所能购买的商品和劳务的数量。购买力平价是两国的货币对于一定量的商品和劳务的购买力之比,即两种货币在购买相同数量和质量商品时的价格之比。

在绝大多数情况下,评估 GDP 的时候,一个国家的经济实力并不在乎折算成美元之后的数字大小,而最重要的是这个国家的实际产出。在讨论居民生活水平的时候,也不必在乎名义上的收入有多少,贫富差别取决于能够消费多少产品和服务。如果甲国统计的生产总值比乙国高一倍,但是由于甲国的物价水平高,买同样的一组商品在甲国要比乙国多花一倍的钱,那么,这两个国家的实际生产总值是一样的,两国居民所享用的物质条件也一样。

采用购买力平价法,如果在纽约一个汉堡包 4 美元,那么无论是在日本东京、法国巴黎或者别的地方也必须是 4 美元。拿东京、巴黎汉堡包的数量乘上纽约的价格,得出来的就是按照购买力平价计算的价值。这样比较国与国之间的产出才公平。如果购买同等数量和质量的一篮子商品,在中国花了 60 元人民币,在美国用了 10 美元,人民币对美元的购买力平价是 6∶1。也就是说,在这些商品上花 1 美元等于 6 元人民币。

一般人都习惯于顺手拿身边的例子来比较各种货币的购买力,可是,如果简单地拿某一个商品的购买力来进行国际比较往往会导致悖论。例如,麦当劳的汉堡包在中国卖 30 元人民币,在美国卖 4.5 美元,一个美元的购买力近似于 6.6 元人民币,这个数值与人民币和美元之间的汇率 1:6.2 差不多。可是,理一次发,在纽约要 30 美元,在北京只要 20 元人民币,1 美元的购买力还不如 1 元人民币。一个 LV 包在美国卖 200 美元,可是在中国要价 4 000 元人民币、1 美元的购买力几乎等于 20 元人民币。理发和奢侈品的相对价格远远背离了汇率。类似的例子还有很多,因此,必须找到一套比较科学、严谨的方法来综合评价货币的购买力,而不能片面地根据某种商品或服务的相对价格来评价两种货币之间的相对关系。

4.1.2 绝对购买力平价

1922 年,瑞典经济学家古斯塔夫·卡塞尔阐述了购买力平价理论。他认为,在均衡条件下,两种货币的相对值应当反映它们的相对购买力(Cassel,1922)。购买力平价不仅是国际宏观经济学以及传统汇率决定理论的重要内容,还是 ICP 的理论基础。

在经济学中,购买力平价包括绝对购买力平价和相对购买力平价。绝对购买力平价的理论基础为"一价定律"(Law of One Price),即在没有运输费用和贸易壁垒的充分竞争市场上,如果以同一货币计价,那么同一商品在不同国家的售价理应相同。① 这充分肯定了外汇市场的有效性,认为套汇空间可以在极短的时间内迅速消失。根据"一价定律",绝对购买力平价可表示为公式:

---

① 一价定律是关于汇率如何决定的理论,一价定律最早由弗里德曼于 1953 年提出,一价定律认为在没有运输费用和官方贸易壁垒的自由竞争市场上,一件相同商品在不同国家出售,如果以同一种货币计价,其价格应是相等的。即通过汇率折算之后的标价是一致的,若在各国间存在价格差异,则会发生商品国际贸易,直到价差被消除,贸易停止,这时达到商品市场的均衡状态。一价定律成立的前提条件是:① 对比国家都实行了同等程度的货币自由兑换,货币、商品、劳务和资本流通是完全自由的;② 信息是完全的;③ 交易成本为零;④ 关税为零。

$$E = P^0/P^i$$

其中 $P^0 = [P_1^0, P_2^0, \cdots, P_n^0]$，$P^i = [P_1^i, P_2^i, \cdots, P_n^i]$，$i = 1, 2, \cdots, k$。上标 0 表示作为比较基础的国家或地区，例如，世界银行用美国作为比较的基础，亚洲开发银行用中国香港作为比较的基础；上标 i 表示参与比较的各个国家或地区，总共有 k 个国家或地区参与比较；下标表示参与比较的商品或服务，共有 n 个商品或服务；P^0 和 P^i 分别表示基础国（地区）和比较国（地区）的价格向量。该公式表明，在计算国内和国外价格水平时，不仅所使用的商品篮子应当完全相同，而且篮子中商品的权重也应当相同。绝对购买力平价理论认为，均衡汇率是由两国货币的购买力决定的。

显然，在现实中上述条件无法得到满足。Dornbusch(1976)认为，贸易障碍和信息不对称不仅使不同地区的商品价格出现差别，而且限制了套利，使得绝对购买力平价理论难以成立。在此情况下，该文提出了相对购买力平价，它允许存在一定的贸易成本。相对购买力平价理论强调，即期与远期之间的通货膨胀率差别必须等同于这个期限内汇率的差别。汇率升值与贬值是由两国通货膨胀率的差异决定的。尽管相对购买力平价能够有效地反映一定时间内实际汇率变动对物价的影响，但许多学者仍然认为这种理论过于理想化。

4.1.3 汇率对购买力平价的背离

事实上，汇率常常背离购买力平价，包括短期背离和长期背离两种情形。

(1) 汇率对购买力平价的短期背离。"一价定律"成立与否，严格依赖于国际间的商品套购。如果货物的运输和交易无任何成本，那么同种商品用一种货币表示的价格在各国之间将会相等。由于贸易品中含有非贸易品成分、贸易成本以及价格粘性等因素，"一价定律"在实际中并不成立。Isard(1995)认为，质疑购买力平价在短期中能否成立的主要原因是，随着汇率的变动，对于较细的制造业产品分类，不同国家的产品用同种货币价格表示时经常会出现大而持续的偏差。Rogoff(1996)指出，因为产品中含有非贸易成分，即便是在世界各地都生产的产品，如麦当劳的汉堡包，也会在世界各地出现按同一时间的汇率折算成美元的价格差异。出现这种现象的原因在于,非贸易品的流动性限制使得跨国套购不能发生,从而影响"一价定律"的成立。Obstfeld 和 Rogoff(2009)认为,在对国际价格差异进行解释时,贸易成本是一个关键性因素。贸易成本是导致汇率偏离购买力平价的一个重要原因,阻碍了国家间的套利,导致汇率调整呈现非线性。

(2) 汇率对购买力平价的长期偏离。尽管有些人试图证明汇率在长期中遵循购买力平价,但另外一些研究则认为汇率在长期中同样可能会背离购买力平价。

巴拉萨于 1964 年提出一个长期均衡汇率对购买力平价的偏差假说,即"生产率偏差假说"。他认为,生产率水平高的国家的非贸易商品与贸易商品的价格比率也高,高收入国家作为购买力平价基础的物价水平就会高于按照汇率决定的物价水平(Balassa,1964)。这样,按购买力平价计算得出的汇率也会低于长期均衡汇率。随着高收入国与低收入国生产率水平差异的增大,低收入国家购买力平价被低估的现象也会加剧。

Officer(1976)以高收入国家非贸易商品的质量高于低收入国家非贸易商品为论据反驳巴拉萨。但巴拉萨认为,要完全抵消内部价格比率偏高的问题,发达国家非贸易品的质量相对于不发达国家非贸易品的质量应当足够好才行。

Hsieh(1982)利用 1954—1976 年的数据,对日本和德国相对于美国的实际汇率进行考察,发现生产率差异能很好地解释两国相对于美国实际汇率的变动行为。然而,也有一些学者发现,生产率的差异并不能解释实际汇率的变动(Froot 和 Rogoff,1991;Rogoff,1996)。生产率差异能够解释非贸易品相对价格的国际差异,但非贸易品的相对价格并不能很好地解释汇率对购买力平价的长期背离(Asea 和 Mendoza,1994)。Lee 和 Tang(2000)认为,较高的生产率确实会导致实际汇率升值,但这种联系并不是通过非贸易品的相对价格,而是通过贸易品的价格所传递的。

迄今为止,上述争论还没有得出明确的结论,尚需通过实践检验。

购买力平价学说的基础是传统的货币数量论。该学说在决定汇率时没有区分贸易商品和非贸易商品,忽视了贸易成本和贸易壁垒等非贸易因素的影响。实际上,现代汇率决定理论已经远远超越了一个世纪前提出的购买力平价学说,今天看来,购买力平价学说已略显过时。

4.2　国际比较项目的由来与进展

4.2.1　国际比较的两种基本方法

为了开展国际经济比较,必须把各国以本币计算的 GDP 转换为同一货币表示的指标。目前主要有两种方法:一个是基于汇率的世界银行图表集法(ATLAS 法),另一个是购买力平价法(PPP 法)。

汇率法历史悠久,却备受批评。由于汇率不仅受到各国货币实际购买力的影响,还受到各国进出口商品结构、对外贸易状况、国际资本流动和政府外贸政策等因素的影响,按汇率法折算的各国 GDP 可能存在严重的扭曲,而且仍然包含了价格水平因素的影响(袁卫等,2008)。

世界银行全球 ICP 项目通过收集参加国多种代表商品的价格资料,以各国 GDP 对应项目的支出分类构成作为权数,进行加权平均后计算各类商品和劳务的购买力平价以及 GDP 的购买力平价,从而把各国以本币计算的 GDP 用购买力平价换算为统一可比的货币,从而对各国经济及其结构进行国际比较分析。购买力平价方法在国际比较中克服了汇率法的许多不足。采用购买力平价法转换的 GDP 反映的是纯物量差异,剔除了价格因素的影响。由此可见,购买力平价具有较为完善的理论基础,ICP 项目是建立在一个逻辑较为严密的理论体系之上,为各国实际经济规模和结构的比较与评价建立了一个较为科学的框架。

4.2.2　不断推进的国际比较项目

1965 年,联合国统计委员会第 13 届会议建议,在欧洲经济合作与发展组织(OECD)、拉美经济委员会和经济互助委员会等对国民生产总值国际比较的经验基础上开展研究,寻求一条能够更准确地评价和比较各国经济规模与结构的途径。

　　联合国统计机构在1968年发布了《生产、收入和支出总量的国际比较》,该报告建议选择若干个国家,进一步推广国际横向比较。联合国统计委员会采纳了此建议,并将其确定为"国际比较项目"(International Comparison Program, ICP)。迄今为止,ICP共进行了八轮,随着ICP理论方法逐步发展并不断走向成熟,参与的国家和地区越来越多(见表4-1)。

表4-1　历轮 ICP 参与国数量

轮次	基准年份	参与国数量
第一轮	1970	10
第二轮	1973	16
第三轮	1975	34
第四轮	1980	60
第五轮	1985	64
第六轮	1993	83
第七轮	2005	146
第八轮	2011	199

　　数据来源:亚洲开发银行,《2011年亚洲及太平洋地区国际比较项目,概要报告》。

　　在亚洲开发银行公布的《2011年亚洲及太平洋地区国际比较项目,概要报告》中,有一段关于ICP的官方介绍:国际比较项目(ICP)是一项全球性统计项目,由联合国统计委员会(United Nations Statistical Commission)建议发起,旨在对经济总量进行比较。[1] 虽然ICP的开端并不起眼——1970年仅10个国家参与,但最近一轮(2011年)基准比较项目的参与国(经济体)数量已超过180个。ICP涉及众多地区,由世界银行ICP全球办公室负责相关协调工作,亚洲开发银行是亚洲及太平洋地区的区域协调机构。2011年亚洲及太平洋地区ICP以2005年成功实施的基准比较项目为基础,亦是对2009年比较项目所得结果的后续更新。

---

　　① 引自《亚洲开发银行,2011年亚洲及太平洋地区国际比较项目,概要报告》,购买力平价与实际支出。

亚洲及太平洋地区共 23 个经济体参与了 2011 年的 ICP。这些经济体包括：孟加拉国、不丹、文莱达鲁萨兰国、柬埔寨、中国、斐济、中国香港、印度、印度尼西亚、老挝人民民主共和国、中国澳门、马来西亚、马尔代夫、蒙古、缅甸、尼泊尔、巴基斯坦、菲律宾、新加坡、斯里兰卡、中国台湾、泰国及越南。2011 年 ICP 的重要特征包括：缅甸的首次参与，中国价格调查实现全覆盖（在 2005 年国际调查中，价格调查对象仅为 11 个省会城市），以及印度和印度尼西亚价格调查覆盖面的提升。

ICP 把商品分为 155 类，包括 500 多种核心商品和 2 000 多种代表商品。按照规定，先算出各类商品的购买力平价，然后再拿各类商品消费量在经济总值中的份额作为权数计算加权平均和，最后得到各国生产总值的购买力平价。各经济体收集可比价格数据，编制详细的 GDP 及其各项支出值，并且在此基础上估计该经济体购买力平价，并提供 GDP 层级及其组成部分的可比数据（以同一货币来衡量）。购买力平价法避免了由于汇率换算和相对价格差异所造成的影响，比较准确地反映出国家的经济实力和人民生活水平。

在经济全球化、区域一体化进程不断加快的今天，采用购买力平价法度量、评价各国经济社会的发展状况显得尤为重要，这在国际社会上已形成共识。由于汇率法在国际比较中存在着明显扭曲，数据之间的矛盾越来越突出，国际社会在相关经济分析和决策、政策评估中对购买力平价结果的需求越来越大。人们普遍希望，ICP 数据结果能更准确地反映世界经济实际发展进程，正确评价世界各国经济社会发展成果和贫富差距，为国际组织、各国政府和研究人员分析世界、区域和各国经济社会发展进程，制定减贫政策、反倾销政策和收入分配政策以及其他相关决策提供全球可比的经济统计数据（World Bank，2012）。

4.2.3 八轮探索，日趋成熟

自 1968 年以来的半个多世纪中，全球性 ICP 活动历经八轮的反复探索、研究和实践，组织管理更趋严密，技术方法更趋成熟，实际操作更趋规范。

ICP 项目在 2011 年（ICP 2011）对调查框架进行了重新设计。为保证各国价格调查数据的可比性，实行"四个统一"：一是统一采价目录；二是统一采价范围,要求在现有 CPI 调查组织体系中设计采价点抽样方案,保证采集的价格数据代表全国水平;三是统一采价时间,所有参加的国家和地区统一在 2011 年按不同的调查频率开展调查,保证采集的价格数据代表全年平均水平;四是统一规定以 1993 年国民账户体系定义概念为基础的 GDP 支出 155 项基本分类。

　　ICP 调查的主要内容为产品目录规格品的价格。产品目录包括全球目录和地区目录,涉及个人消费、政府消费、设备和建筑业。个人消费包括三类产品:区域目录的产品、区域目录和全球核心目录重叠的产品、全球核心目录的产品。而政府消费支出和固定资本形成的采价目标不作全球和地区之分。第八轮 ICP 采价的规格品数目分布见表 4-2。

表 4-2　第八轮 ICP 采价的规格品数目分布

类别	区域目录	全球目录
一、居民消费支出	750	601
01—食品和非酒精饮料	236	155
02—酒精饮料和烟草	19	16
03—服装和鞋类	104	72
04—居住类	18	19
05—家具和家庭设备	82	68
06—医疗保健	86	89
07—交通	49	53
08—通信	16	15
09—娱乐和文化	65	53
10—教育	8	7
11—餐饮和餐馆	31	33
12—其他商品和服务	36	21
二、政府消费支出	44	
政府部门职务工资	44	
三、固定资本形成	250	
机械设备	190	
建筑品	60	

数据来源:亚洲开发银行,《2011 年亚洲及太平洋地区国际比较项目,概要报告》。

　　在将 GDP 划分为 155 个基本类的基础上,对每一个基本类计算其所对应规格品年平均价格的简单平均价格,通过区域链接和全球链接可以得到基本类的区域购买力平价和全球购买力平价。区域链接的依据是区域协调机构与各国共同制定的区域产品目录。区域产品目录里的规格品被认为既代表各国的消费类型又跨国可比。全球链接的依据是全球办公室与区域协调机构制定的全球核心产品目录,全球核心产品在各大区之间是可比的。对于基本类,采用加权的国家产品虚拟法(CPD 法)把区域的购买力平价结果链接成全球结果。

在计算出各基本类产品的购买力平价之后,通过汇总、链接,可以得到各国购买力平价的全球结果和区域结果。在汇总和链接方法上,区分区域内购买力平价汇总方法和区域间购买力平价链接方法。各区域内购买力平价汇总方法不作统一规定。欧盟—OECD 采用 EKS 法,其他区域采用 CPD 法。第八轮 ICP 项目采用全球核心产品目录法链接区域购买力平价结果。对于基本类以上的总类,ICP 2005 采用大区法,将各类商品消费量在经济总值中的份额作为权数,计算各基本类产品的购买力平价的加权平均和,再在大区内和大区之间进行链接,依此逐级而上就得到各国 GDP 的购买力平价。①

ICP 2011 采用国家间再分配法(CAR 法)代替了大区法,即不再在每一个大区选定一个基准国,而是保持基准国不变。关于 GDP 的分类,第八轮 ICP 将 GDP 支出划分为 7 项,26 个门类,61 个组,126 个大类。GDP 支出主要分类和主要分类各层级项目的数目如表 4-3 所示。

表 4-3　第八轮 ICP 的 GDP 分类

支出类别	门类	组	大类	基本类
GDP	26	61	126	155
居民消费支出	13	43	90	110
为居民服务的非营利机构消费支出	1	1	1	1
政府为居民服务的消费支出	5	7	16	21
政府公共消费支出	1	1	5	5
固定资本形成总额	3	6	11	12
库存变化及贵重物品获得处置	2	2	2	4
进出口总额	1	1	1	2

数据来源:亚洲开发银行,《2011 年亚洲及太平洋地区国际比较项目,概要报告》。

---

① ICP 将 GDP 划分为四级,最低一级为基本类,基本类是在一个给定的分类中能够区分支出的最低层次。

在第七、第八轮 ICP 实施过程中,无论是购买力平价理论还是统计方法都得到了长足的发展。可以说,经过前八轮比较活动之后,ICP 方法正日渐规范,在理论创新和改革中不断向前推进,在实践探索和研究中不断破解技术难题。

以第八轮为例,ICP 2011 在以下八个方面均有所创新:

第一,制定以密切与数据用户联系为目标的外联战略,提高数据服务的有效性;

第二,建立 ICP 质量保证框架(ICP-QAF),切实提高数据质量;

第三,以 ICP 项目为动力,推进发展中国家统计能力建设战略;

第四,撰写《测度世界经济的真实规模》一书,详细阐述 ICP 项目的框架、方法和结果;

第五,设计国民核算基本概念框架,实现支出数据和价格数据之间的一致性;

第六,引入价格和支出数据的验证制度,全方位跟踪各国数据调查和收集过程;

第七,不同于 ICP 2005 采用环国法(或称桥梁国法)①,第八轮 ICP 采用核心清单法进行全球购买力平价结果的链接,改善全球结果的数据质量;

第八,持续改进 ICP 方法,包括确定调查清单、设计调查框架和数据收集方法,尽量解决部分项目不可比问题(余芳东,2011)。

4.3　国际比较项目的主要方法

4.3.1　国际比较项目的两种方法

国际比较项目(ICP)主要包括两种方法:

第一,用于双边比较的 F 法,又称为"理想公式",主要使用了指数与因素

---

① 2005 年 ICP 项目采用环国即在每一区域选择若干个国家或地区作为桥梁,将各区域的购买力平价结果链接起来,形成全球性的结果。

分析法中费雪的几何平均法。[①] 其公式为:

$$\mathbf{PPP}_{j,n} = \sqrt{LP}$$

其中,

$$L = \frac{\sum_i p_{ij}q_{in}}{\sum_i p_{in}q_{in}}, \quad P = \frac{\sum_i p_{ij}q_{ij}}{\sum_i p_{in}q_{ij}}$$

($i = 1, 2, \cdots, m$,表示不同商品;n 表示基准国,j 表示某一对比国;q_{ij} 表示商品 i 在对比国 j 的使用量,p_{ij} 为商品 i 在对比国 j 的平均价格)。

F 法分别用两国不同的产量结构加权,求得综合币值指数。然而,用几何平均法进行求解,并没有体现购买力平价方法量值统一的要求,其现实意义并不明确。

第二,用于多边比较的 GK 法,即 Geary-Khamis 公式,其主要以某国作为基准国,以该国货币表示他国价格,再求得国际平均价格。第 j 国购买力平价水平(ppp_j)的计算公式为:

$$\mathbf{ppp}_j = \frac{\sum_i p_{ij}q_{ij}}{\sum_i \bar{x}_i q_{ij}} = \frac{\sum_i p_{ij}q_{ij}}{\sum_i \bar{x}_{in}q_{ij}} \cdot \frac{\sum_i \bar{x}_{in}q_{ij}}{\sum_i \bar{x}_i q_{ij}}$$

其中,$\bar{x}_i$ 表示国际平均价格,$\bar{x}_{in}$ 表示基准国的平均价格;$\dfrac{\sum_i p_{ij}q_{ij}}{\sum_i \bar{x}_i q_{ij}}$ 是产量结构

相同、符合量值统一的价值指数;$\dfrac{\sum_i \bar{x}_{in}q_{ij}}{\sum_i \bar{x}_i q_{ij}}$ 则是由 j 国产量结构加权形成的相

对价格指数。GK 法的本质是在消除币值差异的同时,对相对价格进行平均,从而得到各国购买力平价的换算指数。由于 GK 法估计的 ppp 包括了一个在

各国不同的折算因子,即 $\dfrac{\sum_i \bar{x}_{in}q_{ij}}{\sum_i \bar{x}_i q_{ij}}$,因此不同样本国换算的 GK 法 ppp 并不相同。

[①] 参阅丛培华,"国际经济比较中量值统一的价值尺度——剖析联合国 ICP 方法的缺陷",统计研究,2007 年第 5 期,第 91 页。

购买力平价比较的主要目的是衡量一国居民的真实生活水平,从这个角度看,可以视购买力平价为比较各国由各自消费篮子组成的总商品。然而,一方面,总商品在不同国家的构成不同,这直接影响购买力平价对各国相对价格指数的估计。例如,比较一个欠发达的农业国家和一个发达的工业国家,以汇率法换算的工业国人均收入是农业国人均收入的 4 倍(4∶1)。其中,农业国居民 100% 的收入用于购买基本生存品(如食品),而工业国居民的食品等基本生存花销只占其收入总额的 20%,剩余 80% 收入用于购买奢侈品或资本品。① 假设奢侈品或资本品平均价格是食品的 5 倍,设食品价格为 p,奢侈品或资本品价格为 $5p$,在不考虑商品差异的情况下,工业国商品价格相对于农业国商品价格的比重为 4.2∶1,即 $(5p \cdot 80\% + 1p \cdot 20\%)/(1p \cdot 100\%)$。由于工业国人均收入是农业国人均收入的 4 倍,而工业国价格水平是农业国价格水平的 4.2 倍,即剔除了购买力平价折算的价格因素后,工业国居民的真实生活水平反而不如农业国居民的生活水平,工业国居民要比农业国居民"穷"5%。② 这显然是一个荒诞的结论。另一方面,即使商品相同,不同国家商品质量也有差异。例如,同样是汽车,德国的奔驰与中国的夏利在产品质量上就差别很大。这些都反映出购买力平价法的局限性。

4.3.2　购买力平价测算的三种方法

与 GDP 的核算相类似,购买力平价的测算也有三种基本方法:支出法、生产法和收入法。其中,按照生产法和支出法测算得到的数值能够划分成具有意义的价格和物量组成部分,但按照收入法测算得到的数值却不能。因此,购买力平价法的价格指数选择仅涉及支出法和生产法。

目前测算购买力平价的主要方法是支出法,为 ICP 所采用。它不仅使得开展最终需求主元素(消费和投资)的比较成为可能,还避免了采用生产法中为了实现双重平减而同时需要获取中间消耗和总产出数据上的困难。支出法

---

① 在这个例子中,假设不存在储蓄,两国居民均将全部收入用于消费。

② $\dfrac{4.2 - 4}{4} \cdot 100\% = 5\%$

购买力平价既是一种空间价格平减指数,衡量产品价格在经济体之间的相对差异,又是一种货币转换器,将不同货币表示的 GDP 转换为同一经济基础。要对支出法进行评价,首先需要梳理清楚支出法购买力平价的计算过程。

就个人消费而言,购买力平价在地区维度上有经济体、大区和全球三个层面,在产品维度上有基本分类、种类、群组、大类和主要类别五个层级。大区内经济体基本分类购买力平价是通过计算经济体该基本分类下地区目录调查规格品的"全国平均价格"与大区内参考国该基本分类"全国平均价格"之比得到的。全球层面经济体基本分类购买力平价,是通过大区内经济体基本分类购买力平价与全球目录调查规格品价格使用前者平减后得到的大区基本分类价格计算的区域间购买力平价的链接得到的。其他产品维度层级的大区层级经济体购买力平价,是通过大区层面经济体基本分类购买力平价逐级汇总得到的,在汇总时将 GDP 分解得到的相应产品层级支出占该经济体 GDP 的比重作为权重。其他产品维度层级的全球层面经济体购买力平价,是通过对全球层面经济体基本分类购买力平价采用国家间再分配(CAR)法汇总得到的,汇总时采用的权重,是保持了区域内固定性的全球统一货币表示的实际支出比重(本币基本分类支出与全球层面经济体分类购买力平价之比)。

相比于消费者在市场购买的产品,住房、医疗保健、教育、政府报酬、建筑品、机械和设备等不易进行比较,市场调查不能完全获得相关数据。以 ICP 2011 住房类购买力平价的计算方法为例,各区域方法各异。非洲、拉丁美洲、加勒比海区域以及西亚采用经济体产品虚拟法,亚太区域利用基准物量法,欧盟部分经济体直接采用租金数据,另一部分经济体采用调整住房建筑质量的住宅建筑套数的间接法,独联体采用数量法。

非洲、拉丁美洲、加勒比海区域、西亚等区域使用租金数据链接住房类购买力平价。亚太区域和欧盟—OECD 区域使用住房建筑套数数据。因为亚太区域和欧盟—OECD 区域住房质量不同,同时使用住房建筑套数数据进行链接可能高估欧盟—OECD 住房类购买力平价或低估亚太住房类购买力平价。

政府报酬采用投入成本法,但只调查生产成本的雇员报酬。非洲、亚太区、拉丁美洲和加勒比海区域根据人口教育水平和设备的可获得、使用率进行资本—劳动估算后对政府生产率进行了调整。欧盟—OECD、独联体和西亚未作生产率调整,因为估算的政府生产率的调整系数大于1,所以会高估进行调整的区域政府服务的产出价值。

对于建筑品,欧盟使用工程量清单法,独联体混合使用了投入法和产出法,其他区域采用劳动力、材料、设备租赁的加权平均投入价格。投入法的潜在假设是经济体间的全要素生产率保持一致。对于建筑品购买力平价的链接,俄罗斯同时使用了工程量清单法和混合法,若干欧盟—OECD 国家同时使用工程量清单法和投入法。投入法的潜在假设会低估全要素生产率高的国家的购买力平价,链接的潜在假设是欧盟—OECD 国家的建筑品成本利润率与其他区域相同。在欧盟建筑业生产成本较高的前提事实下,这种链接低估了其他区域的成本利润率,从而低估了其他区域的建筑品购买力平价。

通过以上梳理,可以发现在估算购买力平价的时候,非居民消费类存在较明显的问题。显然,各主要分类均存在欧盟高估、亚太区域低估的倾向。

4.3.3　支出法的缺陷

从居民消费类和非居民消费类统一来看,支出法购买力平价存在固有的缺陷。

首先是产品在经济体内的地区代表性问题。产品生产是由企业完成的,在企业集团化、投资多地化,甚至跨国经营的今天,经济体 GDP 统计往往不能准确划分边界,可能造成 GDP 的重复计算,也可能出现高估一地 GDP,低估另一地 GDP 的情形,最后都造成各分类层次 GDP 统计误差。

其次是产品在区域内的产品层次代表性问题。GDP 更多地代表某一产品层次的经济体生产总值,而非代表地区消费总值。以生产总值对单位消费价格加权,会使得单位消费价格在汇总后得到的分类价格不准确。

再次是规格品在区域内的经济体代表性问题。地区清单和全球清单分别考虑了所选规格品在地区内和全球范围的可比性,而无法很好地兼顾规格品在某经济体内的代表性。这就会造成在资源禀赋差异较大、经济发展情况迥异的区域,地区清单产品价值比重较小,区域购买力平价不能代表整个区域。

最后是在区域划分中经济体在区域内的代表性问题。比如,亚太区域内,各经济体人均 GDP 相差悬殊,GDP 总量也相差悬殊,某个经济体在区域内的代表性在很大程度上被削弱,使得作为全球链接基础的亚太区域购买力平价结果不可靠,进而导致亚太区域内经济体的全球结果不可靠。再如,韩国、日本、新加坡、中国台湾均作为亚太区域内高人均 GDP 的经济体,韩国、日本被划归欧盟—OECD 区域,新加坡、中国台湾被留在亚太区域,可见区域划分标准并不统一,这也将带来估算亚太购买力平价的误差。

4.3.4 生产法的局限

生产法是从生产角度进行的国际比较,它建立在 GDP 按行业分解的基础上。ICP 项目系统发展了从生产方进行价格、产出和生产率国际比较的方法论,并使该方法能用于整个国民经济部门。这种方法受价格的影响比较间接,也比较小。用成本价计算可以避免补贴以及其他附加费用造成的价格扭曲。生产法购买力平价实际是一种单位价值比率。

运用生产法测算购买力平价需要两方面的数据:一是每类产品的出厂产出值和数量,要求参加国尽可能多地收集本国的产品或服务的相关数据;二是每个行业的产出值,要求参加国提供尽可能多的行业的产出值。其基本方法是把两国可比较产品或行业进行匹配,然后对每对匹配产品或行业计算其单位价值比率。要求匹配的产品或行业遵循可比性原则,还要求匹配的产品具有其对应的行业的代表性。生产法测算购买力平价的基本步骤如下:

第一,根据每种产品的出厂价值和数量计算该产品价值。每种产品的单位价值实际是这种产品的平均价格,即一年内某个国家或地区内有多家厂商生产的同类或者相近产品的平均出厂价格。

第二,对两个国家或地区具有相同特征的产品进行匹配,对每一对匹配的产品计算两个国家或地区间的单位价值比率。

第三,分别以比较国和基准国的产出数量为权重,对单位价值比率进行加权汇总,得到以比较国产出数量加权和以基准国产出数量加权的样本行业(样本行业是"行业"的子类)购买力平价。

第四,把样本行业购买力平价进行加权汇总以得到各行业购买力平价,权重是样本行业的总增加值。

第五,以行业增加值为权重,加权汇总行业购买力平价成为整个国民经济的购买力平价,从而把比较国的 GDP 转换为用基准国货币表示。

服务业购买力平价的计算是生产法的弱项。基于服务业的特殊性,生产法购买力平价对上述方法进行了发展。服务业产出核算按照市场服务和非市场服务之分,分别采用循环法和投入法。由于大多数服务业的价格无法从普查数据中直接得到,因此需通过数量指数加权汇总得到样本行业的产出购买力平价,权重为比较国和基准国样本行业的产出价值。方法是在上面第三步中,利用价格与数量相乘得出产出。由于服务业购买力平价是基于产出数量指数进行测算的,因而产出数量的确定是产出购买力平价测算的基础。服务业产出数量的核算十分困难,一些非市场服务业的产出指标只好以服务过程中的产出指标来代替,比如以看病的人数来代替医疗服务产出。还有一些产出是多种产出指标的混合,需要通过"质量调整"来分类、综合这些产出指标。

4.4　国际比较项目的基本应用

4.4.1　国际经济及结构比较

ICP 项目的购买力平价数据,已被广泛用于国际组织的分析与研究当中,为有关国际组织和各国研究世界经济发展进程,监测"千年发展目标"及其他相关决策提供了全球可比的经济统计数据和分析手段。例如,世界银行的国际贫困率测算、IMF 的世界经济增长率计算、欧盟的结构性基金分配、联合国开发计划署的人文发展指数和性别平等评估、世界卫生组织的健康不平等评估、联合国教科文组织的人均教育费支出评估、联合国儿童基金会的儿童生活状况监测以及其他国际组织的援助项目设计等,同时还在世界经济竞争力、投资成本、产业潜在增长以及不同城市生活费调整等研究中被广为应用。

购买力平价的最基本的应用领域就是国际经济及结构比较。ICP 的主要工作是产生国际可比的 GDP 及其组成成分的价格与物量测算结果,该结果是以购买力平价作为货币转换因子计算而得,因此,购买力平价是 ICP 工作的核心。ICP 的目的就是测算各国货币购买力平价,以此作为货币转换因子,将各国以本币表示的 GDP 及消费、资本形成、净出口等总量指标转换为统一的货币单位,从而比较和评价各国实际经济规模和结构。

以中国为例,根据世界银行于 2007 年 12 月发布的 ICP 2005 结果,中国的购买力平价为 3.40(人民币/美元),也就是说,1 美元的购买力相当于 3.40 元人民币。在 2007 年,按照人民币统计的 GDP 为 26.58 万亿元,美元对人民币的汇率为 7.62[①],按照汇率法折算,中国的 GDP 为 3.49 万亿美元;可是,按照购买力平价折算,中国 GDP 为 7.82 万亿美元。两种计算方法之间相差 2.24 倍。显然,按照购买力平价转换因子计算出来的经济规模要大于通常按照汇率折算出来的结果。

根据世界银行最近公布的 ICP 2011 结果,中国 2011 年购买力平价转换因子为 3.51(人民币/美元)。中国国家统计局公布的 GDP 为 47.31 万亿元。据此折算,中国 2011 年 GDP 为 13.50 万亿美元。2011 年人民币对美元的平均汇率为 6.45,按照汇率法折算,中国的 GDP 为 7.33 万亿美元。两种算法相差 1.84 倍。

4.4.2 价格水平比较

以本国购买力平价除以本国汇率即得到所谓的价格水平指数(PLI),常用来反映一国和地区国内价格水平与国际价格水平的差异(余芳东,2008)。PLI 主要有以下应用:

第一,PLI 可以作为判断国际贸易中是否存在倾销的标准。根据世界贸易组织(WTO)规定,如果产品的出口价格低于在其国内消费的相同产品的可比价格,则该产品将被认为是倾销。

第二,海外生活费用标准的确定和调整。ICP 及 PLI 数据被广泛地用来

---

① 数据来源:《中国统计摘要,2014》,第 20、143 页。

衡定跨国公司、非政府组织和国际开发署等派驻国外人员的薪资标准、生活标准以及作为补贴、津贴的调整依据。此外,ICP 及 PLI 数据也被用于国际劳工组织(ILO)最低工资的比较和不同城市生活费的调整。

第三,国家间投资成本的评估。跨国公司越来越多地使用 ICP 数据来监测海外投资成本以确定项目生存力,评估跨国经营中的劳动力和材料成本,分析市场占有率,作为寻找有利直接投资机会的依据。

第四,跨国公司决策者用以分析货物和服务价格及支出上的比较优势,同时,政策制定者也用其评估国际贸易中的竞争优势。比较贸易伙伴国间 GDP 各组成部分的价格水平,能够帮助政策制定者判断其价格水平是否合理,是否符合贸易伙伴要求,以免出现国际贸易失衡。

第五,补偿标准的确定。补偿管理机构在设计跨国补偿标准时,往往关心与对象国相比,本国产品是贵还是便宜了,产品所在基本分类的购买力平价以及 PLI 指标能为该问题提供判断标准。

此外,购买力平价还可以用于进行地区之间的价格水平比较,也就是常说的地区价差指数。

美国、英国、加拿大、澳大利亚等国统计部门先后尝试编制地区间价格差异指数,一些国际组织和专家致力于测算大国在地区之间、城乡之间的价格差异程度。美国经济分析局和劳工统计局每年更新测算结果,在《当代商业调查》上定期发布研究报告。英国自 2003 年以来将此项工作拓展为地区消费价格相对水平调查项目(RRCPL),测算伦敦等 5 个地区的价格差异指数,现已公布了 2004 年和 2010 年的结果。加拿大统计局每年测算并正式公布 11 个大城市间(首都和 10 个省府城市)零售价格差异指数,比较城市间生活费用,作为确定和调整地区间低收入标准和贫困线的依据之一。

国际组织和专家学者在研究贫困和收入分配问题时,十分关注发展中国家在地区之间和城乡之间的价格差异。但是,多数发展中国家统计部门尚未系统开展地区价差指数的研究和编制,也没有正式公布相关的官方数据。据世界银行基于 ICP 调查数据作出的测算,一些发展中国家的地区之间价格差异不到 5%(World Bank, 2007)。根据 2005 年 ICP 调查资料研究发现,如果对食品单位价值的质量和收入效应因素进行调整,印度城乡之间价格差异只有 3.2%。美国普林斯顿大学阿格思·迪顿等在《大国空间价格差异》一文中测算了印度和巴西两个大国食品类价格在主要地区之间、城乡之间的差异程度(Deaton 和 Dupriez,2011)。ICP 2005 结束以后,世行和亚行统计专家在菲律宾 CPI 调查的价格数据和住户消费支出调查的支出数据基础上,利用国家产品虚拟(CPD)方法研究和测算了 2010 年 17 个地区的价格差异指数。

近年来,中国学者对地区间价格差异测度问题也作了不少研究。江小娟和李辉(2005)选取 2005 年 7 类支出 22 种规格品在中国 36 个城市的价格,测算了每个城市每个商品与北京的相对价格,并将这些相对价格简单平均后作为城市间总价格水平,发现 36 个城市间的价格水平存在明显差异且与人均收入水平密切相关。我国地区价差指数方法和应用研究课题组(2014)用杰文斯指数测算了基本分类一级地区间价格水平,进而用帕氏指数做汇总,并用基尼系数等指标测度了人均收入的地区差距程度,发现地区间收入差距在1995—2004 年有缩小倾向。王磊和周晶(2012)构造一般化空间 CPD 模型,测算了中国 31 个省(区、市)在居民消费支出类别上的相对价格水平指数,指出空间 CPD 模型更适合对中国地区间相对价格水平的估计,发现价格水平差异和市场一体化程度间可能存在倒 U 形曲线关系。

4.4.3 部门生产率比较

在分部门计算了购买力平价转换因子之后,购买力平价方法还常用于不同国家各个部门间生产率的比较。Paige 和 Bombach(1959)对英国和美国之间生产率进行了分部门的比较,是生产法国际比较的一次巨大飞跃,奠定了后续研究的基础。之后到 20 世纪 90 年代中期,虽然有学者先后进行过制造业、农业、矿业、交通运输业和商业的比较,但很少有人以整个国民经济作为比较对象。

全球 ICP 购买力平价是从支出方面计算的,若计算时从生产方选择权重,则计算出来的结果称为生产法购买力平价。自 1983 年,荷兰格罗宁根大学建立了国际产出与生产率比较项目,展开了生产法的系统研究。该项目系统发展了从生产方进行价格、产出和劳动生产率国际比较的方法论。Pilat(1994)

在 ICP 框架下,以整个国民经济为对象,进行了日本和韩国各部门产出及生产率水平比较的研究。

4.4.4　工业化与经济发展水平分析

ICP 测算结果亦可用于经济发展阶段的分析。例如,Gilboy 和钟宁桦(2010)构建了一个"机械与设备相对价格"指标("机械与设备"的购买力平价与"个人实际消费"的购买力平价之比)来反映一国工业化的程度。他们认为,价格水平指数(购买力平价与汇率之比)反映了各国国内价格水平与国际价格水平的差异,对各国不同发展阶段有一定指示意义。骆祖春和高波(2009)综合世界银行公布的 2005 年 ICP 项目结果及主要统计制度的变化,提出了工业化不同阶段的人均 GDP 新的标准值,分析了新中国成立 60 年来工业化发展的各个时段的标准认定,为判断工业增长潜力和科学制定城镇化政策提供了经验证据。

与此同时,购买力平价数据也经常被应用于经济发展以及结构变迁的研究,例如,IMF 用其估算世界和地区的经济增长潜力。由于经济增长与投资量密切相关,投资占 GDP 的比率可以作为衡量经济潜在增长能力的一个核心指标。

4.4.5　贫困购买力平价及贫困统计

贫困标准研究是 ICP 方法和数据的一个重要应用方向。2000 年,联合国在千年首脑会议上制定了"千年发展目标",将消灭极端贫穷和饥饿作为重要目标。2011 年,第八轮 ICP 项目有三个目标,其中之一就是测算贫困购买力平价数据,为"千年发展目标"的减贫监测提供统计依据。贫困购买力平价是指两种(或多种)货币对贫困人口消费的一定数量典型产品的购买能力之比。与 ICP 中购买力平价针对一个国家的所有住户不同,贫困购买力平价主要针对一个国家的贫困人口。

世界上广泛接受的贫困标准是基于消费或收入的贫困线。一个人维持生计所需的最低收入或消费水平即贫困线。世界银行曾根据 33 个发展中国家贫困状况的研究结果,规定 1 天 1 美元作为极端贫困的标准和 1 天 2 美元作为贫困的标准,进而测算了全球贫困发生率(World Bank,2013)。亚洲开发银行在 2008 年根据购买力平价指数提出了亚洲贫困线——每人每天 1.35 美元。中国目前的贫困线是按照世界银行专家推荐的方法,根据每人每天所需要的最低消费热量推算出来的(每年都进行调整)。一些学者基于 2005 年购买力平价数据测算中国农村贫困标准及贫困状况,认为中国农村当时的贫困标准与"1 天 1 美元"标准接近。中国农村贫困线在 2005 年为人均年纯收入683 元,随后,这个贫困线不断提高,在 2006 年为 693 元,2009 年为 1 196 元,2011 年提高至 2 300 元人民币。

贫困程度测量是研究贫困标准的孪生问题,同样也要用到购买力平价数据。世界银行、美国卡内基国际和平基金会等曾用购买力平价的思路进行了诸多贫困程度测量的研究。

测度不平等是购买力平价数据的另一个重要应用。例如,世界卫生组织和联合国教科文组织分别使用购买力平价测算卫生支出的不平等和人均教育支出的不平等。联合国开发署的性别权力测度指标则用其测量不同国家间性别不平等的程度。

4.4.6 国际竞争力和生活水平比较

在一些经济体的内部,许多产品的价格决定机制与国际市场隔绝。在评估某一经济体的人民生活水平、国际竞争力或生产率水平时,购买力平价克服了按汇率换算受国际收支、金融市场、出口战略、心理等不同因素造成的失实和变动频繁等缺陷。通过反映各国价格水平的不同,购买力平价提供的转换率可以使人们更为准确地比较各国实际总产出,进而通过按购买力平价计算的人均实际消费量来比较不同国家的生活水平。经购买力平价转换的 GDP经常被用来衡量国际经济竞争力,任若恩等利用购买力平价结果及其测算方法对国际竞争力进行了诸多研究(任若恩等,2006,2008)。

4.4.7 其他方面的应用

研究与开发(R&D)经费的预算和评估必须考虑物价因素。如果一国物价低于另一国物价,则相同的经费在物价低的国家的购买力会更大。基于购买力平价方法,从物价这个角度去研究 R&D 经费的购买力,将有别于经费投入的绝对水平测度,更具实际意义。显然,ICP 结果中的购买力平价数据能够更合理地测度 R&D 经费规模,为投入决策提供参考。

此外,ICP 结果中的居民消费支出基本分类数据和 CPI 数据相结合,通过测度居民支出构成细类对 CPI 变化的贡献,可为稳定物价、控制通货膨胀提供政策建议。

近年来,欧盟根据购买力平价计算的人均 GDP 制定欧盟结构性基金的分配政策。美国国际开发署亦借助按购买力平价方法测算的 GDP 评价援助资格。随着 ICP 趋于成熟,购买力平价在将来有可能被国际组织用来计算成员国会费、评估援助捐款资格或决定获得贷款的优惠条件。

4.5　国际比较项目在中国

4.5.1　循序渐进,逐步扩大

2005 年以前,虽然我国没有正式参加 ICP,却一直在进行关于 ICP 的合作与研究。国家统计局设有国际统计信息中心,负责 ICP 的信息交流与合作。许多学者翻译介绍了 ICP 的文献,并进行了较深入的研究。例如,北京航空航天大学任若恩教授领导的课题组,武汉大学郭熙保教授等分别对 1986 年、1994 年中国的 GDP 和人均 GDP 进行过人民币对美元的购买力平价测算。

2005 年,中国有 11 个城市(即北京、上海、重庆、大连、宁波、厦门、青岛、哈尔滨、武汉、广州、西安)参加了由世界银行牵头的亚太区 ICP 项目调查活动(2005 年为调查基准年)。GDP 支出数据核算范围从部分城市扩大到全国,价格调查范围延伸到农村地区。世界银行根据这 11 个城市及其他有关统计资料,推算出全国平均价格水平和 GDP 支出基本分类数据,作为计算我国购买力平价的基础数据。

2011 年,我国全面参加第八轮全球性 ICP 活动,在全国 30 个省(区、市)

开展价格调查,测算全国 GDP 支出基本分类数据。

4.5.2　中国的购买力平价转换因子、价格比率

世界银行数据库公布了中国自 1990 年以来的历年购买力平价。由于 ICP 项目本身有非基准年参考购买力平价的计算方法,每一轮 ICP 各年度均有内部一致的购买力平价,但是相邻两轮之间的购买力平价并不一致,依据一定的模型,以最新一轮基准年的购买力平价为调整基准,可以进一步调整每一轮的购买力平价,使得两轮之间的购买力平价相一致。

表 4-4 显示了以 2011 年为调整基准的中国历年购买力平价(PPP)。从表中可见,在 1990—2013 年的 24 年间,中国的购买力平价转换因子从 1.63 上升到 3.52,上升了 2 倍多。20 世纪 90 年代初,2006—2008 年、2010—2011 年购买力平价上涨较快。20 世纪 90 年代末、2002 年、2009 年购买力平价略有下降。

表 4-4　中国的购买力平价支出法下的 GDP 转换因子(PPP)

年份	PPP(LUC[①]/国际美元)	年份	PPP(LUC/国际美元)
1990	1.63	2002	2.71
1991	1.78	2003	2.73
1992	1.97	2004	2.84
1993	2.21	2005	2.86
1994	2.59	2006	2.88
1995	2.83	2007	3.02
1996	2.93	2008	3.19
1997	2.90	2009	3.15
1998	2.81	2010	3.32
1999	2.73	2011	3.51
2000	2.74	2012	3.51
2001	2.74	2013	3.52

数据来源:世界银行数据库。

从相对价格水平来看,中国相对价格水平(购买力平价与汇率之比,

---

① LUC 表示单位本币(Local Unit Currency)。

PPP/EX)世界排名(由低到高)从 2005 年的第 67 位下降到 2013 年的第 116 位。实际上,中国价格水平在这一期间走高趋势相当明显。出现这一矛盾的原因在于人民币升值,1 美元换得的人民币数额更少,导致相对价格水平的上升幅度大于购买力平价的上升幅度。

如果货币转换比率用汇率(EX)表示,相对价格水平可以用价格水平指数(PLI)的倒数表示。表 4-5 显示了中国购买力平价及相对价格水平的世界排名。

表 4-5　中国的购买力平价、相对价格水平及其世界排名

年份	PPP	PPP 排名	PPP/EX	PPP/EX 排名
2005	2.86	83	0.35	67
2006	2.88	80	0.36	59
2007	3.02	81	0.40	61
2008	3.19	79	0.46	73
2009	3.15	79	0.46	84
2010	3.32	78	0.49	91
2011	3.51	78	0.54	103
2012	3.51	77	0.56	111
2013	3.52	76	0.57	116

注:排名依据世界银行数据库给出的,剔除有缺值经济体后的所有 172 个经济体数据。

4.5.3　用购买力平价折算中国的 GDP

根据购买力平价转换因子(PPP)不难将中国的 GDP 从本币统计值(LUC)转换为以美元表示的 GDP(见表 4-6)。

表 4-6　中国本国货币单位 GDP 和以购买力平价转换因子计算出来的美元 GDP

年份	GDP(LUC)(亿元人民币)	GDP(PPP)(亿美元)
1990	18 667.82	11 426.67
1991	21 781.50	12 260.00
1992	26 923.48	13 690.58
1993	35 333.92	16 012.42
1994	48 197.86	18 636.92

(续表)

年份	GDP(LUC)(亿元人民币)	GDP(PPP)(亿美元)
1995	60 793. 73	21 514. 37
1996	71 176. 59	24 300. 67
1997	78 973. 03	27 190. 20
1998	84 402. 28	30 040. 45
1999	89 677. 05	32 856. 24
2000	99 214. 55	36 163. 28
2001	109 655. 17	40 062. 27
2002	120 332. 69	44 372. 28
2003	135 822. 76	49 796. 40
2004	159 878. 34	56 321. 08
2005	184 937. 37	64 701. 76
2006	216 314. 43	75 144. 86
2007	265 810. 31	88 063. 86
2008	314 045. 43	98 434. 58
2009	340 902. 81	108 331. 98
2010	401 512. 80	121 097. 73
2011	473 104. 05	134 959. 12
2012	519 470. 10	147 826. 97
2013	568 845. 21	161 577. 04

数据来源:中国国家统计局数据库和笔者计算。

ICP 2005 有关中国结果显示:2005 年中国购买力平价为 3. 45,即 1 美元等于 3. 45 元人民币,相当于当年汇率 8. 19 的 42. 1%。按购买力平价法测算,中国 GDP 规模为 53 332 亿美元,占世界比重 9. 7%;按汇率法测算,中国 GDP 规模为 22 438 亿美元,占世界比重 5. 1%。

2011 年中国购买力平价结果为 3. 51,也就是说,1 美元与 3. 51 元人民币的购买力相当,而同期人民币对美元的汇率为 6. 46,购买力平价相当于汇率的 54. 3%。

根据利用购买力平价法和汇率法计算的 GDP,中国在 2011 年都是世界上第二大经济体,占全球 GDP 的比例分别为 14. 9% 和 10. 4%。与第七轮(2005 年)结果相比,中国购买力平价法 GDP 排名没有变化,而汇率法 GDP 排名从第四位上升到第二位。

从购买力平价及其世界排名来看,2005—2013 年,中国购买力平价上升,排名从第 83 位上升至第 76 位,排名呈上升趋势。而巴西从第 52 位下降为第 57 位,印度从第 105 位下降为第 108 位,俄罗斯从第 111 位下降为第 116 位,排名均呈下降趋势。

4.6　国际比较项目面对的挑战

4.6.1　购买力平价法在理论上的缺陷

在逻辑上看起来,理论总是比较完美的,但是现实往往离完美的理论标准有一定差距。毋庸讳言,每一套理论和统计方法都有其优点和缺点。

比如说,经济学中一些常用的概念如潜在增长率、充分就业等,在理论上看起来非常完美并且意义重大,但现实中它们却是如此捉摸不定,似乎总是在跟我们玩捉迷藏。任何数量经济学家或统计学家都难以获得潜在增长率、充分就业的真值。

又如,资本市场中非常著名的有效市场假说(EMH),该理论为芝加哥大学的 Eugene Fama 教授赢得了 2013 年度诺贝尔经济学奖。这些假说在逻辑上非常完美,但真实市场的情形与有效市场假说相去甚远。有效市场在现实当中只是可望而不可即的海市蜃楼。

人们早就知道,在表明经济体相对规模以及物质财富水平方面,采用汇率法换算的 GDP 具有误导性。在采用汇率将 GDP 换算成统一货币表示的过程中,并未对贸易产品和非贸易产品进行区分。无论是贸易商品还是非贸易产品,所面对的只有一个汇率。拿这个单一的汇率去处理非贸易商品或服务的数据,实际上就已经假定这些商品或服务可以被投入贸易,这一假定缺乏现实基础。采用购买力平价换算的 GDP 便不会存在这种偏差。这是因为,简略而言,测算购买力平价的第一步就是计算个体产品的价格比率,因此,考虑到了贸易产品和非贸易产品之间的价格水平差异。

同样,购买力平价理论在逻辑上也非常完美,但要真正测算出一国或地区的购买力平价,在方法和实践上存在诸多困难与挑战。购买力平价法不能真实地反映价格水平比率,因为价格水平不仅受到物量水平的影响,还受到质量、消费者习惯、空间地理等因素的影响。而物量水平也同样受质量的影响,剔除掉的价格水平如果包含质量因素,那么余下的物量水平是不可比的。如果要进行比较,必须强调同质性,必须不包含质量因素。而购买力平价法显然不可能对所有的商品和服务都作质量调整。其规避方法是选取质量相同或相似的规格品来比较价格,然而规格品在各经济体中的重要性是不同的,同时在各经济体基本类中的代表性也是不一样的。规格品对各经济体的代表性就成为需要解决的问题。购买力平价法只考虑了基本类在各经济体中的重要性,仅对在经济体中的重要规格品和不重要规格品作了划分,而对规格品在各经济体中的代表性则未考虑,因此,购买力平价不能完全反映剔除质量因素的价格水平比率。

尽管 ICP 项目理论上看似较为完善,但该理论本身也存在一些固有缺陷(袁卫等,2008)。

第一,古斯塔夫·卡塞尔认为两国货币的交换决定于货币的购买力,从理论根源上看,购买力平价学说的基础实质上是传统的货币数量论,对制度、交易成本、技术等因素考虑不足;

第二,ICP 没有对贸易商品和非贸易商品作出区分,忽视了非贸易因素,如贸易成本和贸易壁垒等。

第三,ICP 强调了物价对汇率的影响,实际上,汇率的变化也可能反过来影响物价。

汇率法与购买力平价法出现分歧的根本原因在于方法的潜在假设不同。如果所有的商品和服务均在全球流通,而货币的供应和需求主要由国际贸易予以推动,并且汇率能完全反映货币比率,此时价格水平比率已经自动剔除了消费者习惯、空间地理因素的影响,根据"一价定律",汇率法与购买力平价法等价。

我们必须理性地看待 ICP 和购买力平价,或许在经济学乃至人类社会中,这种"不完美"也正是另外的一种"美"。

4.6.2　国际比较项目在统计方法上尚待提高

由于 ICP 项目在方法和实践上尚存不少问题,特别是 ICP 存在高估发展中国家 GDP 的问题,使得许多发展中国家对其持怀疑态度,一些国家时而加入、时而退出,因此,必须理性看待购买力平价统计问题。

数十年来,ICP 项目成果之所以始终未能真正用于行政管理决策,主要还在于项目本身在方法上的缺陷。ICP 项目面临的最大挑战是在各国规模大小不等、文化千差万别、商品和服务多种多样、统计能力差异不一的条件下如何设计一套相对科学的统计方法,以得到尽可能准确、可靠的购买力平价(袁卫等,2008)。受各国政策制度以及经济、社会、文化条件等诸多因素的影响,ICP项目实施当中仍有许多方法技术问题长期没有得到有效解决。例如,如何设计既具国际可比性又有代表性的价格调查框架,如何进行建筑、机械设备、住房、政府公共教育和医疗服务等项目的国际比较,如何汇总和链接全球购买力平价,如何测算贫困购买力平价,如何推算和修正非基准年购买力平价,如何取舍规格品的代表性与可比性等问题,一直困扰着 ICP 的实施,也影响着购买力平价的数据质量。ICP 项目在数据汇总、规格品设置、价格调查等环节都存在诸多不足,有待进一步改进,结果的可靠性也有待提高。

第一,购买力平价数据汇总方法导致的差异。现行 ICP 在调查、汇总、计算等方面存在多种方法,采用不同方法可能导致差异较大的结果,在实际操作中采用何种方法更好尚无可靠的经验证据。事实上,单个商品(或者服务)的购买力平价计算简单,直接采用对比国相关商品的价格进行对比即可,且单个商品的购买力平价天然地具有国与国之间的可传递性。可是,由单个商品汇总为基本类,再逐步上升到各个大类的统计过程却存在许多矛盾。由单个商品(或服务)的购买力平价计算基本类购买力平价,实际上是在计算基本分类下所有商品或服务购买力平价的几何平均数。主要有 EKS 法、CPD 法以及GK 法等。各种购买力平价(PPP)的计算方法的特点如表4-7 所示。

表 4-7　购买力平价各计算方法优缺点比较

方法	适用状况	主要优点	主要缺点
EKS	基本类 PPP PPP 汇总	将不可传递指数转化为可传递指数;可填补双边 PPP 矩阵中的漏项;更能体现所有国家的消费结构特色	参比国数据资料利用不完全;不满足矩阵一致性要求
CPD	基本类 PPP	特别适合产品价格数据部分缺失的情况;满足传递性;不受参照国选择的影响	受数据量"哥申克隆"效应的影响;缺失数据弥补方法的经济意义不显著
GK	PPP 汇总	"国际价格"具有明确的经济意义;各国数据信息的充分利用;保证可加性;保证可传递性	受"哥申克隆"效应影响;结果受基础数据调整的影响

实际上,比较结果对计算方法的选择十分敏感,采用不同方法会得到相差悬殊的结果。国家和地区人均 GDP 的排位因方法选择的不同而有所不同,各国人均 GDP 在绝对值和相对差距上都会不同。至于何种方法才能准确反映各国经济实力,需要更深入的研究。为了发展和完善 ICP 的理论与方法,联合国、世界银行等在全球 ICP 执委会下设立了技术咨询小组(TAG),汇集全球 ICP 技术专家,专门解决 ICP 项目中的技术方法问题。

第二,在选取代表规格品时,难以协调由于各国消费水平、消费结构、商品质量等方面差异所带来的矛盾,特别是在规格品代表性和可比性方面往往很难协调一致。例如,即便是极为普通的理发,在中国和美国就很难实现同质。由于各国的传统、习惯、经济发展水平和经济结构各异,其消费结构也迥然不同,ICP 项目所选择的商品主要是以西方发达国家,特别是以美国为标准,各类规格品在西方发达国家满足了代表性原则,但对发展中国家则不一定具备代表性,从而也就降低了其可比性。

第三,ICP 项目是以国民经济核算为基础,要求提供详细的 GDP 支出分类构成资料,这对许多统计发展水平落后的国家来说比较困难。有些国家出于政治和经济利益的考虑,在提供本国价格和 GDP 支出分类资料时可能有意歪曲基础数据,进而影响 ICP 比较结果的可靠性。

第四,由商品质量差异引起的问题。商品质量差异有两个方面:一是商品规格、功能等物理性能的差异;二是商品购销环境、服务水平等软件因素的差异。质量差异直接影响商品价格水平的高低,总体上看,发展中国家的销售环境和服务水平(如售后服务)远不如发达国家,价格中包含服务的附加值低,若不考虑该因素则可能扭曲发展中国家的商品价格。

第五,也许对于一个小国来说,价格的地区差别问题比较简单一些;但是像中国这样的大国,即使是同一个商品,各个地区的市场价格差别也很大,在不少领域还存在着国家控制的计划价格,价格扭曲的现象尚未得到根除。由于缺少统一的市场价格,在计算购买力时有不少麻烦,使得购买力平价法在中国的应用受到了很大的制约。

第六,服务业数据的巨大差异。税收是许多统计数据的主要来源,由于许多发展中国家的税收体系不够健全,因此,大量服务业数据丢失。在许多国家中,某些服务性商品不是按市场价格提供的,如医疗、教育和住房等服务项目,政府要给予大量的补贴。各国补贴制度差异可能导致各国的服务价格失真。ICP项目在实际操作上很难有效处理发展中国家的一些价格扭曲,为此,ICP采用投入法,即用教师、医生等职员的工资为代表进行比较,试图消除或减轻误差。随之产生的问题是,由于发达国家和发展中国家之间在资本构成和劳动生产率上差距甚大,简单处理之后很容易低估发展中国家的服务价格水平。

4.7 走出购买力平价认识误区

人们对购买力平价法和国际比较项目常常会产生一些认识误区。下面对常见的认识误区做一些澄清与说明。

4.7.1 误区一:购买力平价与名义汇率

一个最为常见的误区就是将购买力平价数值作为名义汇率的判断标准,以此来判断名义汇率水平是高估还是低估。实际上,购买力平价既不能作为评价名义汇率高估或低估的判断标准,也不能解释为均衡汇率。有些人用购买力平价数据来衡量汇率水平的偏离程度以及汇率调整的方向,简单地认为如果汇率高于购买力平价就意味着币值被低估,需要升值。这种看法建立在一个过时的购买力平价汇率决定理论(袁卫等,2008)基础上,在理论上是立不住脚的。

受人类认识水平的局限,任何一种经济学理论正确与否可能都是相对的,运用时必须考虑时间和空间因素。购买力平价理论诞生于20世纪20年代,用这一理论解释金本位时代和布雷顿森林体系的汇率制度可能还有一定意义。可是,近百年来,国际经济金融环境已经发生巨大变化。布雷顿森林体系瓦解后,美元与黄金彻底脱钩,世界进入了多元、浮动汇率时代。在这种环境下,用简单的购买力平价已经无法解释汇率波动问题。曾任 IMF 首席经济学家的芝加哥大学经济学教授雅各布·弗兰克尔于1981年清楚地分析了购买力平价解释汇率问题的缺陷(Frenkel, 1981)。

汇率主要反映国际市场上一国货币与他国货币在可贸易品相互交换中的比价,是由货币所代表的实际社会购买力水平与国际市场对商品和货币的供求关系决定的。在一定条件下,汇率能够反映不同国家之间可贸易品的价格关系。而在计算购买力平价的时候包含了很大比例的不可贸易品之间的比较,正是由于这些商品是不可贸易的,在商品种类、质量方面可能存在很大的差异,这种比较本身是非常困难的。

在数据的生成机理上,购买力平价不同于汇率。购买力平价覆盖了构成 GDP 的全部货物和服务,包括可贸易品和不可贸易品,而汇率高低只对可贸易品发生影响,两者统计范围不同。由于在统计覆盖范围方面的差异,以及交易费用等因素影响,即使是理想的购买力平价指数也可能不同于均衡汇率,更无法决定现实的汇率水平。

从理论上看,ICP 项目得到的购买力平价是各方面妥协的结果,难以达到理想水平。世界银行发布的 ICP 报告明确指出,作为一项统计估算,购买力平价数值受到样本误差、测量误差以及分类误差等各种因素的影响,只是对未知真实值的近似估计。各国在使用购买力平价时要特别当心。由于方法和统计原则的差异,不能简单地将不同轮次购买力平价进行比较,也不能简单地将购买力平价转换的经济指标作为最优的比较标准。所以,不能简单地将购买力平价估计值视为评判汇率高低的标准。

由于汇率受到国际货币市场供求关系、地缘政治等多方面因素影响,汇率水平在不断波动之中。有些年份汇率的波动幅度比较大,有些年份波动幅度比较小。当前,全球外汇市场高度发达,货币是重要的金融投资产品,货币市场交易非常活跃,外汇的日交易量达到数万亿美元。国际经济、政治、人文、气候等许多因素都可能影响不同货币间的名义汇率水平。ICP 得出的购买力平价数值与现实的汇率之间并无必然联系,在数值上可能差异较大,两者的变动方向和幅度也可能没有直接的相关关系。因此,购买力平价不能作为评估汇率水平的基准。

如图 4-1 所示,购买力平价与人民币对美元年平均汇率在走势上并不一致。人民币对美元的汇率在 1994 年以前是在不断贬值,在 1994—2005 年基本上盯住美元不变,在 2005—2008 年人民币大幅度升值,在 2008—2010 年再度盯住美元,在 2011 年以后再次升值。可是,中国的购买力平价指数一直处于上升态势。在 2011 年美元和人民币之间的汇率是 6.46,可是购买力平价转换因子是 3.51。两个指数的来源不同,讨论的问题不同,绝对不能据此判断说人民币的汇率被低估了,更不能据此提出人民币升值的要求。

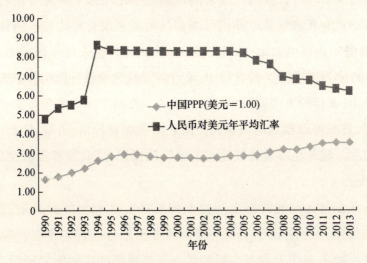

图 4-1　1990—2013 年中国购买力平价与人民币汇率走势对照

数据来源:人民币汇率取自历年《中国统计年鉴》;PPP 数据取自 http://databank.worldbank.org/data/views/variableselection/selectvariables.aspx? source=wo

4.7.2 误区二：比较对象的可比性和代表性

当用购买力平价法测算不同国家的 GDP 支出时,实际上是基于相同价格水平来反映不同国家的经济规模。正因如此,世界银行为实施 ICP 2011 而编写的介绍 ICP 理论与方法的手册命名为《测度世界经济的真实规模:国际比较项目的框架、方法和结果》(World Bank,2013)。

从理论上看,开展国际经济比较时,购买力平价方法比汇率法在准确性和稳定性方面更好,更能真实地反映不同国家的经济发展水平。

但在现实中,购买力平价统计测算并非易事,除了统计方法复杂(如指数构造、汇总与链接方法等问题一直是 ICP 学术层面的重大难题)之外,在具体实施方面也存在不少困难。最大的难题在于选择参与比较的产品,一方面要具有可比性,即应选择各参比国家都存在的产品;另一方面又要求所选择的产品应该在本国具有代表性。由于世界各国在社会、经济、文化、政治、地理等方面差异巨大,可比性和代表性二者在实际操作中往往是鱼和熊掌不可兼得。在国与国之间具有可比性的产品可能在某些参比国家中不具有代表性,而在某个国家中具有代表性的产品则可能和其他国家没有可比性。例如,在西方国家的 GDP 中占有很大比重的信息技术产业,在许多发展中国家中的比重却很小。在许多发展中国家的农村中,流行以家庭为单位分散饲养家畜,可是在发达国家中,这样的生产方式早已销声匿迹。在两个国家的生产集合中,有一部分交集,自然可以找到两国相同产品之间的相对价格;可是,还有一部分产品没有交集。越是经济发展程度相差悬殊的国家之间,这种没有交集的部分就越大(见图 4-2)。

如果在参与比较的两国之间找不到某些商品和服务的交集,自然也找不到相对价格。万般无奈,只好将商品或服务划分为许多小组,拿小组中的某个产品或服务来作为这个小组的代表。如果那些在两国之间没有交集的商品或服务所占比重微不足道,这样的近似或忽略是可以接受的;如果那些没有交集的商品或服务所占比重比较大,这种近似的统计将带来显著的偏差。收集 ICP 项目数据时要求规格品同时具有可比性和代表性,但是在选

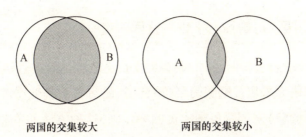

两国的交集较大 　　　　　　两国的交集较小

图4-2 两国商品和服务的交集

择规格品时往往追求可比性,牺牲代表性。只要可比就行,而不管在国内是否有代表性。中国幅员辽阔,地区差异巨大,选择各个小组的规格品尤为困难。

国内外多项研究表明,片面地追求可比性,其结果将导致ICP项目高估发展中国家的货币购买力水平,进而高估发展中国家的经济规模和人均水平。实际上,这些数据只能近似地将国家或地区进行分类,却不好用来进行明确的排序,特别是不能将以购买力平价转换的经济规模作为一国或地区经济实力的判别标准。

4.7.3 误区三:购买力平价与经济结构比较

在进行不同国家经济的比较时,一些分析人员还常常将购买力平价直接用于分部门或总体经济结构的比较,这是不对的。从统计方法上看,购买力平价适用于各国间经济总体规模的比较,而不适用于结构性比较。购买力平价测算中包括了各种商品和服务的比较,覆盖了经济所有部门,是一个综合性的、总体性的指标。在比较国与国之间的经济结构时,由于它们之间可贸易品和不可贸易品的构成比例各不相同,用统一的购买力平价数值换算以后,各组成部分价值量可能与实际的结构相差很大。在分析不同国家或地区经济结构时,例如,分析各部门消费和政府支出之间的关系,应该使用相应的分部门购买力平价数值,一般不能将总体经济的购买力平价用来进行部门经济的比较。

4.7.4　误区四:购买力平价与贫困测度

作为一国或地区总体经济的购买力平价值也不适宜被直接用于各国的贫困测度。有些研究采用按购买力平价法计算的每天 1 美元标准(根据各国的物价水平有所调整)来测算各国的贫困率水平,这种方法并不够严谨,可能与实际情况有较大出入。原因在于:首先,各国贫困人口所消费的商品结构有很大区别,有些发展中国家低收入人口的自给自足程度很高,与高度市场化国家贫困者的情况差别很大。其次,理论上,购买力平价度量的是整个经济所有商品和服务的购买力比较,而贫困人口所消费商品和服务的结构与整个国家的结构相差非常大。如果忽略这个差异,将严重扭曲贫困人口所消费商品和服务的总值。因此,各国国情不同,一国内部不同地区之间、不同群体之间的收入和消费模式差别也很大,测算贫困率应根据各国的具体情况分别测算,不宜用一个简单的标准、根据购买力平价进行估计。理论上应分开不同收入组别的居民,分别测算作为贫困测度的货币转换因子。而这样做,说起来容易做起来难,从取样、收集数据到综合都存在相当高的难度。

第五章

通过案例来理解购买力平价

5.1 计算 GDP 的简单案例

珀金斯教授在他所著的《发展经济学》一书中,用一个简单的例子说明购买力平价的计算原理。[①] 他假定有两个经济体,例如美国和印度,只有一种商品和一种要素:钢材产品和商业零售中的人工。钢材产品是可贸易的商品,而服务业人工不可贸易。例如,美国生产 100 万吨钢材,每吨 200 美元,合计产值为 2 亿美元;印度生产 8 万吨钢材,每吨 6 000 卢比,合计产值为 4.8 亿卢比。由于钢材是可贸易商品,假定没有任何交易成本和贸易障碍,两国钢材的相对价格就是汇率。一吨钢材以美元计价为 200 美元,以卢比计价为 6 000卢比。1 美元的购买力相当于 30 卢比,这就是汇率。注意,在这里必须假设美国生产的钢材和印度生产的钢材在质量上没有任何差别,这就是在统计学中常说的"同质性"。

在服务业,美国提供了 2 万人工,每个人工 5 000 美元,合计 1 亿美元;印度提供 4 万人工,每个人工 30 000 卢比,合计 12 亿卢比。如果按照汇率(1∶30)来折算,在印度,一个人工折合 1 000 美元,相当于美国的 1/5。由于人工不可贸易,两国之间在人工上的相对价格(1∶60)不等于汇率(见表 5-1)。

① 参阅 Gilles Perkins, et al. Economics of Development, New York: w. w. Nortone Company, 1996.

表 5-1　购买力平价的案例

	美国			印度		
	数量 Q	价格 P	产值 V	数量 Q	价格 P	产值 V
钢材	Q_1^0	P_1^0	V_1^0	Q_1^1	P_1^1	V_1^1
	100 万吨	200 美元/吨	20 000 万美元	8 万吨	6 000 卢比/吨	48 000 万卢比
人工	Q_2^0	P_2^0	V_2^0	Q_2^1	P_2^1	V_2^1
	2 万	5 000 美元/人	10 000 万美元	4 万	30 000 卢比/人	120 000 万卢比
GDP	30 000 万美元			168 000 万卢比		

数据来源：Gilles Perkins, et al. Economic of Development, New York：w. w. Norton Company, 1996.

在这里,上标 0 表示美国,上标 1 表示印度;下标 1 表示钢材,下标 2 表示人工。为了便于多国比较,上标设为 0 的国家被选为基准。如果参与比较的有 k 个经济体,上标分别设为 $j = 1, 2, \cdots, k$。下标设为参与比较的商品或服务,如果有 n 个商品或服务参与比较,分别记为 $i = 1, 2, \cdots, n$。按照汇率法计算：

$$GDP^0 = V_1^0 + V_2^0 = P_1^0 Q_1^0 + P_2^0 Q_2^0$$
$$= (100 \times 200) + (2 \times 5\,000) = 30\,000 (USD)$$
$$GDP^1 = V_1^1 + V_2^1 = P_1^1 Q_1^1 + P_2^1 Q_2^1$$
$$= (8 \times 6\,000) + (4 \times 30\,000) = 168\,000 (INR)$$

按照各自货币统计,美国的 GDP 为 3 亿美元,印度的 GDP 为 16.8 亿卢比。倘若按照汇率(1∶30)折算,印度的 GDP 为 5 600 万美元,美国的 GDP 是印度的 5.36 倍。

按照汇率,印度的钢材单价由 6 000 卢比/吨折算为 200 美元/吨,钢材总价值为 1 600 万美元。由于钢材是可贸易商品,这种折算比较合理。可是印度的人工每单位 30 000 卢比,按照汇率只折合 1 000 美元。假定印度每个单位的人工和美国具有相同的质量,那么就应当具有相同的价格,每人 5 000 美元。显然,如此折算实际上把印度的人工当做可以贸易的商品,在现实中,印度的人工便宜,而且不能出口。把印度人工的总价值除以汇率,导致低估了印度的 GDP。

按照购买力平价法,同质商品(或服务)理应同价。参加横向比较的两个国家的商品或服务都应有相同的价格。为了便于多国比较,一般采用美国的价格作为基准,将印度的两类产品或要素的数量乘以美国的价格。这样一来,两国的产品以同一种价格来计算,消除了由于价格差别带来的误差。

$$\text{GDP}^1 = P_1^0 Q_1^1 + P_2^0 Q_2^1 = (8 \times 200) + (4 \times 5\,000) = 21\,600(\text{USD})$$

按照这种算法,印度的 GDP 是 2.16 亿美元,美国的 GDP 仅仅是印度的 1.39 倍。显然,在横向比较的时候,相同的产品或要素理应拥有相同的价格,采用购买力平价法比汇率法更合理。

对于印度而言,采用两种计算方法的误差是:$21\,600/5\,600 = 3.86$。也就是说,采用汇率法将印度的 GDP 低估了 3.86 倍。

5.2　购买力平价法的计算规则

购买力平价法的思路是用相对价格乘以各种商品的国内价值,从而得到按照购买力平价(PPP)计算的 GDP。在上述案例中,用美国的价格向量 $[P_1^0, P_2^0]$ 乘以印度的产出向量 $[V_1^1, V_2^1]$ 得到印度的 GDP^1:

$$\text{GDP}^1 = P_1^0 Q_1^1 + P_2^0 Q_2^1 = (P_1^0/P_1^1) P_1^1 Q_1^1 + (P_2^0/P_2^1) P_2^1 Q_2^1$$

$$= (P_1^0/P_1^1) V_1^1 + (P_2^0/P_2^1) V_2^1$$

在这里,V_1^1 和 V_2^1 是分别按照印度卢比统计的钢材或服务业的产值,一般来说,这个数据来自各国国内统计数据,比较可信。(P_1^0/P_1^1) 和 (P_2^0/P_2^1) 分别是参照国(美国)和本国(印度)钢材和服务业价格之比。

若写成向量形式:

$$\text{GDP}^j = [P_i^0/P_i^j] V^j \quad j = 1, 2, \cdots, k; \ i = 1, 2, \cdots, n$$

在这里,下标 i 表示参与比较的商品或服务,上标 0 表示参照国(美国),上标 j 表示参与横向比较的国家或地区;共有 k 个国家或地区参与比较,每个国家或地区有 n 个商品或服务参与比较。由于美元是国际储备货币,通常人们拿美国作为参照国;亚洲开发银行拿中国香港作为参照经济体。

从数学上来讲,上述表达式毫无问题。如果两个经济体如同例子中所描述的那样,只有一个商品,一项服务,而且无论是商品还是服务的质量都没有区别,那么,只要统计出两国之间的相对价格,乘上参与比较国的国内产值,就可以转换为以美元标价的 GDP。倘若每一个经济体都照此计算,自然就得到了各国经济规模的排名榜。

5.3 购买力平价法的问题

从理论上来说,这样的折算很严谨,没有问题。但是,这种购买力平价计算方法遭遇到一系列问题。

第一,各国统计 GDP 的口径不同。公式中的 i 表示在统计中选取的不同商品(或服务)。众所周知,世界上的商品和服务种类成千上万,仅仅钢材的品种就有 20 多万,我们不可能统计到每一个具体的产品。一般的原则是,只选取那些在过去若干年内销售量最大的商品,而忽略那些销售量不显著的产品。比较国与国之间的不同货币的购买力,应当覆盖市场上所有交易对象。可是,各国拥有的商品集合存在着巨大的差异。有些商品在某些国家中有,可是在别的国家可能没有,而只有在两国之间存在交集的商品才能比较。发达国家和发展中国家的经济结构相差悬殊,消费结构也大不相同,被选进统计"篮子"里的商品各不相同,因此产生了统计偏差。

第二,相对价格缺失。为了计算购买力平价,我们必须得到各种统计产品在两国之间的相对价格。假若在 A 国有某种产品,产值比较大,可是在 B 国完全没有,当然也不存在相对价格。为了解决这个矛盾,国际比较项目(ICP)试图把商品和服务尽量划分成很细的小组。在这个小组内选择一个代表性的商品,在一个门类中计算出那些具有交集的商品的价格比,类似推广到那些没有交集的商品,以此代表那些在某国缺失的商品。

联合国的 ICP 的分类程序是:

(1)将所有支出分成基本类、大类、组和门类;

(2)在最基层的门类中选择一些代表品,计算最低层次类别中代表品在

国与国间的相对价格(价比);

(3) 用代表品的价格比表示这个门类的价格比;

(4) 将代表品价格比按照这类产品在 GDP 中的份额加权平均,推算出更高一层类组的购买力平价;

(5) 逐层推算直到得出全部支出的总价格比。

显然,这种推算会产生一定的误差。如果两个国家的代表品能够覆盖这个门类的主体,即便出现一些统计误差也在允许范围之内。事实上,在发达国家之间选取门类的情况基本类似,采用这种推算方法产生的误差不大。可是,有些门类在发展中国家里很可能根本就短缺。例如,对于某些高科技产品,在发展中国家里可能从来没有存在过。在发展中国家中的一些比较原始的劳动力密集型产品,在发达国家中可能早就绝迹了。例如,美国的 IT 行业非常发达,产值很高;而在许多亚洲、非洲国家完全没有电脑软件行业。如何给那些发展中国家的 IT 行业定价? 没有相对价格又如何用购买力平价法计算 GDP?

例如,巴拿马产香蕉;加拿大冬天太冷,不产香蕉。找不到两国间这些商品之间的比价,怎么办? 能不能把农产品分成水果类,然后,在水果类中以苹果作为代表品,用苹果的相对价格来代表水果? 众所周知,苹果不适宜在巴拿马生长,即使有点苹果,质量也很差,相对国内其他产品,价格并不便宜;而加拿大的苹果不仅质量很好,相对其他产品价格也较低。拿两国苹果的国内价格来计算全部水果的相对价格本身就很荒唐,如果拿这个"相对价格"来计算香蕉的价值,岂不更加荒唐? 此外,加拿大有很好的钾肥矿,巴拿马几乎不产钾肥。如果拿氮肥的相对价格来处理两国钾肥的产值,怎么会没有误差?

在发达国家和发展中国家之间,即使在每一个小的门类中也有许多商品没有交集。穷国和富国之间的许多门类的内涵相差很大,仅仅拿几个具有交集的商品的相对价格来代表整个交集,难以避免误差。经济发展程度区别越大的经济体之间,作购买力平价比较的误差就越大。ICP 假定可以用代表品的价格比替代整个门类的价格比,但能不能用代表品的价格比替代非代表品的价格比,是一个很大的问题。如果两个国家之间有许多商品没有交集,并且数额较大,拿其他具有代表性的商品的相对价格来代表整个门类,必然出现很大的偏差。用一个有偏的样本来反映该国的购买力,结果必然导致相当大的偏差。由于 ICP 计算过程中内在的传递性,有偏样本还会影响到其他国家购买力的数值,降低整个系统的准确度。

第三,同质性。两国生产的产品必须具有同质性才能进行横向比较。购买力平价计算公式试图消除各国之间的由于价格差异而导致的偏差,用产品数量乘以一个统一的价格向量来表示 GDP,可是,商品数量却没有包含质量的因素在内。例如,统计数据显示某国在某年生产了多少台汽车,用总销售额除以数量可以得到汽车平均价格。可是,谁都知道,一台奔驰、宝马的价钱抵几十台吉利、奇瑞。都是彩电,一台大屏幕、高清晰度的电视机抵得上十几台普通彩电。只有把这些产品尽可能仔细地分类才能消除偏差。可是,若按照商品质量分得太细,就会遇到统计数据缺失或统计成本过高的问题。

即使质量完全相同的商品,假如售后服务不同,也会导致售价差异。例如,电视机保修期不同,售价也不同,能够无条件退货的商品,要价就比较高。把质量相差悬殊的商品放在一起比较,很可能得出非常荒谬的结论。

邱东教授举了一个很生动的例子:瞎子摸象,有的人说是墙,有的人说是绳子。如果拿绳子来做代表品,推断出的结论就背离事实太远了。其原因就在于,大象的各个部位的同质性太差。如果瞎子摸的是个稻草堆,由于同质性很高,选取几根稻草来做代表品就足以说明问题。

5.4　切勿以点代面,以偏概全

在市场经济中,价格反映了资源的稀缺性。凡是稀缺性较高的产品或生产要素,其价格就比较高。例如,巴拿马的香蕉很便宜,孟加拉国的人工很便宜,可是到了瑞典,香蕉和人工都很贵。一般来说,一个国家的资源禀赋是固定的,如果不能改变资源禀赋,就很难让各国之间的相对价格趋于一致。

在讨论人民币的购买力的时候,有人说,按照人民币和美元之间的汇率,高估了人民币的购买力;可是,还有人说,低估了人民币的购买力,各种说法相互矛盾。

例如,由于在全球范围内麦当劳的汉堡包(巨无霸)的质量差异很小,因此 ICP 项目常常引用麦当劳的汉堡包指数。在中国,一个汉堡包的价格为 25元,在美国是 4 美元,相对价格(购买力平价)为 6.25(25/4),1 美元的购买力相当于 6.25 元人民币。美元和人民币之间的汇率在2014 年为 1∶6.20。购买力平价和汇率基本相当。价格水平指数为 1.01(6.25/6.20)。由于麦当劳的产品同质性很高,因此,拿麦当劳的汉堡包的价格来讨论购买力比较靠谱。凡是具有较高流动性的商品,在国际市场上竞争激烈的商品比较容易形成统一的市场,比较容易比较不同货币对这些商品的购买力平价。

毋庸置疑,各国资源禀赋各不相同,很难在短期内改变资源禀赋。资源短缺的要素和商品就一定价格较高。在发展中国家,资本相对短缺,劳动力相对过剩。由于劳动力不能跨国界流动,不存在全球范围的统一的劳动力市场,因此,国与国之间的工资水平相差很大。中国农村还存在着大量剩余劳动力,按照 2013 年的估计,在中国农村还存在着大约 8 800 万剩余劳动力。[①] 中国许多服务业的平均价格都低于美国,涉及人工服务的地方,6.20 元人民币的购买力就强过 1 美元。

就理发而言,简单地理发一次,美国 30 美元,中国 20 元人民币,购买力平价为 0.67(20/30),也就是说,1 美元的购买力只相当于人民币 0.67 元。价格水平指数为 0.11(0.67/6.20)。

另一方面,由于中国的一些年轻人追求时髦,崇拜名牌,抬高了名牌奢侈品的价格,而美国人对这些名牌的猎奇程度就远远不如中国人。在某些奢侈品市场上,美元的购买力出奇地高。例如,在美国卖 200 美元的 LV 包在中国可能要卖 5 000 元人民币,购买力平价为 25(5 000/200),1 美元的购买力几乎是 1 元人民币的 25 倍。价格水平指数为 4.03(25/6.20)。奢侈品高价卖给中国,其中包含"灰色"收入。因为许多进口的奢侈品没有计入 GDP,这样就造成权重偏低。奢侈品价格对中国总体价格的抬高作用就没有显现出来。

就购买力平价法的局部不可靠而言,还可以举很多例子。比如,食品类。

---

① 参阅北京师范大学国民核算研究院,《国民核算研究报告,2013》。

据中国国家统计局数据,2011 年城镇居民家庭人均可支配收入 21 809.8 元,人均食品消费支出 5 506.3 元,食品类消费占收入的 25.25%;农村居民家庭人均纯收入 6 977.3 元,人均食品消费支出 2 107.3 元,食品类消费占收入的 30.20%。而 ICP 2011 中国结果显示,食品和非酒精饮料实际支出 58 115 亿美元,GDP 为 134 959 亿美元,食品类支出占 GDP 的 43.06%,可见食品比重存在高估。

另一方面,许多餐饮服务计入食品消费,由于食品价格低于餐饮服务价格,这样高估的权重就放大了这种价格偏差,最终权重的错配拉低了总体价格。

再如,公共消费。众所周知,价格 = 成本 × 成本加成率。价格比率可分解为成本之比和成本加成率之比。发达国家成本较高,而中国由于腐败等效率问题造成成本加成率较高,同时由于中国集权程度较高带来决策效率高的结果,因而最终的成本加成率不会比发达国家高很多。所以,总的来说,发达国家的公共消费价格要比中国高。但这主要体现在成本高,用它作为转换因子来得到实际支出是不合适的,因为成本高也可以靠举债来填补。如果只是研究一个国家内部的消费支出,不需要分解支出价格,但观察国际上的消费支出就有必要分解来看。因为公共消费成本高往往显示了国家实力,这与食品生产成本高是不同的性质。

我们还可以举出许多相互矛盾的例子,这些相互矛盾的现象说明,在使用购买力平价计算时,保持取样的同质性是何等困难。在缺乏同质性的情况下,简单地把数据加总,进行横向对比,难免产生相当严重的偏差。

第六章

中国的 GDP 统计

6.1 两种核算体系

6.1.1 四大核算体系

联合国统计委员会和世界银行、经济合作与发展组织、欧洲委员会、国际货币基金组织等相关机构合作编写了四个核算体系:《国民经济核算体系》(System of National Accounts,SNA)、《物质产品平衡表体系》(System of Material Products Balances,MPS)、《社会和人口统计体系》(System of Social Demographic Statistics,SSDS)和《环境经济综合核算体系》(System of Integrated Environmental and Economic Accounting,SEEA)。这些体系用以指导世界各国的经济核算、物质产品核算、社会人口核算和环境核算。在上述四大核算体系中,有关国民经济核算的规范有两个:物质产品平衡表体系(MPS)和国民经济核算体系(SNA)。

6.1.2 物质产品平衡表体系(MPS)

物质产品平衡表体系(MPS)起源于 1918 年列宁签署的苏联《统计案例》,其中提出了编制国民经济平衡表的任务,并实际编制了谷物和饲料平衡表。之后,苏联中央统计局颁布了一系列国民经济平衡表,并且通过吸收

SNA 1953 的经验编制了投入产出表。苏联编制的这些平衡表获得了国际组织的认可。联合国统计委员会于 1971 年将《国民经济平衡表体系的基本原理》作为官方文件公布,其中包括四种主要平衡表和 13 张补充表,1977 年又出版了《国民经济账户体系与国民经济平衡表体系比较》。1984 年,以苏联和东欧社会主义国家为主的国际经济组织经互会(Council for Mutual Economic Assistance, CMEA)统计常设委员会对 MPS 进行了重大修订和补充,形成了所谓的新 MPS——《编制国民经济统计平衡表的基本方法原则》,增加了非物质服务平衡表、部门联系平衡表、居民收入和消费指标等

MPS 将全社会的全部经济活动部门划分为两大领域:物质生产领域和非物质生产领域。基于这一分类,MPS 形成了两个贯穿于整个核算体系的核心指标"社会总产值"和"国民收入"(又称社会净产值)。社会总产值被定义为,一定时期内全社会各物质生产总部门所生产的物质产品价值的总和;国民收入被定义为,一定时期内一个国家(地区)物质生产领域的劳动者新创造价值的总和。二者的关系被确定为,国民收入等于社会总产值减去物质生产部门的中间消耗价值和固定资产折旧。

MPS 主要反映物质产品的生产、交换和使用的实物运动,忽略了资金流量核算、国民财富核算以及非物质生产部门的服务性生产。同时,MPS 采用的是单式记账方法,单方面登录和计算国民经济活动,其重要的核算工具之一——平衡表也仅侧重于内部平衡。尽管各种国民经济平衡表之间在数量上有联系,但彼此缺乏严格的推算关系。

MPS 主要使用于计划经济国家的国民经济核算,随着全球市场经济的发展,自 20 世纪 90 年代起,各个计划经济国家纷纷转轨,MPS 随之退出了国民经济核算实践,成为历史。

6.1.3　国民经济核算体系(SNA)

在第二次世界大战之后,国民经济核算体系(SNA)逐渐占据主流,在实践中积累了丰富的经验。到 1950 年,联合国统计署从 41 个国家的原始数据中提取 1938—1948 年的国民收入统计资料,其中包括 13 套账户或核算表,这些

账户或核算表是各国在核算实践中运用社会矩阵方法编制的。同年,欧洲经济合作组织(Organization for European Economic Cooperation,OEEC)也发布了一套账户体系,并且成为 1952 年出版的国民经济核算体系标准化版本的基础。到 1953 年,一个由联合国秘书长批准组成的国民经济核算研究专家团队在纽约召开了会议,推出了《国民经济核算体系及其辅助表》(1953 年报告)。这一体系划定了 3 个基本机构部门(企业、住户、私人非营利机构)分类,含 6 个标准账户、12 个标准表。这是最先版本的《国民经济核算体系》,标志着统一的国民经济核算体系的诞生

　　1953 年版的《国民经济核算体系》(SNA 1953)的目标是:为世界各国提供一个测度国民收入及其成果的核算准则,这一准则要在全球范围内普遍适用。其重要的特征是:考虑到了发展中国家进行国民经济核算的需要,设计了农业部门收支表,为发展中国家的非货币交易提供一个独立的核算账户,强调保持国际统计标准协调一致的重要性。此后,作为一项进行国民经济核算和国际统计资料对比的普遍准则,SNA 1953 在世界各国被逐步采用。

　　客观上,没有一个准则和规范能普遍地适用于世界各国。SNA 1953 在开始应用时就面临着各种挑战。在实践中,联合国专家不断对其进行修订和完善。15 年以后,联合国统计委员会基于斯通教授撰写的一篇论文和经济合作与发展组织选定的相关文献,批准了修订的 SNA,这是第二个版本的 SNA,即 SNA 1968。从 SNA 1953 到 SNA 1968,其间 SNA 还经历了两次修订,第一次在 1960 年,第二次在 1964 年。第一次修订集中克服了 SNA 问世后在实际应用中所表现出的不足和缺陷,表达了建立国际准则、扩大核算范围的意愿;第二次修订则依据 IMF 的《国际收支手册》,调整了部分核算内容,纠正了一些错漏。

　　在 1968—1993 年的 25 年间,联合国始终致力于 SNA 的修订和完善,不断要求各国将实践国民经济核算的情况和问题及时反馈给联合国。1975 年,联合国再次开始对各国实践 SNA 的经验进行总结。1980 年,联合国专家小组根据各国的经验讨论了 SNA 的使用情况及未来的发展方向,并向统计委员会提交了一份报告,强调了 SNA 作为标准体系的地位和作用。在 1982—1985 年,专家小组对 SNA 进行了小幅修订。1986 年,专家小组开会讨论了 SNA 的结

构、价格和数量比较,国外部门、住户部门、公共部门、生产账户和投入产出表、金融流量,以及 SNA 与 MPS 的衔接等问题。1989 年,联合国成立了专家协调小组,审阅修订后的 SNA 的各章草案,处理突出性问题。经过 6 次会议后,专家组于 1991 年向统计委员会提交了一个 SNA 的临时修订草案。1992 年,专家小组又对草案中各章的内容及其附录再度进行了完善和整理,讨论结果连同 SNA 修订本于 1993 年递交给了统计委员会。专家们认为,此次提交的 SNA 版本是对 SNA 1968 极其重大的改进。联合国统计委员会通过决议,决定接受这一版本的 SNA,即 SNA 1993。与此同时,联合国经济和社会理事会也向其成员国和有关国际组织广泛推荐采用 SNA 1993。

SNA 1993 以其丰富的内容、庞大的体系、严谨的结构、科学的方法成为国民经济核算理论的纲领性文献,被世界各国国民经济核算的理论工作者及实际工作者视为圭臬,代表了国民经济核算体系发展的一个新阶段。各国均据此制定适合本国国情的国民经济核算体系。但是,随着时间的推进,SNA 1993 逐渐跟不上时代变迁。2003 年,联合国统计委员会决定对 SNA 1993 予以更新,更好地联系国民经济框架与数据用户的需要。此次更新工作一直持续到 2008 年,在国民账户秘书处工作组的支持下,更新后的 SNA 分两卷向联合国统计委员会报告,分别在 2008 年和 2009 年的联合国统计委员会第 39、第 40 届会议上通过,并且最终将两卷内容作为一个统一的文献在 2009 年正式发布,即 SNA 2008。

SNA 2008 含 29 章,730 多页,核算表多达 140 多个,内容上可分为三大部分:一是国民经济核算的概念、准则、制度;二是国民经济核算的账户体系;三是相关经济活动的核算。这一版本的 SNA 较之早期版本在核算内容、核算范围、核算方法上又向前大大地迈进了一步。尤其值得关注的是,它更加关注环境资源与经济活动之间的联系,设计了环境经济核算的卫星账户(Satellite Account)和社会核算矩阵(Social Accounting Matrix,SAM),对环境、资源账户的编制进行了更加详尽深入的描述。

SNA 2008 正式发布后,统计工作比较先进、数据基础比较完善的发达国家,已经开始实施或者计划实施新的国际标准。部分国家根据核算规则的变化,估算了其对本国 GDP 统计的结果产生的影响。例如,美国估计出,按照最新修订的国民收入和生产账户(The National Income and Product Accounts, NIPAs)统计规则,2012 年美国的 GDP 增加 3.6%。加拿大在 2012 年公布了根据最新的核算体系修订的 GDP 数据,其 2007—2011 年 GDP 年均增加了约 2.4%。澳大利亚从 2009 年开始将 R&D 支出作为固定资产处理,结果使澳大利亚 2008 年 GDP 增加了约 1.45%。虽然欧盟国家 2014 年 9 月才开始正式实施 SNA 2008,但荷兰在此之前已开始进行 GDP 的修订工作,根据公布结果,2010 年荷兰的 GDP 因使用最新规则而增加了 3.0%。日本计划从 2016 年开始实施 SNA 2008。

6.2　中国国民经济核算的演变

6.2.1　国民经济核算恢复期(1978—1984 年)

中国的国民经济核算体系的发展主要分为三个阶段。

在中国国民经济恢复时期,为了满足国家物资和财政收支平衡工作的需要,有关部门在探索中进行了财力物力的平衡核算,于 1951 年建立了农产品平衡表、工业生产资料和消费品平衡表,后来又扩大了这些平衡表的产品种类。1952 年,新中国政府统计机构在成立之初就在全国进行工农业总产值和劳动就业调查。后来,在工农业总产值调查基础上形成了工农业总产值核算,又逐步从工农业总产值核算扩大到工业、农业、建筑业、交通运输业和商业五大物质生产部门总产值核算,用以反映国民经济发展的规模、结构和速度。从 1954 年开始,国家统计局在学习苏联国民收入统计理论和方法的基础上,开展了国民收入的生产、分配、消费和积累核算,提供了一系列国民经济总量指标以及国民收入积累率等资料,为认识中国国民经济发展规律,加强国民经济计划管理,提供了重要的依据。

1956 年,国家统计局派代表团对苏联国民经济核算工作进行了全面考察,随后在中国推行 MPS,先后编制社会产品生产、积累和消费平衡表,社会产品和国民收入生产、分配、再分配平衡表,国民经济部门联系平衡表,劳动力资源和分配平衡表。MPS 体系与新中国成立初期高度集中的计划管理体制相适应,为国家国民经济计划的制订和宏观经济管理作出了重要贡献。一直到改革开放之后的 1984 年,中国的统计工作主要遵循 MPS 体系。

虽然采用 MPS,但是由于受到各种条件的限制,中国并没有完整地实施 MPS,仅是根据当时的实际需要有重点地采用一些内容。因此,中国这一阶段的国民经济核算体系是不系统、不全面的。尤其是改革开放之后,随着中国经济体制改革的进展,由于 MPS 体系的局限性,核算的数据无法全面反映中国国民经济的面貌和产业部门的构成,也无法满足国际比较的需要。宏观管理的要求和对外交往的现实迫切需要建立一个具有国际可比性的,能够全面、完整地反映国民经济面貌的新国民经济核算体系。

6.2.2 国民经济核算改革期(1985—1992 年)

为适应改革开放以来的新形势,在继续实行 MPS 的同时,国家统计局从 1984 年开始着手建立新的国民经济核算体系。1984 年 1 月,国务院《关于加强统计工作的决定》中明确提出,建立统一的、科学的国民经济核算制度。1985 年 4 月,国务院批准建立国民生产总值和第三产业统计,国家统计局开始在国民收入的基础上进行 GDP 核算。1984 年年底,国务院成立了国民经济统一核算标准领导小组。在这一机构的领导下,国家统计局会同有关部门,在总结中国国民经济核算实践经验和理论研究成果的基础上,围绕新国民经济核算体系的建立开展了一系列的工作,并于 1992 年 8 月,制定出《中国国民经济核算体系(试行方案)》。在此方案中,MPS 内容仍然占有相当的位置,表现出一种整合的特征。其原因除了考虑到保持中国国民经济核算资料的历史可变性、宏观经济分析和管理工作者的应用习惯,也考虑到和当时还实行 MPS 国家的国民经济核算资料的国际可比性。

6.2.3 国民经济核算发展期(1993 年以来)

MPS 在中国的消亡,主要有三个方面的原因:

第一,社会主义市场经济理论的确立,使 MPS 失去了生存的条件。1992

年 10 月召开的中国共产党十四大确立了建立社会主义市场经济体制的改革目标,实现了社会主义经济理论的重大突破,为中国国民经济核算全面改革与发展扫清了理论上的障碍。

第二,MPS 难以满足中国宏观经济管理的需要。中国国民经济核算工作的实践表明,MPS 在反映国民经济发展变化方面的缺陷和不足越来越明显。MPS 体系中对生产范围的定义过于狭窄,不能充分地反映不同类型市场主体的经济地位及其相互联系和相互作用,MPS 核算原则不能充分地反映市场机制和开放经济的特征,核算方法过于单一,等等,已经难以满足社会主义市场经济体制的需要。

第三,MPS 的国际比较性与通用性已日趋淡化直至消亡。MPS 的故乡——苏联和东欧国家由于政治、社会和制度的变革,于 20 世纪 90 年代初纷纷废除 MPS 而转向 SNA。1993 年,联合国统计委员会第 27 届会议通过决议,取消 MPS,在全球范围内通用 SNA。

为了适应这种形势的变化,1993 年,中国取消了 MPS 体系下的国民收入核算,1995 年,开始编制 SNA 体系下的资产负债表和国民经济账户。从 1993 年起,中国政府统计部门根据 SNA 1993 的标准,对 1992 年《中国国民经济核算体系(试行方案)》进行重大的修改,于 2002 年制定了《中国国民经济核算体系(2002)》。它既考虑了尽量与国际标准接轨,也充分考虑到中国实际情况,在结构上更加严谨,在内容上更加丰富,涵盖了市场经济条件下国民经济运行的主要环节和主要方面,充分反映了国民经济活动的内在联系,在操作上更加可行。既考虑到将来的需要,又考虑到目前的现状,能够更好地适应社会主义市场经济条件下宏观经济管理和对外交流工作的需要。

目前,国际上越来越多的国家实行 SNA 2008,为了与国际准则接轨,中国将于 2014 年年底或者 2015 年年初推行新的国民经济核算体系。由于中国国民经济核算基础还比较薄弱,与最新国际标准和发达国家的国民经济核算体系相比,中国国民经济核算体系还存在一定差距,尚需在实践中不断发展和完善。

6.3 官方统计数据的几次重大调整

中国 GDP 核算历史上,历史数据发生过两次重大补充和三次重大调整。

6.3.1 两次重大补充

中国 GDP 核算始于 1985 年。为了满足宏观经济分析和管理对数据的连续性和可比性的要求,中国对 GDP 历史数据进行了两次重大补充。第一次是对改革开放后的 1978—1984 年数据的补充,这项工作是在 1986—1988 年进行的。第二次是对改革开放前的 1952—1977 年数据的补充,这项工作是在 1988—1997 年进行的。这两次重大补充的内容基本相同,既包括 GDP 生产核算,也包括 GDP 使用核算。两次重大补充的方法也基本相同。

在生产核算方面,首先对农业、工业、建筑业、运输邮电和通信业、批发零售贸易餐饮业五大物质生产部门的净产值进行调整,扣除其中对非物质服务的支付(如金融保险服务费用,广告、信息咨询服务费用等),增加固定资产折旧,得到这些部门的增加值;然后补充计算各非物质生产部门增加值;最后将各物质生产部门和非物质生产部门增加值相加,得到 GDP。

在使用核算方面,对国民收入中的最终消费、资本形成(积累)、货物和服务进出口进行补充和调整。对最终消费进行补充和调整,就是扣除国民收入的居民消费和政府消费中属于非物质生产部门中间消耗的物质产品价值,增加居民和政府对这些非物质生产部门提供服务的全部支出,使之分别形成 GDP 的居民消费和政府消费。对资本形成进行补充和调整,主要是把固定资产折旧补充到国民收入的固定资本形成净额(固定资产积累)中,使之形成 GDP 中的固定资本形成总额。对货物和服务进出口进行补充和调整,主要是把非物质服务进出口补充到国民收入的货物和服务进出口中,形成 GDP 的货物和服务进出口。

第一次补充数据最先简要发表在 1988 年《中国统计年鉴》上,第二次补充数据最先发表在《中国国内生产总值核算历史资料(1952—1995)》一书上,该书还发表了第一次补充数据的详细资料。

6.3.2　三次重大调整

对 GDP 数据进行的第一次重大调整,是在中国进行首次第三产业普查后的 1994—1995 年进行的。第二、第三次的调整是在中国分别进行第一、第二次经济普查后进行的,普查年份分别为 2004 年和 2008 年。

由于长时期只重视物质产品的生产和长期采用物质产品平衡表体系,中国对非物质服务业生产活动统计没有给予应有的重视。1985 年开展 GDP 核算以后,非物质服务生产活动的数据资料来源一直是一个薄弱环节。改革开放以后,非公有批发零售贸易业、餐饮业和运输业获得了迅速的发展,但常规性统计对这部分活动覆盖不全。为了解决这些矛盾,中国于 1993—1995 年进行了全国首次第三产业普查(普查年度是 1991 年和 1992 年)。根据普查得到的资料,对 GDP 历史数据进行了第一次重大调整。调整的时间范围涉及 1978—1993 年,共计 16 个年度,调整内容包括 GDP 的生产核算和使用核算。生产核算的调整包括第三产业中各产业部门增加值的调整和 GDP 总量的调整。使用核算的调整主要是最终消费的调整和支出法 GDP 总量的调整。

第一次重大调整后的 GDP 总量及其生产和使用方面的结构性数据,最先简要发表在 1995 年《中国统计年鉴》上,详细数据发表在《中国国内生产总值历史资料(1952—1995)》一书之中。

GDP 历史数据的两次重大补充,及时满足了宏观经济分析和管理对相应数据的需要。第一次重大调整使得 GDP 历史数据更准确地反映了第三产业的发展状况,为国家制定合理的产业政策提供了更好的依据。

在 2003 年,国家统计局对中国统计制度采取了两项重大改革措施:

第一,将原来的工业普查、第三产业普查、全国基本单位普查合并,同时将建筑业纳入,进行全国经济普查,每 5 年进行一次。中国周期性全国普查制度过去包括人口普查、农业普查、工业普查、第三产业普查和基本单位普查。调整后的全国性普查精简为人口普查、农业普查和经济普查三项。第一次全国经济普查在 2004 年开始,普查的对象是在中国境内从事第二产业和第三产业的全部法人单位、产业活动单位和个体工商户。全国经济普查此后每 5 年进行一次。

第二,改进 GDP 核算制度和数据发布程序,初步建立定期修正和调整的机制。改革后的 GDP 核算和数据发布程序为:年末不再公布当年的预计数,初步核算数由次年 2 月和 5 月公布,提前到次年 1 月 20 日对外发布。初步核实数和最终核实数的核算和发布程序不变。今后在取得有较大影响的新的基础资料,以及计算方法、分类标准发生变化时,要对 GDP 的历史数据进行修订和发布,既要调整 GDP 总量,也要相应修订增长速度。

第一次经济普查结束后,为了保持 GDP 数据的历史可比性,按照国际惯例必须对历史数据进行修正。国家统计局以经济普查年度(2004 年度)的 GDP 核算数据为基础,采用经济合作与发展组织(OECD)普遍使用的趋势离差法,对 1993 年以来,包括 GDP 在内的相关宏观统计数据的历史数据进行相应修正。修订后的数据最先发表在 2006 年年底出版的《中国统计年鉴》上。事实上,由于核算方法的变化,这次历史数据的修订可以追溯到 1953 年。

第二次经济普查的普查年份为 2008 年。普查之后,国家统计局依旧按照国际通行的做法,对之前的年度数据进行相应的调整。这次调整的时间区间就是从第一次经济普查到第二次经济普查之间的年份,也就是 2005—2008 年。调整的内容不仅仅是一个 GDP 的总量,还包括各个行业的增加值,包括现价的数据,也包括不变价的数据。

第三次经济普查的普查标准时点为 2012 年 12 月 31 日,普查时期为 2013 年 1 月 1 日至 2013 年 12 月 31 日。此次普查之后,国家统计局将会依照国际惯例对 2009—2012 年的数据进行相应的调整。由于此次经济普查恰逢中国新国民核算体系的公布,统计局也会就此次普查数据对中国的历史数据依照新核算体系的内容进行修订。

6.4 地区 GDP 总和大于全国 GDP

6.4.1 生产法国家与地区汇总值之间的差距

近些年,地区 GDP 汇总值大于全国 GDP 的事实一直困扰着人们。2014 年上半年,国家 GDP 初步核算额达到 269 044 亿元,而 31 个省、市、自治区的地区 GDP 总和达到了 302 835.59 亿元,地区 GDP 总和超出全国 GDP 12.56%。为什么地区汇总值会远大于全国值? 值得人们探究。

GDP 有三种核算方法,即生产法、收入法和支出法,非普查年份仅公布生产法与支出法数据。因此,本章仅对生产法与支出法数据进行分析。

生产法是从生产的角度衡量常住单位在一定时期内新创造价值的方法,即从生产的全部货物和服务总产品价值中,扣除生产过程中投入的中间货物和服务价值得到增加价值。支出法是从最终使用的角度衡量所有常住单位在一定时期内生产活动最终成果的方法,最终使用包括最终消费支出、资本形成总额及净出口三部分。考虑到数据的可获取性,选择 1990—2012 年的 GDP 国家值与地区汇总值进行比较,其具体变化趋势见图 6-1。

从图 6-1 可以看出,在 2002 年之前,国家值与地区汇总值之间虽有差距,但差距不大,且均是国家值大于地区汇总值;而 2002 年之后,情况发生变化,地区汇总值超过国家值,且差距愈拉愈大。图 6-2 中显示,2007 年差额较之前一年度有所减少,2007 年之后差额又呈直线上升趋势。差额百分比的趋势较为复杂,在 2003 年出现一个最高点,在 1991 年、1994 年、2002 年和 2004 年百分比均超过 100%;在 2008 年之后百分比波动下降。

差额百分比计算公式为:

$$差额百分比 = \frac{当期差额 - 上一期差额}{上一期差额} \times 100\%$$

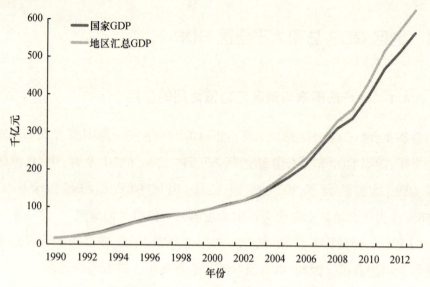

图 6-1　1990—2012 年中国 GDP 国家值与地区汇总值变化趋势

数据来源:国家统计局网站,历年各地区统计年鉴。

图 6-2　1990—2012 年中国 GDP 地区汇总值与国家值差额的变化趋势

数据来源:国家统计局网站,历年各地区统计年鉴。

6.4.2　生产法国家值与地区汇总值之间在不同产业的差距

从数据上来看,各产业的 GDP 增加值在国家总值和地区汇总值之间均存在不同程度的差额。各产业增加值差额在总差额中的占比在图 6-2 中表现明显。

由表 6-1 可知,除 1990 年分产业差额部分与总体差额的正负号相反,其余主要集中在 1996 年之后。1990 年,第一、第二产业增加值的差额分别是地区汇总值大于国家值;而 1996—2001 年,第三产业增加值差额是地区汇总值大于国家值;在 2002 年之后(除 2005—2006 年、2009 年),第一产业增加值是国家值大于地区汇总值;第二、第三产业在 2002 年之后均为地区汇总值大于国家值,与总体差额方向一致。

表 6-1　1990—2013 年地区汇总值和国家统计值之间分产业差额　（单位:亿元）

年份	GDP 差额	第一产业差额	第二产业差额	第三产业差额
1990	− 169. 53	6. 93	66. 81	− 243. 27
1991	− 514. 39	− 49. 81	− 81. 08	− 383. 50
1992	− 893. 23	− 85. 70	− 145. 67	− 661. 86
1993	− 1 058. 93	− 137. 30	− 317. 86	− 603. 77
1994	− 2 774. 99	− 355. 57	− 1 246. 88	− 1 172. 55
1995	− 3 151. 61	− 325. 96	− 2 347. 92	− 477. 73
1996	− 3 284. 80	− 336. 82	− 3 150. 49	202. 52
1997	− 2 482. 78	23. 04	− 2 999. 10	493. 28
1998	− 1 670. 68	− 4. 74	− 1 876. 43	210. 49
1999	− 1 279. 89	− 180. 20	− 1 519. 92	420. 23
2000	− 521. 86	− 118. 15	− 1 112. 29	708. 58
2001	− 879. 33	− 277. 96	− 923. 92	322. 55
2002	486. 68	− 345. 10	131. 36	700. 42
2003	3 714. 49	− 236. 56	2 466. 95	1 484. 10
2004	8 044. 22	− 655. 82	6 175. 94	2 524. 10
2005	14 290. 70	285. 77	9 805. 71	4 199. 23
2006	16 522. 35	104. 37	12 154. 10	4 263. 89
2007	13 927. 49	− 19. 43	13 067. 00	879. 92

（续表）

年份	GDP 差额	第一产业差额	第二产业差额	第三产业差额
2008	19 268.47	−218.21	18 242.42	1 244.26
2009	24 400.85	3.53	22 257.31	2 140.01
2010	35 529.33	−0.71	32 502.65	3 027.39
2011	48 337.01	−38.14	43 035.26	5 339.89
2012	57 081.75	−0.01	50 486.64	6 595.12
2013	61 164.13	−0.06	57 077.43	4 086.76

数据来源:历年《中国统计年鉴》。

由图 6-3 可知,地区汇总值与国家值之间的统计差额主要集中在第二产业和第三产业。第二产业增加值的差额主要分为两个阶段,以 2002 年为分界点,则 2002 年之前第二产业增加值的差额先增加后减少;2002 年之后第二产业增加值的差额逐年增加,从图 6-3 中可以看出,地区汇总值与国家值的差额变化趋势基本与第二产业增加值的差额变化趋势相同。2007 年之后的年份,第二产业增加值的差额在总差额中的占比基本维持在 90% 左右,可见,地区汇总值与国家值之间的差额在第二产业中占比最重。另外,第三产业增加值

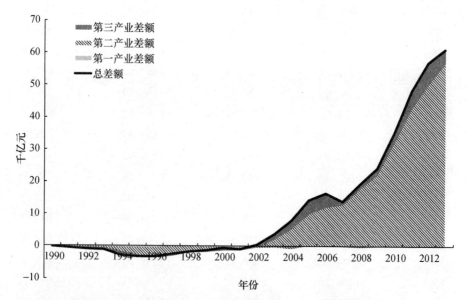

图6-3　1990—2012 年各产业增加值地区汇总值与国家值差额分布

数据来源:国家统计局网站,历年各地区统计年鉴。

的差额在 2002 年之后由于数额增大在图中表现较为明显,以 2007 年作为分界点,可以看出在 2002—2007 年,第三产业增加值差额经历先增加后减少的变化,2007 年之后数额逐年增加,到 2012 年达到 6 595. 12 亿元,较 2007 年的 879. 92 亿元增加近 6. 5 倍,虽然没有剔除价格因素,这样的增幅也足够引起人们的重视。

由于地区汇总值与国家值之间的差额在第二产业中占比较重,因此对第二产业中的工业增加值与建筑业增加值分开进行分析(见表 6-2)。总体看,第二产业增加值差额的变化趋势是先减少后增加,并伴随小幅度的波动。在 1991—2001 年,地区汇总值均小于国家值,但是建筑业在 1991—1992 年、1998—2001 年的地区汇总值均超过了国家值。建筑业在 2009 年(-0. 09 亿元)与 2011 年(-2. 18 亿元)的国家值也略超过地区汇总值。在工业增加值方面,2002 年地区汇总值已经超过国家值的情况下,工业增加值地区汇总值却比国家值少了677. 33 亿元。2002 年之后,第二产业增加值均为地方汇总值大于国家值,其中工业增加值地方汇总值超过国家值的差额起到了主要作用。

表 6-2 1990—2013 年第二产业增加值 (单位:亿元)

年份	第二产业增加值差额	工业增加值差额	建筑业增加值差额
1990	66. 81	48. 40	18. 41
1991	-81. 08	-93. 36	12. 28
1992	-145. 67	-169. 55	23. 88
1993	-317. 86	-137. 37	-180. 40
1994	-1 246. 88	-941. 28	-305. 71
1995	-2 347. 92	-1 917. 80	-430. 11
1996	-3 150. 49	-2 582. 94	-567. 55
1997	-2 999. 10	-2 721. 76	-277. 34
1998	-1 876. 43	-1 896. 55	10. 20
1999	-1 519. 92	-1 726. 15	206. 23
2000	-1 112. 29	-1 454. 99	342. 69
2001	-923. 92	-1 484. 37	560. 32
2002	131. 36	-677. 33	808. 69
2003	2 466. 95	1 302. 34	1 164. 60
2004	6 175. 94	4 652. 85	1 523. 08

（续表）

年份	第二产业增加值差额	工业增加值差额	建筑业增加值差额
2005	9 805. 71	8 477. 36	1 328. 35
2006	12 154. 10	11 254. 95	899. 15
2007	13 067. 00	12 960. 79	106. 21
2008	18 242. 42	18 226. 18	16. 24
2009	22 257. 31	22 257. 40	− 0. 09
2010	32 502. 65	32 416. 68	85. 91
2011	43 035. 26	43 037. 49	− 2. 18
2012	50 486. 64	50 283. 06	203. 66
2013	57 077. 43	56 824. 76	252. 67

数据来源:历年《中国统计年鉴》。

由图6-4可以看出,第二产业增加值差额中占比较大的是工业增加值差额,无论是在地区汇总值超过国家值阶段还是国家值超过地区汇总值阶段。建筑业增加值差额比较明显地集中在2000—2006年,随着工业增加值差额的逐年增加,建筑业增加值差额的占比却逐年减少,主要在于建筑业增加值差额的变化趋势是先增加后减少,且相比工业增加值差额的数值都较小。

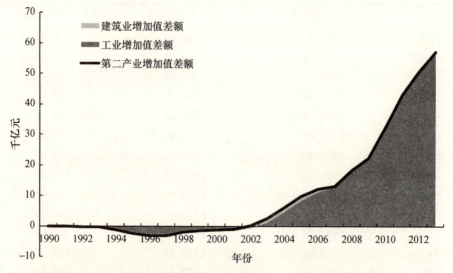

图6-4　1990—2012年第二产业增加值地区汇总值与国家值差额分布

数据来源:国家统计局网站,历年各地区统计年鉴。

6.4.3　支出法国家值与地区汇总值之间的差距

针对现有的支出法 2000—2012 年数据进行分析。

根据图 6-5,支出法 GDP 差额主要体现在 2002 年之后;2000—2002 年虽有差额但是差额较小,且是国家值大于地区汇总值;2003—2012 年地区汇总值与国家值之间逐渐出现明显的差距,地区汇总值超过国家值且差距有越拉越大的趋势。

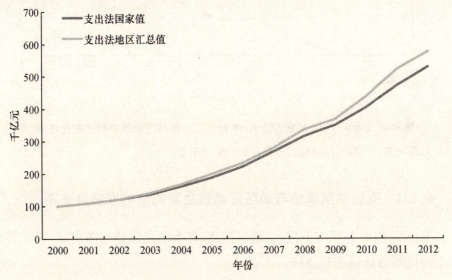

图 6-5　2000—2012 年支出法 GDP 地区汇总值与国家值变化趋势

数据来源:国家统计局网站,历年各地区统计年鉴。

根据图 6-6,支出法 GDP 地区汇总值与国家值差额的变化更为直观。在 2003—2009 年,差额持续增加且伴随小幅度的上下波动;2009—2011 年 3 年间,地区汇总值与国家值差额直线增长,到 2011 年达到 2000—2012 年的顶峰,为 50 322.94 亿元;2012 年差额有所回落,但其值仍然很高,达到 48 471.47 亿元。差额百分比的趋势较为复杂,2003 年的百分比达到 -31 786.28%(未表现在图中),总体上来说,是一个重复三次先下降后上升,最后下降的趋势。

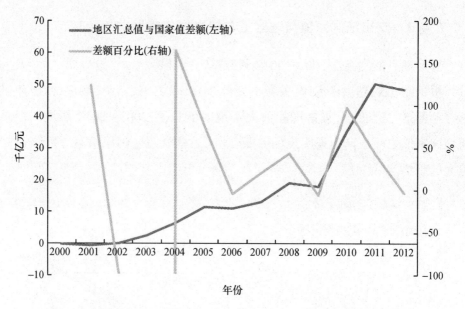

图 6-6　2000—2012 年支出法 GDP 地区汇总值与国家值差额的变化趋势

数据来源:国家统计局网站,历年各地区统计年鉴。

6.4.4　支出法国家值与地区汇总值之间的分构成项目差距

支出法 GDP 包括以下构成:最终消费、资本形成总额与净出口,以下将对三个构成项目分别进行分析。

从表 6-3 可得,2000—2002 年地区汇总值小于国家值,然而无论是资本形成总额还是净出口均是地区汇总值超过国家值;2003—2005 年最终消费支出的国家值均超过地区汇总值;在 2004—2012 年,净出口均是国家值超过地区汇总值。

表 6-3　2000—2012 年支出法 GDP 差额　　　　（单位:亿元）

年份	支出法 GDP 差额	最终消费差额	资本形成差额	净出口差额
2000	− 253.43	− 7 664.76	6 409.70	1 001.65
2001	− 568.63	− 7 462.68	5 788.32	1 105.73
2002	− 7.74	− 5 671.21	5 216.59	446.87
2003	2 453.86	− 3 427.88	5 725.55	6.20

（续表）

年份	支出法 GDP 差额	最终消费差额	资本形成差额	净出口差额
2004	6 508.68	-1 717.52	9 106.76	-852.34
2005	11 430.95	-644.82	17 275.46	-5 199.73
2006	10 921.89	39.86	19 965.93	-9 083.98
2007	13 157.56	3 810.11	26 634.29	-14 142.39
2008	18 881.48	2 091.74	30 671.39	-13 881.65
2009	17 775.34	3 321.11	35 034.90	-20 580.67
2010	35 103.34	8 228.95	49 916.34	-23 043.95
2011	50 322.94	7 426.19	64 425.63	-21 528.68
2012	48 471.47	7 585.70	76 938.79	-36 053.03

数据来源:历年《中国统计年鉴》。

在图 6-7 中,可以更为直观地了解到支出法 GDP 下的三个构成项目各自的差额在总差额中的作用。在 2000—2002 年,总差额并不是很大,因为资本形成总额差额与最终消费支出差额的数值基本可以互补;2003—2006 年,最终消费支出差额逐年减少,此时由于资本形成总额差额的增加而使得总差额逐年增加;2000—2012 年,资本形成总额差额基本上是一个逐年增加的过程,到 2012 年达到顶峰 76 938.79 亿元,总差额的变化趋势在一定程度上与资本形成总额差额的变化趋势是一致的。2007 年之后,最终消费支出差额也出现一定程度的增加,在 2010 年达到顶峰的 8 228.95 亿元,之后小幅回落又略有上升。在 2004—2012 年,净出口均是国家值超过地区汇总值,总差额的变化趋势一定程度上也受到净出口差额的影响,虽然净出口国家值与地区汇总值之间的差额是逐年增加的,尤其在 2012 年国家值与地区汇总值之间的差额达到 36 053.03 亿元,数值不小,然而因为其变化方向与资本形成总额变化方向相反,抵消了部分资本形成总额差额的影响。

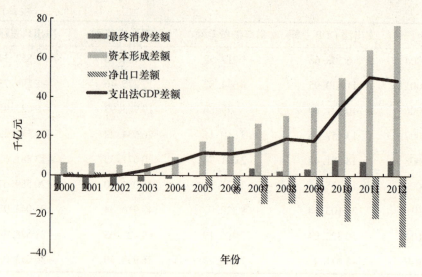

图 6-7　2000—2012 年支出法 GDP 各构成项目地区汇总值与国家值差额分布

数据来源：国家统计局网站,历年各地区统计年鉴。

6.5　地区 GDP 大于全国 GDP 的原因分析

上文中对中国 GDP 地区汇总值与国家值之间差异现象的定量描述,以及现有资料对数据的质量研究,说明两者之间的差异确实存在。根据目前的情况梳理产生差异的原因,主要分为以下几个方面。

6.5.1　核算制度原因

1. 实行 GDP 分级核算制度

自 1985 年国家统计部门建立国家和省两级 GDP 核算制度至 1993 年正式取消国民收入核算以来,GDP 逐渐成为核心指标。我国 GDP 核算制度一直实行分级核算,中央和地方各自核算 GDP 必然会导致地方汇总值与国家值之间的差距。实行分级核算 GDP 方法的国家均存在这样的问题。但是近些年来,我国的 GDP 国家值与地区汇总值的差距逐年拉大。例如,2011 年地区汇总值超出国家值 10.22% ,2012 年该比例达到 10.99% 。这样的差距绝对不是仅仅用"随机误差"所能解释的。自第二次经济普查后,统计局提出"下算一级"的方法,但是近几年的情况显示,目前的"下算一级"方法还不够完善,不足以改善我国目前的情况。

2. 地区与国家使用的基础资料不完全一致

GDP 核算需要大量的基础数据,地区和国家 GDP 核算都存在资料缺口,需要采用不同的推算方法来解决。由于我国不同地区经济发展差异较大,很难制定全国统一的推算标准,只能制定推算的原则和幅度区间。此外,国家使用的部分数据并不来自地方的上报,而是通过国家建立的调查队获得,而地方所使用的数据大多是通过在当地进行的调查得到。不同的资料,其核算口径会有差异,并且其核算内容也会存在差异,因而就很容易产生地区数据与国家数据之间的差距。对生产法 GDP 进行定量分析后可知,第二产业工业增加值存在的差距是导致地方汇总值与国家值之间差距的主要原因,而产生这一差距的原因之一就在于地区与国家使用的基础资料不完全一致。以年销售收入500 万元以下的规模工业企业为例,各地区是依靠自行组织的对本地区的抽样调查,而国家统计局则主要通过国家直属企调队的抽样调查资料进行核算。

3. 重算或漏算

第二产业工业增加值存在巨大差距的另一主要原因是重复计算。尽管一再强调不能重复计算,但是由于现在企业跨地区生产经营的情况越来越多。一方面,该类企业的生产很难根据地区区分开来(虽然有"在地"原则),另一方面,各地方统计部门并不愿意将企业跨地区生产经营活动从本地区剥离。一般而言,经济发展的开放程度越高,地区统计的重复率就越高。

而漏算,主要针对第二产业的建筑业与第三产业。第二产业的建筑业增加值的差距虽然相较于工业增加值而言,数值并不大,且近几年该差距有较为可喜的改善,但是问题依然存在。就全国而言,建筑业增加值的资料相对好搜集,而省、市、州、县的地区建筑业增加值的资料相对较难统计。第三产业的资料搜集情况则相反,即使在省、市、州、县地区,也难以获得所有的第三产业产值,除了缺乏健全的资料来源之外,部分新兴服务业并未包括在第三产业的核算中。

4. 概念理解有差异

目前国家统计局公布的某些核算方法、指标以及原则等,由于缺乏可操作性,导致各地区的理解有偏差,最后核算的结果必然也会存在偏差。最为明显的例子就是支出法中的净流出项,各地区核算的净流出项应主要是核算地区间的货物与服务净流出,而国家层面核算的净流出是以国际贸易与服务为主。另外,由于各地区情况有差异,虽然执行的是同一份准则,核算的内容也存在差异。

5. 统计改革滞后

目前,我国正在推行 SNA 2008,已经初步完成新的国民经济核算修订方案,自《中国国民经济核算体系(2002)》颁布以来,这是又一次对国民核算的重大修订。国家正在努力与统计国际准则接轨,但是各地区的统计部门却缺乏与国际接轨的意识,以至于自上而下推行的统计改革不是覆盖面不够广,就是认可度并不高,使得新准则的执行力度大打折扣。而国家部门根据国际准则制定的规范,虽然已经考虑到了国内的情况,却未全面考虑各地区的差异,从而加大了推行难度。同时也会出现部分地区采用新准则,而部分地区则继续沿用旧准则的情况。相对而言,地方统计机构对新准则的接受程度低于国家统计部门,这样会出现地区核算内容与国家核算内容有差异的情况,地区汇总值与国家值之间的差距难以避免。

此外,核算方法要适应当前的社会状况才能更好地反映国家的经济发展形势,但是从意识到需要修订核算方案到核算方案的实行,必然存在一个较长的时期,其效果的显现更存在时滞。这同样会导致地区汇总值与国家值之间的差距。

6.5.2 核算执行原因

1. 行政干预

自 GDP 成为衡量经济发展的核心指标以来,国家每年均会对下一年度的 GDP 增长速度进行一个估计,并争取完成任务。各地区也沿袭了这样的思路。GDP 还被广泛用于各种形式的政绩考核,把官员能否升迁与 GDP 增速挂钩,这一现象直接导致官员行政干预统计部门"做高"地方 GDP。由于各地区的统计部门并不独立于当地的政府部门,在领导干部任免、业务经费保障等关键环节需要接受地方政府的管理和约束,从而加剧了行政干预,使得部分地方政府在统计数据上弄虚作假,致使地方统计数据往往存在系统性高估的倾向。

2. 调查力量不足,基础数据不完善

无论是国家数据还是地区数据,基本上是通过调查队搜集得到的。调查队除需要向国家统计局上报调查结果之外,还需要承担地方政府委托的各项统计调查任务。目前,我国基层统计机构人员不足,而核算 GDP 需要搜集大量基础数据,需要大量的人力、物力的投入,目前该项投入并不充裕。此外,调查人员的综合素质不高,某些调查人员对待调查工作不够认真、负责,所有这些都影响着数据的质量。

另外,基础数据的完善与否极大程度地影响着 GDP 的客观性。现阶段我国的基础数据并不完善,国家统计部门正努力改善。

3. 调查对象的配合程度

企业及民众对统计调查的配合度也对数据的准确性产生重要影响。例如,各地区均存在不同类型的直报系统,填报人员是否对数据的准确性有明确的认识将直接影响到最后的统计结果。统计工作很大一部分是依靠企业的会计资料,企业若存在做假账、上报虚假数据的现象,就会导致基础数据不准确。而对民众的调查,无论是其有意识或是无意识的隐瞒均会对数据产生影响。

第七章

服务业数据的困惑

7.1 严重扭曲的中国服务业比重

在国民生产总值核算中,服务业是指除农业、林业、牧业、渔业、采矿业、制造业、电力燃气及水的生产和供应业、建筑业以外的所有行业。服务业在国民经济中的比重是衡量一个国家、地区现代化程度的重要标志,也是反映全面小康社会进程的重要指标之一。一般来讲,经济发展程度越高,服务业在 GDP 中所占比重越高。

由于服务业统计起步较晚,中国现行的统计方法还不能客观反映服务业的规模,服务业的统计与核算也成为统计工作中相对薄弱的环节。

近年来,服务业已经成为我国国民经济重要的增长点。尽管增长迅速,但服务业占 GDP 的比重仍大大低于发达国家,甚至低于许多发展中国家。

表7-1 显示,横向比较服务业在 GDP 中的比重,富裕国家要明显地高于穷国。从历史数据来看,随着经济发展,服务业在 GDP 中的比重也不断升高。2012 年,低收入国家的服务业占 GDP 的平均比重为 48.96%,中低收入国家的服务业占比为 53.82%,中等收入国家的占比为 53.93%,中高收入国家的服务业占 GDP 的比重在 54.47%;而高收入国家的服务业占 GDP 的平均比重在 65% 以上,有些经济体的服务业占比甚至可以高达 90% 以上。

表7-1　服务业占比平均值(按收入分组)　　　　(单位：%)

年份	中国	世界平均值	高收入国家	中高收入国家	中等收入国家	中低收入国家	低收入国家
1990	31.54	60.92	65.94	44.84	44.41	44.39	43.61
1991	33.69	62.31	66.85	46.74	45.84	45.77	43.12
1992	34.76	63.21	67.88	47.33	46.38	46.30	43.24
1993	33.72	63.60	68.41	46.74	46.21	46.14	43.67
1994	33.57	63.68	67.80	46.98	46.40	46.33	43.97
1995	32.86	64.22	67.94	48.73	47.82	47.71	43.71
1996	32.77	64.42	68.23	48.55	47.62	47.52	43.47
1997	34.17	65.02	68.76	49.49	48.54	48.41	43.34
1998	36.23	66.07	69.83	50.73	49.58	49.44	44.06
1999	37.77	66.43	70.09	51.52	50.36	50.21	44.52
2000	39.02	66.67	70.32	51.67	50.55	50.43	45.69
2001	40.46	67.74	71.37	53.00	51.79	51.65	46.14
2002	41.47	68.30	72.08	52.74	51.77	51.64	46.65
2003	41.23	68.41	72.29	52.21	51.45	51.34	47.13
2004	40.38	68.04	72.00	51.28	50.72	50.64	47.84
2005	40.51	68.22	72.11	51.60	51.05	50.99	48.50
2006	40.94	68.21	72.07	51.70	51.19	51.12	48.44
2007	41.89	68.46	72.24	52.39	51.77	51.70	48.79
2008	41.82	68.98	72.78	52.37	51.76	51.68	48.50
2009	43.43	70.76	74.66	54.47	53.55	53.43	48.88
2010	43.24	70.25	74.11	53.73	53.21	53.12	49.26
2011	44.65	70.23	74.04	53.65	53.11	53.01	49.08
2012	46.09	70.66	74.53	54.47	53.93	53.82	48.96

注：2012年世界平均值和高收入国家平均值,通过指数平滑法预测所得。
数据来源：世界银行数据库,2014。

在1980年,中国的服务业占GDP的比重仅有21.6%,在世界各国当中低得出奇。在改革开放过程中,中国服务业的占比不断上升,到了2013年,服务业在GDP中的比重已经达到46.1%。[①] 在此期间,中国服务业占比平均每年增加0.7%。而中高收入国家的服务业占GDP的比重由1980年的41.2%上

① 数据来源：《中国统计摘要,2014》,第12页。

升到 2012 年的 54.5%，平均每年的增幅仅 0.4%。中国的服务业占 GDP 的比重的增加速度远高于低收入和中高收入国家的增加速度。

尽管近年来中国服务业占 GDP 的比重的增速很快，但其数值仍明显偏低。在 2012 年，中国的人均 GDP 水平（6 091 美元）不仅高于低收入国家（596 美元），而且高于中低收入国家（4 543 美元）。[①] 可是，中国的服务业占比（46.1%）不仅低于中低收入国家的平均水平（53.8%），甚至低于低收入国家的平均水平（49.0%）。

从地域来讲（见表 7-2），在 2012 年，中国的服务业占比不仅低于东亚各国（63.60%），还低于撒哈拉以南非洲地区（56.99%）。从人们的实践体验来看，无论是中国的城镇还是乡村，服务业的发展程度都不亚于中低收入国家，甚至和那些中等收入国家相比都毫不逊色。没有充足的理由来解释中国服务业统计数据和现实的反差现象，显然，中国服务业占比数据之低已经超出了统计误差所能接受的范围。

表 7-2　服务业占比平均值（按地区分类）　　　　（单位：%）

年份	中国	东亚与太平洋地区（所有收入水平）	拉丁美洲与加勒比海地区（所有收入水平）	高收入非经合组织国家	欧洲和中亚	撒哈拉以南非洲地区（所有收入水平）	经合组织成员
1990	31.54	—	56.27	46.12	42.65	45.37	66.98
1991	33.69	—	57.80	49.85	45.61	46.14	67.65
1992	34.76	—	57.93	52.19	46.11	46.70	68.58
1993	33.72	—	57.04	52.04	48.75	47.43	69.11
1994	33.57	55.56	58.03	53.67	47.37	48.43	68.30
1995	32.86	55.89	62.64	56.22	48.93	47.82	68.24
1996	32.77	56.01	62.00	55.36	50.31	47.36	68.52
1997	34.17	56.69	62.19	56.45	51.72	47.95	69.04
1998	36.23	57.46	63.15	58.92	51.68	49.62	69.98
1999	37.77	58.12	63.18	57.83	54.00	49.69	70.36
2000	39.02	59.09	62.65	58.89	55.13	48.91	70.61
2001	40.46	60.62	63.68	60.57	56.56	49.58	71.66

---

① 数据来源：《中国统计摘要，2014》，第 172 页。

（续表）

年份	中国	东亚与太平洋地区（所有收入水平）	拉丁美洲与加勒比海地区（所有收入水平）	高收入非经合组织国家	欧洲和中亚	撒哈拉以南非洲地区（所有收入水平）	经合组织成员
2002	41.47	61.26	62.65	61.67	57.17	48.92	72.33
2003	41.23	61.29	61.56	61.09	57.91	49.67	72.56
2004	40.38	61.00	59.91	59.93	57.82	50.47	72.27
2005	40.51	61.39	60.49	59.09	58.78	50.41	72.44
2006	40.94	61.50	60.01	59.34	59.16	50.91	72.37
2007	41.89	61.76	60.62	60.22	59.99	51.15	72.51
2008	41.82	62.21	60.48	60.07	60.32	50.30	73.07
2009	43.43	63.28	62.43	62.97	61.67	52.42	74.88
2010	43.24	62.37	61.24	62.56	60.52	56.22	74.31
2011	44.65	62.93	61.89	59.56	59.50	56.04	74.39
2012	46.09	63.60	62.80	60.84	60.29	56.99	—

数据来源：世界银行数据库，2014。

7.2　中国服务业数据的几次大调整

7.2.1　中国服务业数据出现了严重扭曲

20 世纪中叶，英国经济学家克拉克在考察了 20 世纪 30 年代初到 40 年代世界主要发达国家的 12 个部门的劳动力结构之后指出：随着经济发展，劳动人口必然由农业转移到制造业，然后再转移到商业和服务业。在这个过程中，服务业在国民经济中的比重会逐步上升。后来，许多经济学家如库兹涅次（Kuznets,1941）、福克斯（Fuchs,1965）、钱纳里和塞尔奎因（Chener 和 Syrquin,1975）等也都论证了这样的结论：生产要素从农业转移到工业，再转移到服务部门是社会发展的必然历史进程。从全世界经济发展情况看，服务业在整个国民经济中所占的比重都呈现上升的趋势。这意味着，在市场经济中的较长时期内，服务业的发展速度快于整个国民经济的平均发展速度。

在改革开放前的计划经济年代,中国在"优先发展重工业,迅速实现工业化"赶超发展战略的指导下,严重忽视服务业的发展。改革开放以来,服务业才逐渐受到应有的重视。在 1980—1989 年,服务业年均增长 13.4%,相比之下,GDP 年均增长 9.9%,服务业的增速比 GDP 增速高 3.5%,服务业比重逐年上升。但是到了 90 年代,服务业在整个国民经济中所占的比重不但没有上升,反而出现下降的变化趋势。由于中国服务业占比数据的变化趋势不符合大多数国家表现出来的一般规律,人们不得不怀疑中国服务业统计数据的准确性。很可能出现这样的状况:工业、农业的产出逐年增加,服务业的产值也在逐年增加,可是由于统计系统的问题,服务业的数字被大量丢失了。

7.2.2　中国服务业统计框架

经过中华人民共和国成立以来六十多年的努力,我国已经初步建成了以普查为基础,部门统计和抽样调查为主体的服务业统计框架,并且取得了一定成绩。现行的服务业统计主要采取常规性统计(年报、月报等)和周期性普查两种形式。

常规统计分两种类型:第一类是传统服务业,主要以部门统计为主。除部分服务业(批发和零售业、餐饮业、房地产开发业等)统计由国家统计局负责外,诸如交通运输业、邮政电信业、金融保险业、教育、卫生、文化、体育等服务行业统计由有关业务管理部门负责。第二类是一些新兴服务业(如租赁业、商务服务业、娱乐业、居民服务业等),主要由国家统计局负责抽样调查。

周期性普查由国家统计局负责,有关部门参与。迄今为止,服务业普查已进行了两次:一是第一次第三产业普查,调查了 1991 年和 1992 年各类服务业的发展情况;二是在 2004 年全国经济普查中包括了第三产业普查,对服务业进行了全面调查。经国务院批准,全国经济普查每 10 年进行两次,分别在逢3、逢 8 的年份实施,服务业普查是经济普查的一个重要组成部分。服务业统计调查有国家统计局审批、国家统计局登记备案、国家统计局与有关部门联合调查三种管理方式。目前这三种形式的部门服务业统计调查项目共有 300 多项。尽管我国现行服务业统计内容已经很丰富,统计调查方法也在逐步改进,但由于统计基础薄弱,制度改革缓慢,核算方法不尽完善等多种原因,现有核算数据难以客观准确地反映服务业发展现状。

7.2.3　服务业数据的几次大调整

事实上,人们早就认识到中国的服务业在 GDP 中占比过低很不合理,为此曾经进行过几次大调整。

1992 年,世界银行考察团在中国进行实地考察以后公布了一份全面、系统的调查报告(World Bank,1992),全面介绍和评述中国统计制度的现状和问题,探讨了服务业增加值被低估的原因。报告认为,核算范围不全和部分服务定价过低导致了中国服务业增加值被严重低估。但是此项研究没有对中国服务业增加值进行重新估计。

1992 年,凯德尔重新估计了中国服务业增加值(Keidel,1992),他把 1987 年中国 GDP 上调了 55.0%。1994 年,凯德尔把上调幅度降低到 34.0%,其中包括 1.6% 的一致性调整、11.7% 的范围调整和 18.3% 的估价调整。这里的估价调整不是直接针对部分服务定价过低所做的调整,而是调整了不合理的相对价格(各行业间的相对比价),调整的行业不仅仅限于第三产业。他的方法过于粗略,引起广泛的质疑。

1998 年,麦迪森大幅度调整了中国服务业增加值(Maddison,1998),该研究的调整对象是整个非物质生产部门。在缺少调整所需要的原始数据的情况下,他采用比较简单的方法,首先将国家统计局公布的 1987 年非物质生产部门增加值上调 1/3,然后用非物质生产部门从业者人数的增长率外推出 1987 年以外年份该行业的增加值。麦迪森使用的外推法,只估算非物质生产部门不变价增加值,而不涉及现价增加值。他用从业者人数的变化外推 1987 年以外的不变价增加值,实际上否定了非物质生产部门劳动生产率的变化。其结果是,如果我国非物质生产部门的劳动生产率一直上升的话,麦迪森的估计将高估 1987 年以前的增加值,低估 1987 年之后的增加值。在保持其他条件固定的情况下,第三产业在整个 GDP 中的比重在 1987 年以前被高估,而之后被低估。

根据徐建国(2011)对中国服务业发展的时间序列变化与人民币汇率的关系的研究,中国服务业发展出现过两次大的停滞(1992—1996 年和 2002—2008 年)。倘若服务业在这两段时间内正常增长,中国服务业占 GDP 的比重会比 2009 年的数值高出 16 个百分点,达到 58.0%,接近中高收入国家的水平,而不是目前统计数据所显示的那样,甚至低于低收入国家的水平。为什么中国服务业会出现这两次大的停滞?无论是在经济学理论上还是从政府政策上都很难提供令人信服的解释。很可能问题就出在服务业统计数据的收集和汇总上。[①]

中国的统计部门也对服务业数据进行了数次大调整。根据国家统计局 2005 年公布的数据(见表 7-3),中国 GDP 从 2003 年的 11.74 万亿元上升为 2004 年的 13.69 万亿元,增加了 1.95 万亿元,经济增长率为 9.5%。仅仅过了一年多,在 2005 年 12 月 20 日,时任国家统计局局长李德水宣布:根据第一次全国经济普查的结果,2004 年 GDP 现价总量上调为 15.99 万亿元。也就是说,在原来公布的数据基础上再增加 2.39 万亿元。如果 2003 年的数值不作相应调整的话,从 2003 年到 2004 年,中国的 GDP 增长了 4.29 万亿元,相当于 2003 年 GDP 的 36.2%。按照官方公布的经济增长率,2002 年为 8.3%,2003 年为 9.5%,2004 年为 9.5%,这些数据比较符合一般发展规律。可是,GDP 增长率在 2004 年高达 36.2%,就是经济过热也不可能出现这样大幅度的跳跃。

表 7-3　中国 GDP 数值

年份	GDP(亿元)	GDP 绝对值增长率(%)	官方公布的增长率(%)	GDP 增长值(亿元)
2000	89 468.1	9.0	8.0	7 400.6
2001	97 314.8	8.8	7.5	7 846.7
2002	105 172.3	8.1	8.3	7 857.5
2003	117 390.2	11.6	9.5	12 217.9
2004(原公布值)	136 875.9	16.6	9.5	19 485.7
2004(调整值)	159 878.0	36.2	9.5	42 488.1

数据来源:《中国统计摘要,2005》。

① 徐建国,"人民币贬值与服务业停滞",世界经济,2011 年第 3 期,第 3—20 页。

到底发生了什么事情使得 GDP 统计数字发生如此大的波动？

显然，在数据处理上出了错。

这次调整带来很多麻烦。如果要让历年的经济增长率落在一个合理的范围，就不得不把 2004 年新增的 GDP 分摊到前几年，也就是说，过去几年的 GDP 数据全要作相应的调整。世界各国的宏观统计数字几乎都能保持相当高的连续性，相比之下，中国 GDP 数据的大调整十分罕见。李德水解释说，之所以出现 GDP 数据的大幅度调整，主要原因是第三产业出现了明显的缺漏。在这次经济普查中，农业（第一产业）和工业（第二产业）基本上没有变化，主要是第三产业（服务业）的数据增加了 2.13 万亿元，占调整量的93.0%。在调整之后，服务业在国民经济中的比重由 31.9% 急剧上升为40.7%（见表 7-4）。

表 7-4　2004 年 GDP 数据调整　　　　　　　　　（金额单位：亿元）

	第一产业	第二产业	第三产业	合计
原统计数据	20 768	72 387	43 720	136 875
各产业比重	15.2%	52.9%	31.9%	100.0%
调整后数据	20 956	73 904	65 018	159 878
各产业比重	13.1%	46.2%	40.7%	100.0%

数据来源：《中国统计摘要，2005》。

这一调整是否合理？不仅合理，而且早在意料之中。不过，仅仅调整服务业数据还不够，还应当改进服务业数据的收集和汇总的方法。任何时候都不能忽视这样一个基本事实：中国正处在由计划经济向市场经济转型的过程之中。统计制度是经济体制的产物。当经济体制发生重大变革的时候，相应的统计制度也必然随之变化。正是由于统计制度跟不上改革的进程才出现了一系列的矛盾。

在 2005 年简单地调整服务业数据并没有从根本上解决问题。服务业统计需要标本兼治。回顾中国统计走过的道路，头痛医头，脚痛医脚，隔几年就修改一下数字，并不是个好办法。到了 2014 年，和世界各国相比，中国服务业占 GDP 的比重仍然偏低。有必要从统计方法上来探索服务业数据失真的原因并且寻求对策。

7.3 服务业占 GDP 比重的实证分析

7.3.1 服务业比重回归模型和数据

为了研究服务业占 GDP 比重与人均 GDP 之间的关系,本文选取中国、美国、日本、印度、高收入国家、低收入国家、中低收入国家、中等收入国家、中高等收入国家等九个经济体从 1960 年到 2013 年的数据。数据来源于世界银行数据库和中国国家统计局。GDP 总量采用按购买力平价法计算的数据。

与农业、制造业相比,服务业具有两大特点:一是绝大多数服务业的供给与消费发生在同一时间、同一地点。需求的空间分布对服务业至关重要。服务业聚集在城市中,具有规模经济。饭店、书店、银行往往集聚在一起,人气旺盛,生意才兴隆。市场规模对服务业的影响远远超过制造业。二是在服务业的要素投入中,劳动力的比重远远超过资本。服务业从业人员之间,以及他们与消费者之间面对面的互动促进了服务业的发展。人口密集程度以及劳动者和企业的集聚程度(城市化水平)在很大程度上决定了服务业的发展。[①] 为了估算服务业占 GDP 的比重,我们选取的相关变量有人均 GDP(PGDP)、服务业GDP(TGDP)、人口密度(DGDP)、城镇化率(URB)、农业 GDP(AGDP)、制造业GDP(MGDP)和工业 GDP(IGDP)。

表7-5 给出了变量描述性统计。鉴于某些年份的数据,例如农业和制造业增加值的数据缺失,最小值为零,而文中运用的是对数模型,零值对回归结果有一定的影响,必须对缺失数据进行处理。

---

① 国家统计局科研所中国服务业工资差异研究课题组,"新经济地理学视角下的中国服务业",2011 年8 月22 日。

表 7-5　变量描述性统计

变量	均值	标准差	最大值	最小值	样本量
lnTGDP	3.83	0.28	4.37	3.07	385
lnPGDP	7.16	1.90	10.88	4.25	486
lnDGDP	4.19	0.95	6.04	2.77	485
lnURB	3.65	0.55	4.52	2.39	486
lnAGDP	2.73	1.08	3.79	2.30	333
lnMGDP	2.91	0.51	3.70	3.26	333
lnIGDP	4.35	0.82	6.04	2.77	333

　　文中采用的是面板数据的回归分析,在进行回归分析之前,需对各变量进行单位根检验,通过检验可看出,各变量均是平稳变量(见表7-6)。

表 7-6　变量单位根检验

变量	ADF-Fisher	PP-Fisher	横截面	观测数
lnTGDP	186.885 (0.000)***	229.618 (0.000)***	9	356
lnPGDP	157.896 (0.000)***	157.183 (0.000)***	9	468
lnDGDP	152.463 (0.000)***	215.521 (0.000)***	9	453
lnURB	42.963 (0.000)***	37.620 (0.000)***	9	449
lnAGDP	212.531 (0.000)***	286.622 (0.000)***	9	361
lnMGDP	117.646 (0.000)***	153.725 (0.000)***	9	305
lnIGDP	152.463 (0.000)***	215.521 (0.000)***	9	453

　　注:括号内为 p 值,*** 和 ** 表示在1%和5%统计水平下显著。

　　本文采用的回归模型为固定效应模型。赫斯曼检验拒绝了随机效应模型优于固定效应模型的假设,因而这里选用固定效应模型进行分析。若只考虑

服务业占 GDP 比重与人均 GDP 之间的关系,相应的回归方程设定为:

$$\ln TGDP_{it} = \alpha_0 + \beta_1 \ln PGDP_{it} + \gamma_{it} + \varepsilon_i$$

$$(i = 1,2,\cdots,485;\ t = 1960,1961,\cdots,2013)$$

进一步考虑人口密度(DGDP)、城镇化率(URB)后的回归方程为:

$$\ln TGDP_{it} = \alpha_0 + \beta_1 \ln PGDP_{it} + \beta_2 \ln DGDP + \beta_2 \ln URB + \gamma_{it} + \varepsilon_i$$

$$(i = 1,2,\cdots,485;\ t = 1960,1961,\cdots,2013)$$

其中,TGDP 代表服务业增加值比重,PGDP 代表以购买力平价法估算的人均 GDP 水平,DGDP 代表人口密度,URB 代表城镇化率;γ_{it} 为时期个体恒量,反映时期特有的影响;ε_i 为随机误差项,反映模型中忽略的随截面成员和时期变化因素的影响。

7.3.2 人均 GDP 和服务业占比的关系

表 7-7 列出用两种方法所得到的回归结果,(1)、(2)和(3)列显示的是采用普通最小二乘法(OLS)的回归结果。(1)列显示,在只考虑服务业在总产出的比重和人均 GDP 这两个变量时,人均 GDP(PGDP)每提高 1 个百分点,将带动服务业占总产出的比重提高 0.14 个百分点,且在 1% 统计水平下显著。(2)列控制了人口密度(DGDP)这一变量,回归结果与(1)相近。(3)列进一步控制了城镇化率(URB)变量,人均 GDP 每提高 1 个百分点,将带动服务业占总产出的比重提高 0.07 个百分点。(4)、(5)、(6)列显示的是采用两阶段最小二乘法(TSLS)的回归结果,与 OLS 方法的回归结果相一致。

表 7-7 服务业占 GDP 比重与人均 GDP 回归分析

项目	OLS 方法			TSLS 方法		
	(1)	(2)	(3)	(4)	(5)	(6)
LnPGDP	0.14	0.14	0.07	0.14	0.14	0.07
	(14.16)***	(14.21)***	(6.55)***	(14.09)***	(14.10)***	(6.85)***
LnDGDP		-0.009	-0.007		-0.008	-0.01
		(-1.17)	(-1.07)		(-0.78)	(-1.12)

（续表）

	OLS 方法			TSLS 方法		
	(1)	(2)	(3)	(4)	(5)	(6)
LnURB			0.30 (9.54)***			0.30 (9.73)***
C	2.84 (40.65)***	2.87 (37.68)***	2.25 (23.98)***	2.84 (40.32)***	2.87 (35.54)***	2.23 (23.72)***
R^2	0.97	0.97	0.98	0.97	0.97	0.98

注:括号内是 t 统计量,***、**、*分别代表在1%、5%、10%统计水平下显著。

从上述分析可看出,人均 GDP 的提高对服务业占 GDP 比重的影响为正效应。自改革开放以来,中国人均 GDP 增长率均在 7%—14%,对服务业占 GDP 比重的推动作用明显。由于消费税的计税方式不同,我国的消费税并不是在购买商品时支付的,与国外的税收统计存在较大差别,因而在统计 GDP 时,存在一定程度的低估。根据上述回归方程,人均 GDP 每提高 1 个百分点,服务业占 GDP 比重将提高 0.14 个百分点,经计算,1990—2013 年人均 GDP 年均增长率为 9.6%,据此,服务业占 GDP 比重年均将提高 1.34 个百分点(0.14·9.56),调整后的服务业占 GDP 比重见表 7-8 和图 7-1。

表 7-8　中国服务业占 GDP 的比例　　　　（单位:%）

年份	调整前	调整后
1990	31.54	31.97
1991	33.69	34.59
1992	34.76	36.17
1993	33.72	35.57
1994	33.57	35.88
1995	32.86	35.59
1996	32.77	35.97
1997	34.17	38.01
1998	36.23	40.84
1999	37.77	43.15
2000	39.02	45.17
2001	40.46	47.46

（续表）

年份	调整前	调整后
2002	41.47	49.30
2003	41.23	49.68
2004	40.38	49.30
2005	40.51	50.13
2006	40.94	51.33
2007	41.89	53.23
2008	41.82	53.86
2009	43.43	56.67
2010	43.24	57.18
2011	43.37	58.13
2012	44.65	60.64
2013	46.09	63.44

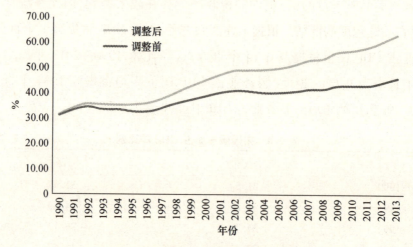

图 7-1　中国服务业占 GDP 比重的调整

7.3.3　根据服务业占比调整 GDP

在调整 GDP 总量时,这里假设第一产业占 GDP 比重固定不变。具体的计算方法为:第一,用 100 减去按上文方法估算的服务业比重,以此获得第一、第二产业的相对规模。假设第一、第二产业的相对比重不变,获得服务业调整后的第一产业比重。第二,用第一产业当期产值除以服务业调整后的第一产业比重,从而获得当期 GDP 的调整值。

此外,采用农业而非工业产值作为 GDP 估算的参照系,主要是考虑到中国税收体系不完善,统计信息缺失,即服务业与工业统计在不同行业会存在不同程度的重合。相对工业,农业的服务化程度较低,因此将农业作为参照系调整 GDP 会降低重复计算的程度(见表 7-9 和图 7-2)。

表 7-9　GDP 调整前后对比(按购买力平价法,现价国际元)

年份	按购买力平价计算的 GDP (亿国际元)	调整后的 GDP (亿元)	农业 GDP (亿元)
1990	11 426.67	25 657.43	3 098.48
1991	12 260.00	25 899.77	3 006.93
1992	13 690.58	26 330.19	2 983.17
1993	16 012.42	27 592.78	3 155.79
1994	18 636.92	32 521.98	3 701.52
1995	21 514.37	37 567.37	4 294.76
1996	24 300.67	42 103.04	4 785.05
1997	27 190.20	45 191.25	4 972.30
1998	30 040.45	50 224.64	5 273.89
1999	32 856.24	53 627.06	5 411.50
2000	36 163.28	55 973.21	5 447.29
2001	40 062.27	61 825.74	5 765.65
2002	44 372.28	67 761.20	6 097.97
2003	49 796.40	71 346.45	6 372.62
2004	56 321.08	83 827.25	7 543.16
2005	64 701.76	88 602.29	7 843.81
2006	75 144.86	96 674.41	8 351.19
2007	88 063.86	114 249.80	9 484.22
2008	98 434.58	128 972.20	10 563.57
2009	108 332.00	145 546.70	11 194.11
2010	121 097.70	160 838.60	12 225.08
2011	134 959.10	182 270.70	13 546.06
2012	147 827.00	213 330.10	14 904.10
2013	161 577.00	249 320.90	16 178.29

注:调整后的数据根据服务业占 GDP 比重的调整数据进行计算所得。
数据来源:世界银行数据库。http://data.worldbank.org.cn/

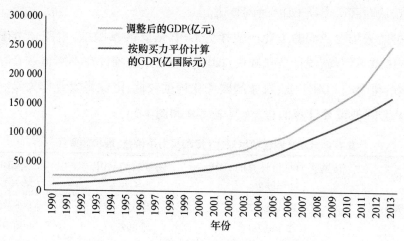

图 7-2　GDP 调整前后对比 (购买力平价法)

为验证上述结果的稳健性,在此加入第一产业占 GDP 的比重和第二产业占 GDP 的比重两个变量,对上述结果进行验证。相关的回归方程为:

$$\mathbf{TGDP}_{it} = \boldsymbol{\alpha}_0 + \boldsymbol{\beta}_1\mathbf{lnPGDP}_{it} + \boldsymbol{\beta}_2\mathbf{lnDGDP} + \boldsymbol{\beta}_2\mathbf{lnURB} + \boldsymbol{\beta}_i\mathbf{lnX} + \boldsymbol{\gamma}_{it} + \boldsymbol{\varepsilon}_i$$

$$(i = 1,2,\cdots,486;\ t = 1960,1961,\cdots,2013)$$

其中,TGDP 代表服务业增加值占 GDP 的比重,PGDP 代表以购买力平价法估算的人均 GDP 水平,DGDP 代表人口密度,URB 代表城镇化率,X 代表农业占 GDP 比重 (AGDP)、制造业占 GDP 比重 (MGDP)、工业占 GDP 比重 (IGDP);γ_{it} 为时期个体恒量,反映时期特有的影响;ε_i 为随机误差项,反映模型中忽略的随截面成员和时期变化因素的影响。

从表 7-10 中可见,模型 1 考虑了人均 GDP (PGDP)、人口密度 (DGDP)、城镇化率 (URB) 对服务业占 GDP 比重的影响;模型 2 控制农业 GDP 增加值在 GDP 中的比重 (AGDP) 这一变量,结果显示,人均 GDP 每提高 1 个百分点,服务业占 GDP 比重将提高 0. 06 个百分点;模型 3 控制了制造业增加值占 GDP 的比重 (MGDP) 这一因素,结果显示,人均 GDP 每提高 1 个百分点,服务业占 GDP 比重将提高 0. 05 个百分点;模型 4 进一步控制了工业增加值占 GDP 的比重 (IG-DP),结果显示,人均 GDP 每提高 1 个百分点,将带动服务业占 GDP 比重提高 0. 06 个百分点。以上结果表明,人均 GDP 与服务业占 GDP 比重之间存在正向关系,并在 1% 统计水平下显著,这与前面的回归结论相一致,通过稳健性检验。

表 7-10 稳健性检验回归结果

项目	OLS 方法				TSLS 方法			
	模型 1	模型 2	模型 3	模型 4	模型 1	模型 2	模型 3	模型 4
LnPGDP	0.074 (6.554)***	0.068 (5.746)***	0.053 (4.070)***	0.060 (4.879)***	0.077 (6.853)***	0.035 (1.954)**	0.059 (4.153)***	0.058 (4.562)***
LnDGDP	-0.007 (-1.073)	-0.009 (-1.218)	-0.006 (-0.975)	-0.002 (-0.342)	-0.010 (-1.127)	-0.016 (-1.472)	-0.007 (-0.893)	-0.001 (-0.161)
LnURB	0.304 (9.541)***	0.311 (9.684)***	0.426 (9.541)***	0.358 (9.823)***	0.305 (9.739)***	0.357 (9.066)***	0.411 (8.699)***	0.378 (10.06)***
LnAGDP		-0.020 (-1.555)*				-0.144 (-3.307)***		
LnMGDP			0.010 (1.298)				0.0006 (0.032)	
LnIGDP				-0.084 (-3.018)***				-0.092 (-3.04)***
C	2.254 (23.988)***	2.328 (22.127)***	1.937 (15.952)***	2.422 (21.719)***	2.237 (23.729)***	2.748 (14.226)***	1.984 (12.741)***	2.391 (21.23)***
R^2	0.981	0.981	0.970	0.981	0.982	0.976	0.982	0.983

注：括号内为 t 统计量，*** 、** 、* 分别为 1%、5%、10% 统计水平下显著。

本章分别采用 ARIMA 方法和指数平滑法对中国服务业占 GDP 比重的长期数据进行预测和检验,并与其他国家如美国、日本、印度、中等收入国家的服务业占 GDP 的比重进行对比。

首先,对所预测的各变量数据进行单位根检验(见表 7-11),确定序列单整的阶数,以此构建 ARIMA 模型。通过自相关分析,调整前的 GDP 数据的一阶差分序列(GDPPRO)的偏相关系数在五阶截尾,可以判断 GDP 序列基本满足 AR(5)过程。

$$\Delta GDPPRO_t = 70.21 + 0.94\Delta GDPPRO_{t-1} + \hat{e}_t + 0.42\varepsilon_{t-1}$$

表 7-11　单位根检验

变量	ADF 检验值	临界值 (1% 的显著性水平)	相伴概率 (p 值)	滞后阶数	结论
TGDP(调整前)	-5.08	-4.46	0.0029	I(1)	平稳
TGDP(调整后)	-5.34	-4.46	0.0017	I(1)	平稳
GDP(调整前)	-4.68	-4.49	0.0069	I(2)	平稳
GDP(调整后)	-5.46	-2.68	0.0000	I(2)	平稳

然后,通过 ARIMA 模型,对调整前的 GDP 数据进行样本内预测,即对 1990—2013 年的数据进行样本内预测;同时用指数平滑法对同一序列进行预测,预测结果如图 7-3 所示。PRO 代表 GDP(调整前)数据的预测线,PROF 代表采用 ARIMA 法的 GDP(调整前)的预测线,PROSM 代表采用指数平滑法的 GDP(调整前)预测线。图 7-3(2)是对 GDP 调整后的数据预测,AFT 代表 GDP(调整后)数据的预测线,AFTF 代表采用 ARIMA 法的 GDP(调整后)的预测线,AFTSM 代表采用指数平滑法的 GDP(调整后)的预测线。从图 7-3 的(1)和(2)可看出,指数平滑法的预测结果更接近原数据,因而本章采用指数平滑法对 GDP 调整前和调整后的数据进行样本外的预测。

最后,分别对调整前后的中国服务业占 GDP 比重的数据和未来趋势进行指数平滑法预测,预测区间延伸到 2023 年。结果显示,在没有调整的情况下,2023 年服务业占 GDP 比重将达到 54.37%。对服务业占 GDP 比重进行调整后的预测结果表明,到 2023 年,中国服务业占 GDP 比重将达到 88.59%(见图 7-4)。

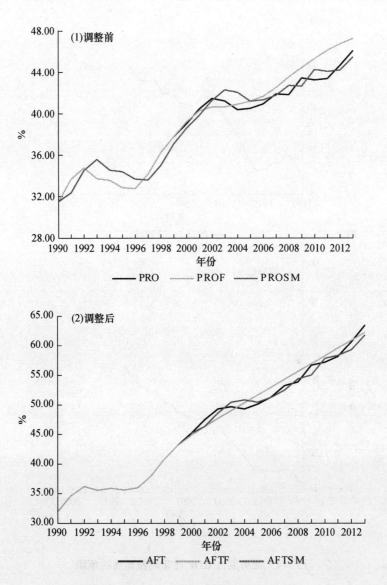

图 7-3　服务业占 GDP 比重调整前后的对比

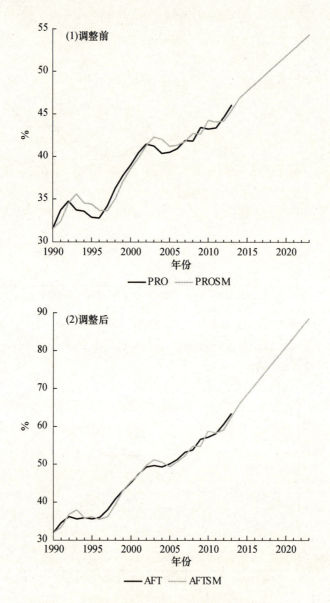

图 7-4 服务业占 GDP 比重调整前后的预测

采用指数平滑法预测 GDP 总量。在没有调整数据的情况下,中国 GDP (按购买力平价法)预测值在 2023 年为 299 077. 0 亿国际元,调整后的 2023 年预测值为 608 985. 7 亿国际元(见图 7-5)。

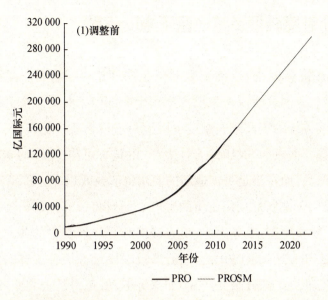

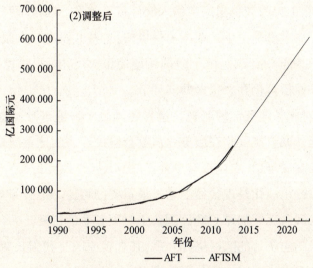

图 7-5　GDP 数据的预测趋势

将中国 GDP 总量未来十年预测值与美国、日本、印度及中等收入国家的数据进行对比,并且采用指数平滑法对 2013—2023 年的 GDP 总量数据进行预测。若按照没有调整的数据,中国 GDP 总量在 2014 年超过美国,这与世界银行和 IMF 最近所公布的数据相吻合。

7.4 统计制度转型及其遗留下来的问题

在计划经济体制下,受传统限制性生产理论——物质产品平衡表体系(MPS)的影响,我国长期以来只把各物质生产部门生产的总产品统称为社会总产品。我国传统的统计报表制度也因此只重视物质产品统计,而忽略了对服务业的核算。而按照 SNA"综合性生产"的核算思路,生产的本质不在于是否提供物质产品,而在于是否创造新的使用价值或效用。这样,不仅明确了核算的范围(能够创造新的使用价值的生产),而且将核算范围拓展到了更广阔的领域,包括物质生产、服务生产、生态经济和循环经济中的各方面。当前的经济统计方法其实是工业时代的产物,所以在度量像服务这样的无形产品时就不可避免有冲突。部分服务产品,如家务劳动、免费的公共服务等,不存在市场价格,而非正规服务也未完全纳入统计核算体系。在改革开放之前,居民的大部分服务需求都是由单位或国家提供的,这些并没有计入服务业的产出,而是被归于政府部门产出。由于中国长期使用 MPS 体系,核算的历史较短,因此目前服务业核算仍存在很多薄弱环节。

应当说,对服务业统计的忽视在世界各国是个普遍现象。这一点主要根源于现行的统计调查制度是在服务业占整个国民经济的比重尚低的早期建立起来的。经济发展早期,农业在整个经济中占绝对的地位;其后,以工业的迅速发展为标志的工业化是现代经济增长最重要的特征。把服务业误认为从属于其他行业的观念无疑加剧了统计调查中对服务业的忽视。

我国对服务业统计的忽视格外严重,其直接原因是我国长期使用 MPS 来进行国民经济核算。在 MPS 体系下,服务业的绝大部分被认为是非生产性的,对服务业没有系统和定期的统计,从而被排除在核算对象以外。

为了改善服务业统计,我国在 1993—1994 年实行了新中国成立以来第一次第三产业普查,并决定每 10 年进行一次,这无疑对改善我国服务业统计起到重大的作用。但是由于普查的频度低,两次普查之间的间隔时间长,服务业核算中存在的基础数据缺乏的问题并没有得到根本的解决。

7.5　中国服务业数据缺失的原因

只要不带有偏见,凡是来过中国的访问者都异口同声地表示,中国的服务业要远远强于大部分中低收入国家,更不必说那些低收入国家了。可是令人不解的是,从统计数据来看,中国的服务业占 GDP 的比重甚至比那些低收入国家还低。毋庸置疑,中国的服务业数据统计存在严重的缺陷。

第一,核算范围不全。迄今为止,相当一部分服务业活动没有被纳入统计范围,如计算机服务、电子商务、中介服务、信息咨询、物业管理等。有不少服务行业至今尚未建立起经常性的统计调查制度。目前计算机软件被纳入固定资本统计,可是,企业单位自行设计的计算机软件、数据库等既没有被纳入固定资本统计范围也没有被纳入服务业统计。对于金融机构的服务产出计算也存在诸多不合理的地方,难免大量丢失服务业的统计数据。

第二,存在着许多被遗漏的生产活动。根据国家统计局许宪春所言:"根据经济合作与发展组织(OECD)的定义,未被观测经济包括非法生产、地下生产、非正规部门生产等生产活动,这些生产活动容易被统计所遗漏。根据该组织提供的信息,被遗漏的生产活动创造的增加值占 GDP 的比重,澳大利亚达到3%,意大利达到15%,俄罗斯达到25%。我国尚未就未观测经济进行深入系统的研究,但未观测经济在我国的某些服务领域肯定是存在的。比如,某些地方的学校不经允许向学生收取费用,某些医护工作者私下收受患者的红包,某些地方的饭店、歌舞厅、美容美发厅的不法经营者通过组织卖淫获取非法收入,等等。"在各个城镇中,许多街头巷尾的小商小贩从事商品零售,还有许多路边摊从事餐饮服务、食品加工、修鞋、修车等,这些小商小贩在西方各国都要照章纳税,从而纳入统计。可是在中国,这些零售活动既不纳税也不纳入统计。

第三,房地产统计数据缺失。正如许宪春教授所指出:"例如在房地产业核算方面:(1) 没有包括房地产开发经营企业以外的企业和城乡居民住户从事的以营利为目的的房屋出租活动;(2) 没有包括企业、事业和行政单位向本单位职工及其家庭提供的住房服务;(3)城市房地产管理部门提供的是一种国家补贴的低房租的福利性住房,其房租远低于市场价格;(4)城乡居民自有住房服务的增加值是按折旧计算的,没有包括其他成本,估算偏低;(5)固定资产折旧数据一般都是按历史成本计算的,也存在偏低的成分。这些问题导致房地产业增加值的低估。目前,我国房地产业增加值占 GDP 的比重为2%左右,根据我们的研究,我国房地产业增加值占 GDP 的比重能够达到5%以上。"①

第四,家政服务数据缺失。与有形的产品不同,大多数服务也没有具体的产品。统计工业、农业的产出可以依据产品数量和价格,可是,服务业没有具体的产品,给数据统计带来不小的麻烦。服务常常发生在人与人之间,例如,如果主妇自己动手,家政服务没有任何产值;如果请保姆,马上就产生了 GDP 产值。早在1993年,联合国统计部门就建议中国应当把保姆的家政服务纳入统计。估计在中国大中小城镇中从事保姆工作的人数少说也有几百万,无论是保姆还是她们的雇主都没有纳税意识,要求统计部门收集保姆服务的数据,根本就无从下手。

第五,许多服务计价过低。服务业计价过低也是导致我国服务业增加值低估的一个重要因素。服务业不变价增加值计算的困难来自本身固有的特征,很难避免服务业产值的统计误差。对于许多服务业项目,人们找不到一个测量其数量的度量单位,例如,商业咨询、教学辅导、养生保健、艺术创作等。没有物理化的度量单位,就难以定义价格,进而无法编制准确的价格指数和数量指数,由此,不变价增加值也难以计算。

和有形商品不变价增加值的计算方法相同,计算服务的不变价增加值有两种方法:利用数量指数的外推法和利用价格指数的缩减法。在我国,服务业不变价增加值的计算除运输通信业以外均采用缩减法,使用的价格指数和其他使用缩减法的国家亦没有实质性的差异。这些价格指数之所以被使用,只是因为没有其他更好的价格指数可以采用,并不是因为它们能够准确地反映

---

① 参阅许宪春,《中国国民经济核算与统计问题研究》,北京大学出版社,2010年,第71—73页。

这些服务的价格变化。尽管目前许多国家,包括先进国家和落后国家使用价格指数缩减法来计算服务业不变价增加值,但是所使用的价格指数均存在明显的缺陷,这一点在世界各国都是共通的。

近年来,计算机以及其他高科技产品价格下降幅度较大,但是很难说计算机的流通服务"价格"随之同时和同比率地下降。计算批发零售业不变价增加值时,之所以采用该行业买卖商品的价格指数,是因为不能合理地编制批发零售服务的价格指数。商品价格本身的变动在多大程度上能够反映把这些商品从生产者手中批发零售到消费者手中所提供的流通服务的"价格"变化,值得怀疑。

在我国服务业增加值的估计多采用收入法的情况下,服务业计价过低对该行业增加值低估的影响主要表现在对劳动力价格——工资的低估,从而导致了服务业增加值的低估。从业人员劳动报酬统计是计算服务业部分行业收入法增加值的主要资料来源之一,而它的统计口径不包括乡镇企业、私营单位和个体工商户(国家统计局,2001),因此会影响到服务业增加值中的劳动者报酬计算的准确性。

同时,从业人员劳动报酬统计很难包括从业人员所获得的全部收入。对于服务业企业和营利性事业单位来说,这将影响到增加值的结构;对于行政单位和非营利性事业单位来说,不仅会影响到增加值的结构,而且会影响到增加值的总量。按收入法计算的增加值包括劳动者报酬、营业盈余、固定资本折旧和生产税净额四个部分,其中,工资是最大的一部分。不仅如此,服务业大多是劳动密集型产业,劳动者报酬在增加值中所占的比重较其他行业更高。显而易见,如果劳动者报酬被低估的话,整个增加值也会被低估。

与制造业和农业不同,服务业没有具体的商品产出,因此很难根据产品数量和价格来统计产值。服务业包含很广,服务类型千变万化,缺少规范化的度量尺度。例如,不可能把理发的次数和律师会见顾客的次数相加。世界各国统计服务业的主要数据来源是根据个人所得税的缴纳数值来反推产值。无论是医生、律师、家政服务员还是水暖修理工,虽然他们的收入并不固定,但是,他们必须按章缴纳个人所得税。个人所得税的税率是法定的,因此,只要根据他们缴纳的个人所得税数额就可以反推出他们的"产值"。

增加统计人员并不能有效地解决服务业数据缺失的问题。关键在于税制改革，需要设计出一套激励机制，鼓励人们在报税的过程中将这部分 GDP 数据报告上来。事实上，不可能要求非常分散的自由职业者，例如保姆、零工等自己来呈报数据，而是要设计一套方法让他们的雇主来报告。由于雇主在给保姆和零工支付工资的时候，实际上是将自己的一部分收入支付给了另外一个人，因此从理论上讲，他们不应当为这部分钱纳税，也就是说，应当允许雇主申请退税。如果雇主的个人所得税的边际税率比较高，那么他们的申报积极性就更高。

在北美和欧洲，人们长期以来养成了良好的纳税文化和习惯，大多数人都能如实申报个人所得，按章纳税。最重要的是有一套激励机制，让人们有充足的理由如实申报个人所得税。例如，在加拿大，高收入者的边际税率很高。假定某人的边际税率是40%，在照章纳税之后才能拿到他的税后工资收入。如果这个人支付保姆工资10 000加元，这个人在申报个人所得税的时候会声明：在他的总收入当中有10 000加元被转移支付给了保姆。因此，他可以要求退税4 000加元。名义上他给保姆支付了10 000加元的工资，实际上他只需要支付6 000加元。对于保姆来说，她也会如实报税。因为按照纳税规则，如果年收入低于16 000加元，个人所得税税率是零。如果这个保姆按章申报个人所得税，她实际上无需支付一分钱，可是在计算退休福利的时候，纳税经历将使她获得更好的社会福利。对于雇员和雇主来说，都有正确申报个人所得税的激励机制。再加上加拿大有一套良好的社会身份认证系统，只要填写个人社会保险号，很容易从雇主和雇员两方面复核数据，因此，服务业的数据收集得比较全。

同样，对于高度分散的小商小贩也应当通过退税来鼓励他们如实申报产值，从而获得真实的 GDP 数据。目前，中国的税制改革正在进行中，个人所得税改革尚未到位，因此，难免会缺漏服务业的产值。

众所周知，中国的税制改革严重滞后，迄今为止，中国的税制还带有很重的计划经济特色。在计划经济体制下，所有的企业都是国有企业，政府财税收入都来源于企业的利润,无所谓交不交税。改革开放以来,实施了"利改税",这是财税制度上的一大进步。可是,税收负担依然大部分落在企业头上。在2013年,由企业承担的增值税、流转税、营业税和企业所得税等占政府财税收入的72.0%,而个人所得税只占5.9%。[①] 相比之下,西方各国个人所得税占比大多在30%—50%。由于税制不同,西方国家的个人所得税的比重较大,能够比较全面地获得服务业的数据,而中国服务业数据被大量丢失就不足为奇了。唯有大幅度推进税制改革才有可能改善服务业数据的获取来源。

7.6 调整中国服务业占比之后再估算 GDP

7.6.1 在回归分析中服务业的置信区间

如果把全球212个经济体的服务业占GDP比重和人均GDP数据放在一张图中(图7-6),可以很清楚地看到,随着人均GDP增加,各国服务业占GDP的比重在不断上升,但是,中国的数据严重地偏离了回归线。

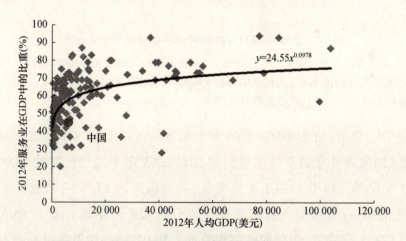

图7-6 2012年世界各国服务业的 GDP 占比与人均 GDP

---

① 2013年中国各项税收总额110 497亿元,个人所得税6 531亿元,个人所得税占比为5.9%。数据来源:中国国家统计局,《中国统计摘要,2014》,第68页。

7.6.2 调整服务业比重后的 GDP

以 2009 年的统计数据为例,按汇率法计算,中国的人均 GDP 水平属于中低收入国家(服务业占比为 53.4%);按购买力平价法计算,中国的人均 GDP 水平属于中高收入国家(服务业占比为 54.5%)。因此,中国服务业占 GDP 比重的合理区间应在 53.4%—54.5%(见图 7-7)。

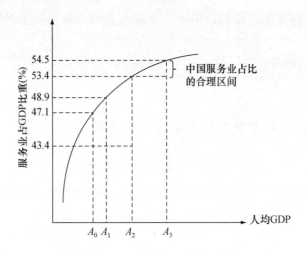

图 7-7　2009 年相对人均 GDP 水平的合理服务业占比

注:A_0 代表最不发达国家人均 GDP 水平,A_1 代表低收入国家人均 GDP 水平,A_2 代表中低收入国家人均 GDP 水平,A_3 代表中高收入国家人均 GDP 水平。

数据来源:世界银行,世界发展指数(World Development Index, WDI),2011。

表 7-12 显示,如果将中国 2009 年的服务业占比由 43.4% 调整至 48.9%(低收入国家服务业的平均水平),那么以 2005 年不变价计算的 GDP 应从 82 553.3 亿美元增至 95 201.3 亿美元,调整幅度约 15.3%;当服务业占比调整至 53.4%(中低收入国家服务业的平均水平),中国 GDP 应相应调整为 102 524.5 亿美元,中国的经济规模将上升 19.5%;如果将服务业占比调整到 54.5%(中高收入国家服务业的平均水平),中国 GDP 将为 114 496.5 亿美元。

表7-12　2009年相对不同服务业占比的中国GDP

		服务业占比(%)	GDP(购买力平价)(2005年不变价, 亿美元)
调整前	官方公布数据	43.4	82 553.3
调整后	方案一, 低收入国家平均水平	48.9	95 201.3
	方案二, 中低收入国家平均水平	53.4	102 524.5
	方案三, 中高收入国家平均水平	54.5	114 496.5

表7-13显示,在2009年,如果将中国服务业占GDP比重上调为48.9%(方案1),日本的GDP仅相当于中国经济总量的39.8%;如果将中国服务业占比上调为53.4%(方案2),日本的经济规模相当于中国的36.9%;如果中国服务业占比上调为54.5%(方案3),日本的经济规模相当于中国的33.1%。在不同的服务业占比的假设下,按购买力平价法估算的中国GDP规模是日本的2.51—3.02倍。

表7-13　2009年调整服务业占比之后的GDP　(金额单位:亿美元)

	国家	原始数据	相对中国比例(%)	方案1	相对中国比例(%)	方案2	相对中国比例(%)	方案3	相对中国比例(%)
1	美国	128 209	155.3	128 209	134.7	128 209	125.1	128 209	112.0
2	中国	82 553	100.0	95 201	100.0	102 525	100.0	114 497	100.0
3	日本	37 876	45.9	37 876	39.8	37 876	36.9	37 876	33.1
4	印度	34 308	41.6	34 308	36.0	34 308	33.5	34 308	30.0
5	德国	26 410	32.0	26 410	27.7	26 410	25.8	26 410	23.1
6	英国	19 879	24.1	19 879	20.9	19 879	19.4	19 879	17.4
7	俄罗斯	19 308	23.4	19 308	20.3	19 308	18.8	19 308	16.9
8	法国	19 089	23.1	19 089	20.1	19 089	18.6	19 089	16.7
9	巴西	18 317	22.2	18 317	19.2	18 317	17.9	18 317	16.0
10	意大利	16 005	19.4	16 005	16.8	16 005	15.6	16 005	14.0
11	韩国	12 427	15.1	12 427	13.1	12 427	12.1	12 427	10.9
12	加拿大	11 663	14.1	11 663	12.3	11 663	11.4	11 663	10.2
13	印度尼西亚	8 768	10.6	8 768	9.2	8 768	8.6	8 768	7.7
14	土耳其	8 386	10.2	8 386	8.8	8 386	8.2	8 386	7.3

（续表）

	国家	原始数据	相对中国比例（%）	方案1	相对中国比例（%）	方案2	相对中国比例（%）	方案3	相对中国比例（%）
15	波兰	6 373	7.7	6 373	6.7	6 373	6.2	6 373	5.6
16	泰国	4 920	6.0	4 920	5.2	4 920	4.8	4 920	4.3
17	巴基斯坦	4 020	4.9	4 020	4.2	4 020	3.9	4 020	3.5
18	马来西亚	3 495	4.2	3 495	3.7	3 495	3.4	3 495	3.1
19	菲律宾	2 958	3.6	2 958	3.1	2 958	2.9	2 958	2.6
20	罗马尼亚	2 319	2.8	2 319	2.4	2 319	2.3	2 319	2.0
21	捷克	2 318	2.8	2 318	2.4	2 318	2.3	2 318	2.0
22	保加利亚	2 086	2.5	2 086	2.2	2 086	2.0	2 086	1.8
23	匈牙利	1 693	2.1	1 693	1.8	1 693	1.7	1 693	1.5
24	津巴布韦	869	1.1	869	0.9	869	0.8	869	0.8

数据来源：原始数据来自世界银行，世界发展指数（WDI），2011；调整数据根据上文模拟结果整理。

若将中国服务业比重调整至54.5%的中高收入国家水平（方案3），则在2009年，美国的经济规模仅仅是中国的112.0%。也就是说，两国的 GDP 规模已经非常接近了。很可能在2010—2011年间，中国的 GDP 规模就已经超过了美国。显然，一般人很难接受这样的估计，我们也并不特别坚持这种估计，不过在研究中不能排除存在着这种可能性。

按照购买力平价法计算1990—2013年调整前后的中国 GDP，并且和美国、日本、印度的 GDP 数值作一比较（见表7-14和图7-8）。

如果把中国的服务业占比调整到低收入国家的平均水平，在2013年，中国的 GDP 为19.55万亿美元，已经超过了美国的16.80万亿美元。也许可以说，中国在2013年已经成为世界上最大的经济体。

如果把中国的服务业占比调整到中低收入国家的平均水平，中国在2010年的 GDP 为14.66万亿美元，美国为14.96万亿美元，两国的经济规模非常接近。中国在2011年的 GDP 为16.26万亿美元，美国为15.53万亿美元，也就是说，中国在2011年就超越美国成为世界上最大的经济体。

表 7-14　调整服务业占比之后的 GDP(PPP)　　　（单位:亿美元）

年份	中国			美国	日本	印度
	GDP(原始值)	调整 1	调整 2			
1990	11 427	13 871	14 065	59 796	23 780	10 200
1991	12 260	14 294	14 993	61 740	25 387	10 651
1992	13 691	15 736	16 634	65 393	26 179	11 491
1993	16 012	18 839	19 704	68 787	26 848	12 323
1994	18 637	22 096	23 070	73 087	27 656	13 424
1995	21 514	25 660	27 624	76 640	28 782	14 742
1996	24 301	28 899	31 127	81 002	30 072	16 144
1997	27 190	31 591	34 693	86 085	31 075	17 086
1998	30 040	34 241	37 887	90 891	30 783	18 339
1999	32 856	36 854	41 063	96 657	31 160	20 246
2000	36 163	40 604	44 490	102 897	32 898	21 502
2001	40 062	44 288	49 342	106 253	33 771	23 055
2002	44 372	48 683	53 711	109 802	34 717	24 300
2003	49 796	55 346	60 135	115 122	35 690	26 734
2004	56 321	64 368	68 030	122 770	37 534	29 643
2005	64 702	74 744	78 534	130 954	38 896	33 434
2006	75 145	86 076	90 799	138 579	40 649	37 655
2007	88 064	99 919	105 938	144 803	42 643	42 443
2008	98 435	111 190	118 509	147 203	42 895	44 955
2009	108 332	119 885	131 601	144 179	40 811	49 143
2010	121 098	135 487	146 634	149 583	43 227	54 841
2011	134 959	150 085	162 648	155 338	43 862	59 630
2012	147 827	160 481	177 361	162 446	45 048	63 546
2013	161 577	170 497	195 532	168 000	46 244	67 744

注:调整方案 1,将中国服务业占比调整到低收入国家的平均值;调整方案 2,将中国服务业占比调整到中低收入国家的平均值。

数据来源:世界银行数据库,2014;GDP 按照购买力平价法计算。

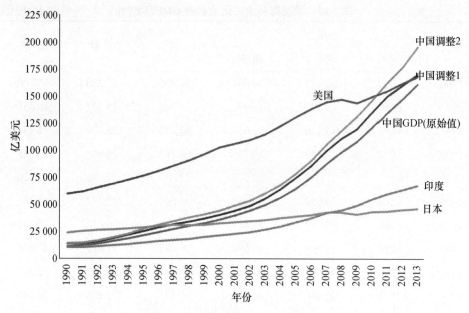

图 7-8　调整服务业占比之后的 GDP

如果把中国的服务业占比调整到中等收入国家的平均水平,中国的 GDP 规模在 2009 年就超过了美国。

对于中国和印度这样人口众多的国家来说,人多,服务业数值必然大。表 7-15 列出了世界银行数据库中历年统计数据比较全的 145 个经济体的服务业占 GDP 比重的数据。在 2010 年,中国服务业占 GDP 的比重只有 43.24%,排名第 134 位;相比之下,印度的服务业在 GDP 中的占比为 54.64%,排名第 98 位。如果说印度的数据还比较合理的话,中国服务业数据就明显被低估了。为了消除或减轻对中国服务业数据的扭曲,有必要对此进行调整。显然,调整的结果将改变中国在世界各国经济规模排名榜中的位置。2014 年 10 月世界银行和 IMF 公布的世界各国经济规模的排名榜就隐含着没有低估中国服务业在 GDP 中的占比这样一个假设。只要认识到中国服务业在 GDP 中的占比被严重低估这个事实,就可以断定世界银行和 IMF 的排名榜仍然存在着很大的扭曲。

表 7-15 服务业占 GDP 的比重

（单位：%）

序号	1	2	3	4	5	6	7	8	9	10	11	12	13
年份	格林纳达	安提瓜和巴布达	英国	美国	比利时	丹麦	佛得角	圣基茨和尼维斯	古巴	巴拿马	荷兰	葡萄牙	意大利
1990	68.60	75.72	65.67	70.05	—	70.59	55.54	64.59	67.38	75.12	66.57	—	65.13
1991	66.81	74.98	67.34	71.41	—	71.14	56.28	66.81	68.96	73.97	67.16	—	65.88
1992	68.93	76.38	67.99	72.21	—	71.35	55.82	66.88	69.10	74.91	68.38	—	66.45
1993	70.46	77.71	68.76	72.44	—	72.55	67.34	68.00	72.26	74.14	69.28	—	67.06
1994	70.27	78.24	68.29	71.98	—	72.46	56.58	71.02	69.89	74.73	69.60	65.65	67.06
1995	69.86	77.77	68.15	72.08	70.07	71.70	58.03	69.40	68.36	74.34	69.49	65.09	66.91
1996	71.35	78.28	68.26	72.37	70.27	71.50	58.62	70.18	66.05	72.28	70.17	65.69	67.53
1997	69.99	77.72	69.38	72.95	69.98	71.49	62.11	70.63	65.76	73.89	71.00	65.69	67.91
1998	70.20	77.73	70.74	74.60	70.73	72.06	62.67	71.44	66.39	73.91	72.08	66.29	68.13
1999	69.25	76.68	71.93	74.73	71.62	71.96	62.98	70.52	66.47	73.15	73.14	66.99	68.85
2000	73.25	81.71	72.30	75.37	71.53	70.90	65.38	67.71	63.70	73.86	72.71	67.92	69.45
2001	74.88	82.95	73.25	76.52	72.46	71.59	69.42	63.61	65.44	75.48	73.06	68.46	69.88
2002	73.66	82.89	74.12	77.19	73.17	72.41	70.60	65.51	67.50	76.67	73.85	69.24	70.23
2003	73.47	82.59	74.86	77.23	74.00	73.23	71.33	69.35	70.12	75.36	73.97	70.22	70.92
2004	74.90	82.43	75.50	76.62	74.13	73.51	71.92	71.10	72.17	73.79	74.19	70.69	70.92
2005	70.08	80.66	75.75	76.60	74.85	73.24	71.79	71.58	75.01	76.46	73.94	71.79	71.32
2006	72.88	76.17	75.78	76.72	74.73	72.67	72.59	70.63	75.29	76.89	73.38	71.94	71.06
2007	73.81	76.35	76.36	76.88	74.94	73.32	74.58	70.12	74.54	74.15	73.42	72.27	70.77
2008	75.19	75.09	76.68	77.65	75.64	73.55	73.49	71.48	74.33	72.95	72.96	73.01	71.25
2009	77.72	74.44	78.17	79.30	77.03	76.71	72.42	73.66	74.60	74.22	74.28	74.40	73.09
2010	77.27	74.55	77.80	79.02	76.71	76.86	73.86	74.50	74.49	75.30	74.37	73.79	73.06
2011	76.90	77.71	77.85	78.60	77.07	76.33	74.39	75.44	74.48	75.17	73.85	73.75	73.14
2012	83.48	79.42	78.67	78.60	77.43	76.76	74.87	74.75	74.48	74.41	74.00	73.89	73.70

（续表）

序号	14	15	16	17	18	19	20	21	22	23	24	25	26
年份	新加坡	马尔代夫	黑山	瑞典	日本	瑞士	牙买加	圣文森特和格林纳丁斯	毛里求斯	西班牙	芬兰	爱尔兰	世界平均值
1990	67.32	—	—	65.94	—	66.22	—	55.95	54.36	—	60.56	—	60.92
1991	65.67	—	—	67.78	—	66.77	—	57.87	55.23	—	64.48	—	62.31
1992	65.81	—	—	69.33	—	67.77	—	56.33	55.20	—	65.52	—	63.21
1993	65.76	—	—	69.82	—	68.43	54.86	59.79	56.35	—	64.76	—	63.60
1994	66.28	—	—	68.80	64.67	67.72	54.60	62.66	57.79	—	63.45	—	63.68
1995	66.09	75.01	—	67.02	65.56	68.35	54.21	60.96	57.59	64.13	62.60	61.20	64.22
1996	66.21	76.45	—	68.48	65.66	69.65	57.47	63.11	57.96	63.93	63.72	62.82	64.42
1997	66.77	76.20	—	68.75	66.02	70.22	58.99	63.30	59.69	63.85	63.34	62.15	65.02
1998	66.12	75.57	—	68.80	66.64	71.03	66.06	62.31	59.87	64.14	62.46	60.94	66.07
1999	67.10	75.24	—	69.40	67.00	71.38	66.48	64.22	62.67	64.40	62.79	61.56	66.43
2000	65.07	76.20	64.12	69.51	67.42	72.22	67.43	71.79	62.06	64.71	62.13	60.95	66.67
2001	67.63	79.32	63.39	70.08	69.29	71.47	67.68	73.35	61.50	64.82	62.95	59.84	67.74
2002	67.61	79.22	63.70	70.30	70.02	71.80	69.69	74.66	63.11	65.08	64.03	59.38	68.30
2003	68.17	80.20	65.77	70.67	70.20	72.56	69.55	74.82	63.44	65.13	64.42	63.00	68.41
2004	66.67	80.12	66.83	70.34	70.31	72.72	68.79	74.61	64.42	65.35	65.05	64.45	68.04
2005	67.58	76.85	68.84	70.87	70.73	72.63	69.02	74.91	66.38	65.13	65.14	66.06	68.22
2006	68.24	80.05	69.42	70.52	70.76	72.42	69.71	74.75	69.13	65.37	64.34	65.87	68.21
2007	70.61	81.11	70.02	70.22	70.70	72.41	70.09	72.79	69.40	66.09	63.52	66.99	68.46
2008	72.63	76.31	69.54	71.55	71.43	72.13	71.71	73.58	68.63	66.97	65.30	70.11	68.98
2009	72.09	80.62	69.94	73.81	72.90	73.23	72.91	73.04	68.99	69.16	69.65	71.37	70.76
2010	72.33	80.14	70.11	71.38	71.36	72.87	72.78	73.62	70.19	70.19	68.95	71.74	70.25
2011	73.56	76.88	72.43	72.22	72.67	72.32	72.23	73.56	70.94	70.87	70.05	69.89	70.23
2012	73.29	73.28	73.26	73.24	73.15	72.51	72.46	72.02	71.87	71.63	71.26	70.78	70.23

（续表）

序号 年份	27 摩尔多瓦	28 奥地利	29 多米尼克	30 澳大利亚	31 约旦河西岸和加沙	32 南非	33 斐济	34 克罗地亚	35 图瓦卢	36 巴西	37 德国	38 哥斯达黎加	39 格鲁吉亚
1990	27.21	63.50	55.38	64.09	—	55.27	55.62	53.35	—	53.21	—	57.84	35.00
1991	23.93	63.88	57.47	66.30	—	57.08	55.08	54.54	—	56.05	62.48	56.46	34.08
1992	17.58	64.85	57.29	67.19	—	59.78	54.69	52.24	—	53.58	63.57	55.76	23.16
1993	23.49	65.96	57.88	67.30	—	60.28	54.33	49.97	—	50.83	65.73	56.77	19.43
1994	32.41	65.65	57.99	67.25	53.77	60.42	53.52	55.18	—	50.15	65.99	57.06	23.85
1995	34.83	65.79	59.16	67.72	55.26	61.33	55.63	60.70	—	66.70	66.56	56.70	32.07
1996	37.89	65.90	58.44	67.83	54.99	62.36	55.88	61.91	—	68.50	67.51	58.12	42.14
1997	40.76	65.92	58.75	68.82	59.39	63.32	57.69	61.17	—	68.47	67.83	58.08	47.14
1998	43.77	66.21	58.77	68.97	58.84	64.05	58.78	62.63	—	68.82	67.95	57.37	49.54
1999	53.10	66.36	58.87	69.83	58.83	65.24	58.83	64.03	71.75	68.58	68.53	54.36	51.23
2000	49.25	66.66	67.20	69.85	63.37	64.94	60.64	64.32	69.66	66.67	68.38	58.46	55.71
2001	49.94	67.05	68.68	70.21	63.24	64.22	61.61	64.80	71.13	67.10	69.00	61.45	55.60
2002	52.73	67.95	69.26	69.92	69.53	63.24	61.78	65.50	68.86	66.33	69.92	62.37	55.03
2003	53.95	67.99	71.14	70.45	67.20	64.88	63.23	66.12	68.72	64.77	70.08	62.64	53.80
2004	62.24	68.01	70.85	70.43	65.84	65.62	62.23	64.68	68.79	62.97	69.64	61.85	55.66
2005	64.13	68.34	70.23	70.08	66.77	66.16	66.78	65.78	68.84	65.02	69.90	61.87	56.47
2006	67.03	68.33	70.53	69.15	66.37	65.96	66.56	66.10	66.00	65.76	69.04	61.90	62.32
2007	70.84	67.76	69.69	69.72	68.80	65.74	67.98	67.09	61.63	66.63	68.63	62.25	65.00
2008	72.42	68.53	68.47	69.76	71.69	64.70	67.89	67.29	61.37	66.18	68.91	64.11	68.74
2009	74.09	69.86	72.05	68.65	73.02	66.08	69.43	67.43	65.32	67.54	71.43	65.23	68.78
2010	69.64	69.82	72.02	70.60	73.29	67.34	68.98	68.17	62.91	66.63	68.97	66.66	69.38
2011	68.40	69.61	71.51	69.05	69.32	67.78	67.90	68.47	68.81	67.01	68.50	68.24	67.43
2012	69.86	69.83	69.82	69.44	69.32	69.07	69.06	68.81		68.66	68.65	68.61	66.94

（续表）

序号	40	41	42	43	44	45	46	47	48	49	50	51	52
年份	爱沙尼亚	冈比亚	约旦	波黑	科索沃	乌拉圭	圣多美和普林西比	马其顿	瓦努阿图	伯利兹	土耳其	阿尔巴尼亚	阿根廷
1990	—	64.65	66.05	—	—	56.15	—	47.00	—	57.83	49.75	15.90	55.85
1991	—	66.48	67.47	—	—	55.95	—	50.77	—	59.87	51.50	18.01	60.56
1992	—	67.50	64.64	—	—	58.40	—	43.85	—	60.68	52.05	25.04	63.33
1993	—	67.59	66.58	—	—	62.97	—	53.14	—	61.41	52.83	22.46	65.28
1994	—	66.14	65.64	38.29	—	64.08	—	56.30	—	62.57	50.73	24.65	70.89
1995	62.17	63.77	66.75	53.60	—	62.46	—	56.81	—	61.58	50.47	21.69	71.15
1996	64.16	61.35	70.04	43.48	—	63.44	—	57.18	—	61.17	51.01	46.81	70.69
1997	64.51	63.85	70.84	47.95	—	65.92	—	52.69	—	62.28	53.18	47.70	70.29
1998	65.44	64.73	70.49	47.15	—	65.78	—	52.92	61.58	63.01	51.08	51.37	70.71
1999	69.11	60.39	71.70	54.18	—	67.27	77.42	54.50	61.91	63.53	55.31	53.71	71.97
2000	67.67	60.65	72.11	66.39	—	68.53	61.87	54.25	61.02	62.04	57.36	51.86	71.95
2001	67.25	59.81	71.97	66.10	—	68.95	62.29	56.10	62.72	64.28	59.90	53.26	72.61
2002	67.49	60.07	70.36	68.23	—	66.99	63.32	57.46	62.40	65.46	59.67	55.17	62.72
2003	67.08	58.40	70.12	67.64	—	62.80	64.29	57.82	65.02	65.74	60.04	54.92	59.65
2004	67.54	59.59	68.59	64.35	—	61.51	64.44	59.42	64.77	65.77	60.63	55.30	56.31
2005	66.78	58.85	68.30	65.09	68.00	62.50	66.56	59.51	65.77	67.30	60.74	55.70	56.88
2006	66.10	63.66	68.07	65.41	68.00	62.88	67.64	59.30	67.03	64.88	61.84	57.70	57.19
2007	65.42	65.85	65.54	62.61	68.00	62.63	65.01	58.48	67.32	65.55	63.09	60.37	57.61
2008	67.14	61.31	63.46	62.45	68.00	63.29	63.05	58.67	66.37	65.17	63.73	62.05	59.65
2009	70.34	61.25	64.87	63.90	68.00	64.52	64.39	61.36	64.95	65.75	64.75	69.04	62.03
2010	68.31	58.72	65.86	64.39	68.00	64.82	64.44	60.79	63.19	65.15	63.43	65.02	60.94
2011	66.86	67.65	65.57	65.13	67.00	64.14	64.29	60.02	64.07	63.93	62.96	64.79	61.69
2012	66.91	66.85	66.81	66.77	66.50	65.06	64.29	64.26	64.07	63.93	63.86	63.75	63.48

（续表）

序号 年份	53 保加利亚	54 密克罗尼西亚联邦	55 萨摩亚	56 多米尼加	57 博茨瓦纳	58 塞尔维亚	59 乌克兰	60 萨尔瓦多	61 捷克	62 智利	63 纳米比亚	64 突尼斯	65 墨西哥
1990	33.78	—	—	55.17	34.13	—	29.86	55.34	—	49.83	58.69	48.66	63.73
1991	39.30	—	—	50.30	36.25	—	26.73	55.21	—	49.99	61.15	47.79	64.44
1992	43.57	—	—	51.63	39.00	—	28.73	55.21	—	52.01	64.64	48.56	65.22
1993	51.52	—	48.14	53.06	41.94	—	40.65	55.03	56.79	55.00	66.45	50.62	63.65
1994	51.88	—	51.90	53.72	48.94	—	36.24	55.11	56.96	55.01	61.80	51.94	64.70
1995	56.94	67.35	52.85	54.18	48.62	—	41.92	56.02	57.03	55.47	64.94	53.24	63.16
1996	61.06	67.50	52.83	53.53	47.47	—	47.97	56.59	55.32	53.73	65.91	51.70	60.59
1997	48.50	68.09	52.83	54.55	47.03	—	50.48	56.59	56.45	54.05	66.07	57.66	61.06
1998	54.94	64.32	56.47	53.86	49.48	—	49.63	57.05	57.58	56.42	64.98	58.94	61.99
1999	59.63	66.10	58.53	54.67	48.00	49.59	47.21	57.66	58.60	56.45	65.91	58.58	61.98
2000	61.08	65.25	57.20	56.85	46.42	51.68	46.60	58.11	58.90	61.94	60.22	58.48	61.61
2001	60.48	66.39	58.02	58.37	48.66	56.05	48.93	57.93	58.87	62.09	58.57	59.27	63.31
2002	61.66	67.71	56.96	57.83	50.42	56.05	50.84	58.69	60.27	61.38	56.74	60.83	63.55
2003	61.53	67.72	56.99	59.78	53.76	58.58	53.31	59.23	61.34	62.01	60.71	61.39	62.70
2004	62.45	69.62	55.98	60.05	53.86	56.55	52.20	60.04	59.32	59.98	60.84	60.66	61.05
2005	62.34	69.89	56.19	60.49	50.33	58.90	57.26	59.71	59.45	58.54	59.50	60.61	61.46
2006	62.02	71.15	57.77	60.78	49.76	59.71	55.20	60.16	59.32	51.23	54.89	60.57	60.27
2007	62.00	69.47	56.66	61.87	50.96	61.38	55.81	59.89	59.10	52.61	54.46	59.42	60.58
2008	61.69	68.00	57.82	61.50	55.22	61.18	58.48	59.72	59.73	57.87	54.35	57.69	60.15
2009	63.82	65.75	61.84	61.33	65.90	62.41	62.13	60.61	60.89	58.41	60.69	59.98	62.19
2010	65.65	65.28	62.54	61.74	56.64	64.31	60.39	60.70	61.32	56.98	62.38	60.04	61.45
2011	64.05	62.57	62.53	60.96	56.99	64.32	60.08	60.61	60.40	57.72	63.01	59.87	60.33
2012	63.22	62.57	62.24	62.20	61.74	61.69	61.47	61.14	60.37	60.30	60.27	60.21	60.10

（续表）

序号	66	67	68	69	70	71	72	73	74	75	76	77	78
年份	韩国	俄罗斯	汤加	危地马拉	塞内加尔	其他小国	斯里兰卡	洪都拉斯	菲律宾	东帝汶	挪威	印度	哥伦比亚
1990	53.60	35.04	50.48	—	57.90	48.61	47.71	51.20	43.62	—	63.22	44.48	45.36
1991	53.46	38.10	51.58	—	57.52	49.70	47.68	49.96	45.00	—	64.49	45.21	45.43
1992	54.96	49.60	49.13	—	57.14	51.19	48.51	50.03	45.34	—	65.10	45.49	49.25
1993	55.47	47.12	47.17	—	55.93	52.38	49.75	49.29	45.71	—	65.41	45.83	50.12
1994	55.79	48.65	53.71	—	57.04	51.38	50.06	46.86	45.47	—	64.81	45.32	52.49
1995	55.80	55.88	54.64	—	55.21	52.40	50.46	47.77	46.31	—	63.56	46.34	53.02
1996	56.73	54.12	53.84	—	55.74	51.83	51.12	46.92	47.30	—	61.46	46.27	55.42
1997	57.49	55.51	56.16	—	56.75	52.16	51.23	47.12	48.99	—	61.07	47.70	56.92
1998	58.35	57.03	55.79	—	56.94	54.75	51.35	50.19	50.85	—	65.23	48.47	57.37
1999	58.75	55.45	54.20	—	57.54	53.74	52.05	51.71	51.73	—	63.31	50.27	57.44
2000	57.51	55.62	55.88	—	57.63	53.19	52.82	51.66	51.58	53.19	56.23	50.98	61.63
2001	59.05	57.71	57.66	55.81	56.96	54.18	53.14	54.72	52.30	60.76	58.13	51.99	61.66
2002	59.86	60.94	58.00	55.72	59.01	54.58	57.71	56.45	52.27	58.51	60.43	53.13	61.04
2003	59.88	61.17	57.20	56.28	58.37	56.11	58.34	57.17	52.73	59.08	60.63	53.25	59.59
2004	58.51	58.05	57.38	56.25	59.54	56.28	58.84	57.50	52.94	59.20	58.76	53.05	59.00
2005	59.36	56.96	60.03	57.30	59.56	54.91	57.99	57.62	53.50	60.55	55.62	53.06	58.77
2006	60.15	58.25	63.46	57.73	61.14	54.53	58.02	57.69	54.14	59.90	53.64	52.87	58.12
2007	60.28	59.15	61.50	57.87	62.11	54.98	58.40	58.43	54.45	59.14	56.39	52.71	58.48
2008	61.21	59.48	63.45	58.33	61.14	54.50	57.25	58.89	53.88	57.32	53.59	53.93	57.00
2009	60.73	61.67	63.37	58.70	59.43	60.03	57.64	60.27	55.21	58.20	59.86	54.50	58.04
2010	59.26	61.44	61.01	59.35	58.94	57.51	57.76	59.93	55.12	58.34	59.00	54.64	57.94
2011	59.10	58.43	59.08	58.85	59.48	57.40	58.00	56.93	55.93	56.94	56.98	54.91	55.57
2012	59.47	59.37	59.34	59.28	59.04	58.92	57.49	57.34	57.07	56.94	56.80	56.27	56.11

（续表）

序号	79	80	81	82	83	84	85	86	87	88	89	90	91
年份	哈萨克斯坦	摩洛哥	南亚	秘鲁	莱索托	津巴布韦	吉尔吉斯斯坦	孟加拉国	多哥	巴基斯坦	阿富汗	尼加拉瓜	卢旺达
1990	—	48.32	45.17	61.86	41.13	50.42	31.44	48.28	43.72	48.83	—	—	42.83
1991	—	47.46	45.75	62.43	43.20	47.32	27.57	47.90	42.02	48.78	—	—	46.93
1992	28.70	50.06	45.98	61.54	39.56	51.72	23.16	48.14	40.96	48.63	—	—	48.06
1993	43.10	50.80	46.59	59.34	44.75	51.61	26.99	49.93	35.18	50.29	—	—	47.93
1994	44.54	49.16	46.17	57.31	41.95	48.64	33.67	50.05	43.85	50.19	—	57.85	29.07
1995	55.74	50.85	46.95	57.97	41.85	55.69	36.55	49.06	40.06	50.06	—	56.35	40.03
1996	60.28	48.88	46.97	58.29	39.16	52.34	31.96	49.45	38.10	50.35	—	55.01	34.72
1997	61.20	50.45	48.02	58.42	33.97	55.51	32.58	49.07	37.68	49.79	—	56.81	35.43
1998	59.71	52.07	48.53	59.12	41.79	54.21	37.70	48.73	48.17	48.89	—	57.66	35.78
1999	54.59	54.33	50.01	59.51	36.93	57.14	37.34	48.67	46.86	49.23	—	59.10	48.04
2000	50.85	55.95	50.79	59.43	57.65	—	31.86	49.20	46.54	50.74	—	58.46	49.23
2001	51.80	55.88	51.84	60.04	54.35	—	33.78	49.96	45.13	51.89	—	58.41	48.51
2002	52.80	56.13	52.90	59.39	55.94	—	38.97	50.86	43.42	52.78	37.81	58.77	50.70
2003	53.94	54.78	53.09	58.86	57.05	54.00	40.62	51.98	45.79	52.73	39.31	60.40	48.93
2004	54.80	55.16	52.79	57.01	57.90	52.74	42.59	52.36	46.62	50.83	43.02	59.13	47.56
2005	53.11	57.10	52.85	55.23	57.90	47.39	45.66	52.63	43.40	51.43	40.89	59.20	47.55
2006	52.02	55.96	53.22	53.34	54.72	45.33	47.17	52.48	45.69	56.04	41.93	59.30	47.79
2007	53.26	58.95	53.08	53.54	54.81	49.51	49.64	52.38	45.49	55.81	42.03	59.35	50.84
2008	51.00	55.04	53.92	53.07	52.99	55.28	49.45	52.48	41.12	54.56	47.15	60.22	53.56
2009	53.27	55.02	54.54	55.14	57.98	54.75	52.36	52.61	51.10	55.89	47.22	60.17	53.01
2010	52.76	54.96	54.59	54.38	58.60	54.11	51.35	52.96	52.33	55.13	51.05	58.59	54.27
2011	54.31	54.28	54.59	53.55	56.77	55.24	50.57	53.51	53.70	52.72	52.02	55.22	53.33
2012	55.84	55.79	55.78	55.76	55.60		54.90	53.86	53.70	53.56	53.55	53.48	52.97

（续表）

序号	92	93	94	95	96	97	98	99	100	101	102	103	104
年份	肯尼亚	苏里南	蒙古	罗马尼亚	巴拉圭	尼日利亚	塔吉克斯坦	马拉维	厄瓜多尔	波多黎各	马来西亚	乌兹别克斯坦	加纳
1990	51.44	67.09	44.66	26.32	—	23.21	29.08	26.11	48.70	55.40	42.58	34.27	38.08
1991	52.18	72.85	48.80	34.82	43.97	23.02	26.45	29.37	48.08	55.81	43.54	26.46	37.46
1992	52.88	71.78	35.90	36.62	46.59	19.74	26.54	29.66	48.98	54.39	44.28	29.37	37.59
1993	51.58	64.40	39.60	35.27	46.90	23.41	30.18	26.99	48.31	53.63	46.13	35.08	30.83
1994	49.43	54.54	37.23	32.18	45.50	28.33	35.02	53.23	50.62	53.49	46.30	36.15	30.36
1995	52.85	53.29	30.95	35.83	45.30	21.92	22.23	49.95	51.92	54.02	45.65	39.91	30.55
1996	50.93	54.67	33.82	36.97	46.08	20.35	29.45	45.97	53.41	55.07	44.79	43.38	29.56
1997	51.32	58.37	34.55	41.22	48.37	21.83	35.93	49.33	54.70	55.26	44.33	41.71	31.22
1998	51.27	66.15	40.45	48.42	48.41	27.39	45.83	46.14	57.30	52.84	42.81	42.52	31.54
1999	50.81	65.30	40.77	50.98	47.70	26.84	43.00	43.93	54.65	55.22	42.70	42.17	31.71
2000	50.72	63.67	44.13	54.50	48.51	21.76	33.72	42.54	48.01	55.94	43.08	42.51	32.20
2001	51.45	65.63	48.48	49.87	47.26	25.37	33.77	44.53	54.71	53.99	45.79	43.36	32.54
2002	53.46	61.55	52.95	50.58	44.58	20.92	35.91	47.36	56.44	52.83	45.90	43.70	32.59
2003	53.40	61.95	50.84	52.40	44.40	20.54	35.45	45.72	58.25	53.05	44.12	43.38	32.00
2004	53.73	58.93	45.41	51.06	45.06	23.70	42.99	47.49	57.84	53.28	42.20	43.27	31.39
2005	53.71	57.30	41.73	54.58	45.68	23.74	44.78	49.62	56.57	53.89	45.37	48.87	31.60
2006	54.77	48.75	37.36	54.53	47.61	26.08	44.68	51.25	54.46	54.41	44.87	46.46	48.80
2007	56.45	48.25	37.65	55.34	47.09	26.63	47.31	50.33	53.93	54.72	45.42	44.04	50.20
2008	54.39	47.01	44.21	54.53	46.73	25.67	48.93	50.20	51.37	53.86	44.93	47.88	48.61
2009	54.16	51.53	47.35	54.38	49.03	28.74	51.41	49.40	55.15	51.59	49.81	47.30	49.20
2010	56.32	51.51	46.26	51.50	47.37	50.22	49.72	49.92	52.03	49.87	48.45	48.40	51.13
2011	53.95	52.16	49.23	49.74	48.40	49.35	50.31	50.56	49.73	49.36	47.79	48.31	49.10
2012	52.73	51.91	51.81	51.65	51.51	50.91	50.88	50.56	50.11	49.36	49.10	48.76	48.40

（续表）

序号 年份	105 玻利维亚	106 尼泊尔	107 坦桑尼亚	108 白俄罗斯	109 科特迪瓦	110 莫桑比克	111 埃及	112 乌干达	113 亚美尼亚	114 斯威士兰	115 利比里亚	116 中国	117 圭亚那
1990	48.49	32.13	36.39	29.36	44.33	44.47	51.96	32.36	30.67	46.45	28.82	31.54	37.04
1991	49.26	35.42	34.97	29.07	45.00	46.24	49.18	34.82	25.78	46.38	27.64	33.69	29.61
1992	50.41	34.74	35.80	28.65	44.68	48.78	50.12	35.67	29.56	48.94	33.11	34.76	30.23
1993	51.44	37.11	36.32	43.30	49.03	48.63	50.21	35.36	21.69	47.49	34.29	33.72	28.11
1994	51.30	35.22	39.88	49.02	53.70	51.54	50.37	36.21	18.15	44.40	33.51	33.57	26.35
1995	50.00	35.49	38.36	45.57	54.50	50.67	50.92	36.32	25.76	43.00	12.91	32.86	26.12
1996	51.35	35.58	37.75	44.39	54.98	48.45	51.12	38.68	30.59	42.63	4.14	32.77	27.30
1997	52.21	35.70	38.92	43.45	53.03	47.39	51.83	40.46	34.83	42.02	12.81	34.17	30.82
1998	54.96	37.60	46.15	45.52	52.90	47.20	52.02	39.85	35.25	41.79	14.27	36.23	34.61
1999	56.25	36.90	46.39	46.16	53.84	48.78	51.77	41.81	38.34	42.31	16.61	37.77	35.38
2000	55.20	37.05	47.34	46.68	50.93	51.47	50.13	47.72	35.47	43.88	19.68	39.02	39.88
2001	55.61	44.56	47.83	50.88	51.21	51.68	50.11	47.74	35.26	44.11	18.34	40.46	40.78
2002	55.81	43.32	46.48	51.24	51.42	49.03	49.15	50.74	35.06	45.04	16.64	41.47	40.59
2003	55.19	44.31	44.96	51.11	52.80	47.37	48.41	49.66	34.33	43.82	22.30	41.23	41.37
2004	53.65	44.97	44.32	48.80	53.75	46.59	48.35	55.02	34.22	44.67	26.03	40.38	41.73
2005	53.59	45.96	45.52	48.47	51.32	48.86	49.21	48.26	33.81	46.53	25.67	40.51	45.43
2006	51.04	48.16	46.71	47.86	51.19	47.24	47.50	50.17	34.89	45.48	28.48	40.94	46.09
2007	50.73	49.35	46.70	48.48	50.86	47.87	49.59	49.77	35.81	45.49	26.47	41.89	45.63
2008	48.17	49.94	47.15	45.96	48.90	47.62	49.25	49.86	38.05	45.67	25.64	41.82	43.01
2009	49.93	49.59	46.93	48.29	50.31	48.22	49.00	48.16	45.28	45.98	36.95	43.43	45.13
2010	49.86	47.84	47.21	47.97	49.63	47.25	48.48	47.30	43.96	42.20	50.20	43.24	45.92
2011	48.52	46.26	47.25	50.44	47.36	47.47	47.85	47.77	44.09	44.83	47.14	43.37	44.91
2012	48.33	47.99	47.40	47.24	47.20	46.82	46.31	45.48	45.20	44.83	44.75	44.65	44.61

（续表）

序号 年份	118 泰国	119 布隆迪	120 赞比亚	121 阿尔及利亚	122 特立尼达和多巴哥	123 越南	124 尼日尔	125 苏丹	126 埃塞俄比亚	127 柬埔寨	128 不丹	129 阿联酋	130 印度尼西亚
1990	50.28	25.16	28.12	40.47	50.20	38.59	48.59	44.16	36.96	—	39.87	40.04	41.47
1991	48.69	26.09	31.57	36.67	50.97	35.72	43.19	45.61	29.69	—	40.40	51.92	41.34
1992	49.65	25.29	27.22	38.16	53.61	38.80	43.38	47.51	26.33	—	37.97	43.32	41.68
1993	50.88	24.93	24.01	39.26	53.69	41.23	43.63	46.00	28.51	40.49	38.24	47.04	42.44
1994	50.31	30.74	44.67	40.98	48.98	43.70	41.91	53.91	34.43	37.95	35.18	51.91	42.07
1995	49.75	32.61	45.84	39.10	50.64	44.06	42.54	50.78	33.83	35.55	34.13	52.67	41.06
1996	49.68	30.15	47.68	37.00	50.76	42.51	43.27	41.19	34.03	37.70	35.07	51.84	39.87
1997	50.39	36.65	47.13	38.21	52.96	42.15	43.21	38.62	27.83	36.58	35.01	52.57	39.58
1998	49.59	36.13	49.65	41.32	57.00	41.73	40.66	38.45	33.84	36.26	37.57	57.80	36.69
1999	49.68	35.90	51.03	39.80	55.42	40.07	42.11	38.54	37.10	37.55	37.08	55.65	37.03
2000	48.99	35.01	52.72	32.51	49.10	43.07	44.40	37.02	38.84	39.13	36.62	49.22	38.47
2001	48.72	37.07	52.55	37.40	51.59	43.02	43.00	38.38	40.32	40.35	35.96	48.09	38.25
2002	48.13	37.52	51.87	38.17	53.72	43.02	43.44	37.60	43.51	41.52	35.06	50.25	40.08
2003	45.96	36.61	50.48	36.23	46.05	42.45	43.23	39.39	44.91	40.14	35.45	48.95	41.07
2004	46.30	36.85	48.59	35.23	43.88	42.51	62.12	39.62	42.68	41.65	37.33	46.66	41.04
2005	45.77	37.05	47.96	32.26	39.18	42.57	59.91	40.78	41.33	41.23	39.53	42.96	40.33
2006	44.88	38.95	46.46	31.79	38.16	42.69	45.86	42.43	40.44	40.77	38.88	41.00	40.08
2007	44.59	44.63	46.15	33.74	37.54	42.83	45.85	42.70	40.91	41.34	35.39	44.18	39.48
2008	44.39	43.43	45.21	33.86	33.40	42.51	42.56	41.05	39.44	41.34	36.58	41.15	37.46
2009	45.20	42.84	44.18	41.59	43.89	43.44	45.73	48.84	39.93	41.29	38.08	47.18	37.06
2010	42.96	42.85	43.58	39.96	36.62	42.88	43.48	46.81	43.97	40.73	37.96	54.94	37.73
2011	43.69	42.75	43.05	40.74	38.03	42.02	45.68	47.38	43.75	39.81	40.62	39.23	38.21
2012	44.17	42.53	42.36	42.19	41.99	41.70	41.46	41.11	40.96	40.19	39.99	38.78	38.72

（续表）

序号	131	132	133	134	135	136	137	138	139	140	141	142	143	144	145
年份	布基纳法索	沙特阿拉伯	土库曼斯坦	毛里塔尼亚	老挝	塞拉利昂	马里	几内亚	加蓬	中非共和国	阿塞拜疆	乍得	安哥拉	文莱达鲁萨兰国	刚果（布）
1990	49.62	45.47	38.16	41.57	24.26	33.90	38.62	42.89	49.68	30.37	38.07	53.00	41.22	37.48	46.50
1991	48.59	46.04	36.73	38.34	24.95	25.47	38.03	49.60	47.76	32.77	36.31	50.24	42.64	39.41	52.65
1992	48.61	43.07	77.50	39.13	20.43	21.06	38.03	55.21	48.43	32.06	31.53	51.22	36.65	38.64	52.96
1993	48.02	46.27	16.56	37.39	24.72	23.71	39.27	52.61	46.27	31.70	37.73	53.45	37.23	41.69	53.45
1994	42.47	46.33	19.33	38.33	24.28	20.22	34.61	53.12	38.29	32.89	38.80	50.24	26.38	44.97	44.20
1995	42.65	45.23	20.20	37.39	25.08	18.39	31.80	51.56	39.60	32.26	39.11	50.52	26.43	44.57	44.68
1996	40.58	42.67	17.85	38.36	25.60	14.42	30.26	51.22	37.54	31.60	33.39	48.07	25.15	42.57	39.17
1997	41.78	44.06	30.40	40.18	26.15	13.67	39.88	48.86	39.13	30.62	38.32	45.82	30.24	42.73	34.00
1998	41.11	50.24	31.62	34.30	24.20	13.49	36.24	45.65	49.84	29.89	44.61	45.71	31.29	47.06	42.99
1999	41.64	46.91	27.79	33.92	23.65	12.87	36.78	47.38	43.89	33.84	40.13	47.50	20.99	43.58	30.37
2000	46.06	41.15	31.24	35.35	38.23	13.25	37.86	44.16	37.53	33.27	37.52	46.34	22.21	35.31	22.54
2001	43.47	43.57	31.38	35.91	38.89	42.73	35.84	42.78	42.29	32.25	36.72	44.61	26.96	38.82	28.71
2002	43.93	43.42	35.61	38.59	37.83	40.93	37.42	42.67	42.21	32.39	34.65	45.72	31.94	38.24	30.42
2003	41.74	41.11	38.44	38.68	37.65	39.31	37.59	43.58	41.92	29.38	33.95	42.04	30.03	34.63	32.55
2004	44.30	38.92	40.45	37.16	40.46	35.58	39.76	42.17	39.07	30.19	33.44	29.41	26.77	31.02	28.63
2005	42.99	34.66	43.58	36.30	39.21	35.58	39.26	41.08	33.76	30.80	26.51	35.74	24.42	27.49	23.57
2006	45.65	34.17	46.26	30.53	37.00	36.05	39.05	36.26	33.89	30.58	23.79	33.08	24.82	26.12	20.54
2007	48.46	34.20	42.78	34.83	37.03	35.12	39.26	35.13	34.90	31.36	24.50	34.06	25.57	28.01	22.43
2008	44.20	30.93	34.03	43.41	36.58	35.37	39.83	32.70	31.66	30.92	23.81	33.36	25.87	25.25	18.91
2009	46.28	42.13	34.20	42.17	38.30	34.87	39.79	33.83	41.47	31.66	32.27	38.56	30.75	33.69	24.38
2010	41.69	39.08	37.01	37.20	35.45	35.80	39.04	33.15	36.50	31.99	30.01	34.33	30.23	32.47	20.79
2011	41.91	34.24	37.01	34.42	35.72	35.02	38.18	33.10	32.31	31.36	29.03	33.81	28.59	27.14	19.99
2012	38.47	37.21	37.01	36.91	35.81	35.02	35.01	33.10	31.96	31.95	31.46	31.45	31.02	28.21	19.99

注：按照2012年服务业占比排列。"—"表示在数据库中数据暂缺。美国、古巴、世界平均值、约旦河西岸和加沙、圣多美和普林西比、伯利兹、密克罗尼西亚联邦、多哥、马拉维波多黎各、东帝汶、斯威士兰、塞拉利昂、几内亚等没有2012年数据，以2011年数据为准。
数据来源：世界银行数据库，2014。

第八章

GDP 和 GNI 的异同

8.1 GDP 和 GNI

8.1.1 GDP 与 GNI 的概念辨析

国内生产总值（Gross Domestic Product, GDP）和国民总收入（Gross National Income, GNI）是两个常见的指标,通常用来衡量一个国家或地区的经济总量和发展水平。GDP 是指一个国家或地区所有常住单位在一定时期内生产活动的全部最终成果,它等于所有常住单位创造的增加值之和。GNI 是指一个国家或地区所有常住单位在一定时期内收入初次分配的最终结果,等于所有常住单位的初次分配收入之和。GDP 是衡量生产最终成果的指标,而 GNI 是一个收入指标。

GDP 和 GNI 两个指标考察的内容各有侧重,在分析各国的经济增长时,一般更关注 GDP;在分析各国贫富差异程度时,一般更关注 GNI 或者人均 GNI。例如,IMF 通常根据黄金与外汇储备、进口额、出口额占 GDP 的比例等因素来决定一个国家认缴 IMF 基金的份额,进而决定一个国家在 IMF 中的投票权、特别提款权及接受资金援助的份额。而联合国则根据一个国家连续六年的 GNI 和人均 GNI 来决定该国的联合国会费,从而决定该国承担的国际义务和享受的优惠待遇等。

8.1.2　GDP 与 GNI 的联系与区别

GDP 与 GNI 的区别主要体现在两者核算的内涵有所不同,而不是在于两者核算的范围,如 GDP 针对于领土,而 GNI 针对于本国居民。GDP 和 GNI 都是针对常住单位而言的,与国籍没有直接关系。GNI 反映的是中国常住居民留在国内的总收入,不能简单理解为中国人的总收入。GDP 从生产角度衡量一个国家或地区的经济总量,只要是本国领土范围内生产活动创造的增加值,无论是由内资企业还是外商投资企业创造的,均应计入本国的 GDP。GNI 是个收入概念,它从收入分配角度来衡量一个国家或地区的总收入。

从核算流程来看,GDP 既是最终生产成果,又是形成 GNI 的起点,从 GDP 到 GNI 就是一个国家的初次收入分配过程。在《2008 年国民账户体系(SNA)》中,国民总收入(GNI)的定义为:GDP 加上从国外应收的雇员报酬,加上从国外应收的财产收入,加上从国外应收的生产税减生产补贴,减去应付给国外的雇员报酬,减去应付给国外的财产收入,减去应付给国外的生产税减生产补贴。因此,GNI 是在 GDP 的基础上做适当调整计算出来的,公式如下:

GNI = GDP + 来自国外的要素收入净额

= GDP +（来自国外的要素收入 – 支付国外的要素收入）

其中,来自国外的要素收入是本国常住者从国外获得的资本和劳务收入,包括本国资本对外投资获得的利息收入、红利、投资收益以及本国居民在国外工作(一年以下)获得的劳务收入;支付国外的要素收入是本国支付给国外的资本和劳务收入,具体来说,它是外国资本对本国投资或参与本国生产活动而从本国获得的利息收入、红利、投资收益以及本国支付给外籍员工(一年以下)的劳务收入。国际上通行的做法是,如果外商投资企业和个人将收益再投资或将利润和劳务收入汇出本国,在计算 GNI 时,则需要从本国的 GDP 中扣除。本国常住者在国外进行投资或创办企业,如果将资本收益进行再投资,或将利润和劳务收入直接汇回国内,则需计入本国 GNI,否则不计入 GNI。

8.1.3　GDP 与 GNI 相对应的经济增长方式

美国经济学家萨缪尔森认为,GDP 是 20 世纪最伟大的发明之一,他将 GDP 比作描述天气的卫星云图,能够提供经济状况的完整图像,能够帮助经济政策制定者判断经济是在萎缩还是在膨胀,是需要刺激还是需要控制,是处于严重衰退还是通货膨胀威胁之中,如果没有 GDP 这样的总量指标,政策制定者就会陷入杂乱无章的数字海洋而不知所措。

然而,近年来改变经济增长方式,扩大内需的呼声也引发了经济政策是追求 GDP 还是 GNI 的争论。在经济政策上追求 GDP 还是 GNI,会导致不同的经济增长方式,即输入性经济增长模式和内源性经济增长模式。如果一个国家或地区在经济政策上更关注 GDP,那就会更注重本国产业的成熟和发展,而不关注支撑这些产业发展的是国内企业还是国外企业。推崇 GDP 实际上是输入型的增长模式,其动力源泉来自政府。政府为了发展地方经济,以优惠的条件大举招商引资。如果在经济政策上更关注 GNI,则蕴含的是内生的增长模式。不仅要发展本国产业,而且应当是主要依靠本国企业支撑产业的发展。推崇 GNI 内生的增长模式的动力源自民间发展经济的冲动。内源性经济增长模式相对扎实,而输入型增长模式更依赖外商资本。显然,内生增长更具有可持续性,而过度依靠外资投资,由于资本的趋利性,如果有更好的投资区域,外商资本就会撤走。

8.2　我国 GNI 的核算说明

国家统计局于 1985 年制定《国民生产总值计算方案》,开始建立起 GDP 核算制度,同时计算 GDP 和 GNI,在实际的运用中更多地使用 GNI。1992 年,我国正式建立了 SNA 框架下的新国民经济核算体系,对核算原则和核算方法进行规范,继续计算 GDP 和 GNI,但在实际运用中主要使用 GDP。主要原因有:首先,GDP 从生产角度衡量一个国家或地区的总体经济状况,能更直观地反映一定时期内生产活动的总成果以及经济规模和产业结构;而 GNI 是收入概念,无法在总量下面分出产业结构,不便于在我国现有的经济管理体制下进行产业结构调控。其次,我国的国民经济核算是在国家和地区层面上同时开展,对地区而言,GNI 数据的准确程度受基础资料制约较大。

我国的 GNI 数据核算起步较晚,1980 年之前,对外经济活动规模较小,GDP 与 GNI 之间差额不大,核算处理上直接以 GNI 等于 GDP。1980 年以后,随着对外开放规模的逐步扩大以及国际收支统计制度的建立,我国才开始单独核算 GNI,并在《中国统计年鉴》上公布。

GNI 等于 GDP 与本国来自国外的净要素收入之和。从理论上来说,净要素收入包括三个方面的内容:一是雇员报酬,即短期工作人员在国外获得的薪酬;二是投资收益,即本国资本在国外获取的财产性收入;三是生产和进口税,这一部分内容在实际当中一般数额比较小,数据获取困难,所以在我国的核算实践中把它忽略了。但在现实当中,这部分还是有可能产生的。比如常住居民短期出国时买东西,除了商品本身付费,还要交付一定的产品税。这些税就属于常住居民向国外交付的生产税,在核算 GNI 时应该从 GDP 中扣减。如果是退税商品,就不用考虑生产税因素。

目前,在我国使用的公式中只考虑了前两部分内容,数据资料取自国家外汇管理局编制的《中国国际收支平衡表》,国际收支平衡表中经常项目下的收益包括投资收益和职工报酬。净要素收入等于投资收益差额与职工报酬差额之和。其中,投资收益包括直接投资的利润、利息收支净额和再投资收益、证券投资收益(股息、利息等)以及其他投资收益(利息)。职工报酬指我国个人在国外工作(一年以下)而得到并汇回的收入,以及我国支付给在华外籍员工(一年以下)的工资福利。在计算中,国际收支平衡表是按美元计价的,需要用核算期内美元对人民币的平均汇率将其折算为人民币。

8.3　我国 GDP 与 GNI 的差额分析

在 1981 年之前,我国的 GNI 与 GDP 数据一致。1982 年,我国开始编制国际收支平衡表,有了国际收支平衡表中经常项目下收益贷方减借方的差额数据和美元加权平均汇率年平均值,就可以计算出 GNI 数据。GNI 与 GDP 差额可以分解为职工报酬差额与投资收益差额。

从表 8-1 可见,GDP 和 GNI 之间的差额以及差额占 GDP 的比重都呈现较为明显的阶段性特征。

表 8-1 1982—2012 年 GDP 与 GNI 差额及经常项目收益差额

(金额单位:亿元)

年份	GDP	GNI	GNI – GDP	占 GDP 的比重(%)	职工报酬差额	投资收益差额
1982	5 323. 35	5 330. 45	7. 10	0. 13	0. 00	7. 12
1983	5 962. 65	5 985. 55	22. 90	0. 38	0. 00	22. 88
1984	7 208. 05	7 243. 75	35. 70	0. 50	0. 00	35. 70
1985	9 016. 04	9 040. 74	24. 70	0. 27	0. 00	24. 70
1986	10 275. 18	10 274. 38	– 0. 80	– 0. 01	0. 00	– 0. 79
1987	12 058. 62	12 050. 62	– 8. 00	– 0. 07	0. 00	– 8. 00
1988	15 042. 82	15 036. 82	– 6. 00	– 0. 04	0. 00	– 5. 99
1989	16 992. 32	17 000. 92	8. 60	0. 05	0. 00	8. 62
1990	18 667. 82	18 718. 32	50. 50	0. 27	0. 00	50. 46
1991	21 781. 50	21 826. 20	44. 70	0. 21	0. 00	44. 72
1992	26 923. 48	26 937. 28	13. 80	0. 05	0. 00	13. 68
1993	35 333. 92	35 260. 02	– 73. 90	– 0. 21	0. 00	– 73. 98
1994	48 197. 86	48 108. 46	– 89. 40	– 0. 19	0. 00	– 89. 29
1995	60 793. 73	59 810. 53	– 983. 20	– 1. 62	0. 00	– 983. 25
1996	71 176. 59	70 142. 49	– 1 034. 10	– 1. 45	0. 00	– 1 034. 04
1997	78 973. 04	78 060. 85	– 912. 18	– 1. 16	1. 38	– 925. 98
1998	84 402. 28	83 024. 28	– 1 378. 00	– 1. 63	– 8. 89	– 1 369. 06
1999	89 677. 05	88 479. 15	– 1 197. 90	– 1. 34	– 31. 21	– 1 166. 68
2000	99 214. 55	98 000. 45	– 1 214. 10	– 1. 22	– 39. 53	– 1 174. 54
2001	109 655. 17	108 068. 22	– 1 586. 95	– 1. 45	– 45. 87	– 1 541. 10
2002	120 332. 69	119 095. 69	– 1 237. 00	– 1. 03	– 22. 89	– 1 214. 12
2003	135 822. 76	134 976. 97	– 845. 78	– 0. 62	13. 41	– 859. 23
2004	159 878. 34	159 453. 60	– 424. 73	– 0. 27	52. 31	– 477. 07
2005	184 937. 37	183 617. 37	– 1 319. 99	– 0. 71	124. 51	– 1 444. 44
2006	216 314. 43	215 904. 41	– 410. 02	– 0. 19	158. 56	– 568. 63

（续表）

年份	GDP	GNI	GNI – GDP	占 GDP 的比重(%)	职工报酬差额	投资收益差额
2007	265 810.31	266 422.00	611.69	0.23	330.01	281.65
2008	314 045.43	316 030.34	1 984.91	0.63	444.49	1 540.42
2009	340 902.81	340 319.95	– 582.86	– 0.17	488.96	– 1 071.78
2010	401 512.80	399 759.54	– 1 753.26	– 0.44	824.59	– 2 577.83
2011	473 104.05	468 562.38	– 4 541.67	– 0.96	965.61	– 5 507.28
2012	519 470.10	518 214.75	– 1 255.35	– 0.24	964.40	– 3 624.45

数据来源：GDP 与 GNI 数据来源于历年《中国统计年鉴》，职工报酬和投资收益数据来源于历年《中国国际收支平衡表》。

1982—1994 年，从数量上看，GDP 与 GNI 两者间的差额很小，均未超过 100 亿元，差额占 GDP 比重不超过 0.6%；此外，这一差额在 11 年内只有 3 年为负，也就是 GNI 小于 GDP，其余年份的 GNI 均大于 GDP。也就是说，在这段时间，要素收入呈小额的投资收益净流入。由于职工报酬差额直到 1997 年才有数据，这一阶段差额数据完全取决于投资收益差额的变动。

1995—2005 年，由于利用外资的规模逐步扩大，而对外投资的规模还很小，我国对外支付的要素收入大于从国外获得的要素收入，因此 GNI 持续小于 GDP。两者差额在 400 亿—1 600 亿元不等，占当年 GDP 的比重大都在 1.0% 以上，1998 年最高，达到 1.63%。这一阶段呈现投资收益的大额流出。

从 2006 年起，由于我国"走出去"战略的实施和引进外资优惠待遇的取消，对外投资大幅增加，GDP 和 GNI 之间差额的规模以及该差额占当年 GDP 的比重明显减少，由前一阶段的 1% 左右下降到 0.2%；在 2007 年和 2008 年，两年差额的符号甚至出现逆转，GNI 大于 GDP；但在近两年，GNI 与 GDP 差额绝对数有回升的趋势。

进一步将 GNI 与 GDP 的差额分解为劳动者收益差额和投资收益差额。从图 8-1 可以看出，职工报酬收益差额经历了净流出向净流入的转变，2003 年由负转正，并且正值呈持续增长趋势。而投资收益差额除 2007 年和 2008 年为正值外，一直表现出净流出的状态，并且投资收益差额规模大于职工报酬差额规模。整个收益差额除 2007 年和 2008 年外均为负，原因是投资收益的净流出规模超过职工报酬收益的净流入。

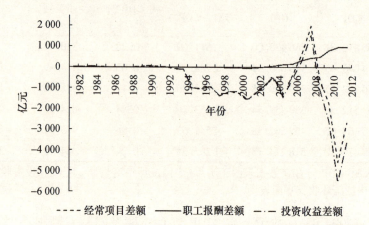

图8-1 1982—2012 年经常项目收益差额、职工报酬差额、投资收益差额走势图

在图 8-1 中,1982—2004 年,经常收益总差额的变动基本上取决于资本收益差额的变动。而 2005 年以后,劳动收益差额日渐扩大,导致总收益差额与资本收益差额之间的差距扩大,但投资收益差额仍处于决定性的地位。因此,整个样本区间,影响我国净要素收入的最主要因素是投资收益差额。

由图 8-2 可以看出,投资收益差额和借贷方的趋势可分为三个阶段来观察。1982—1994 年,这一时期投资收益借方和贷方规模均较小,差额有正有负,但波动也小;1995—2004 年,投资收益借贷方与差额规模较前一时期有所增大,投资收益差额表现为正值,波动性也较小;2005—2012 年,这一时期投资收益借方和贷方均呈显著的线性增长趋势,并且借方多大于贷方。2008 年前,投资收益贷方增长速度快于借方,2008 年后,投资收益借方增长速度快于贷方,尤其是在 2009—2012 年这四年内;2007 年和 2008 年,出现少见的贷方大于借方、投资收益差额为正的现象。

王志乐在其《2005 跨国公司在中国报告》中指出,GNI 和 GDP 的差额反映了一个国家对外经济发展战略的不同阶段。第一阶段,该国处在欠发达阶段,经济系统缺乏与外部资源的交换,这个阶段的 GNI 与 GDP 几乎没有差额。第二阶段,经济系统对外开放,积极利用外资。当外商直接投资增加到一定规模时,外资企业开始取得比较大的收益,经济系统的 GNI 开始少于 GDP,而且

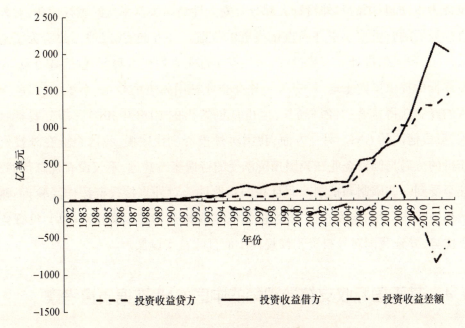

图 8-2　1982—2012 年投资收益借贷方和差额

差额越来越大。第三阶段,经济系统进一步扩大对外开放,本地企业在吸收外商直接投资的基础上开始对外投资,从国外获取利润。随着对外投资规模的扩大和经济收益的增加,经济系统的 GNI 逐步增加,取得与 GDP 的平衡,甚至超过 GDP。

上述三个阶段的发展,实际上是从封闭到开放,从"引进来"到"走出去"的发展过程。这三个阶段,也是本国企业从自我发展,到与跨国公司在国内合作发展,再到国际范围竞争合作发展,成长为跨国公司的过程。王志乐认为,由于大量吸收外资而导致 GNI 少于 GDP 是我国必然经历的一个发展阶段,应从历史发展的观点看待这一问题,不必对此过于担心。但是,如果对外经济发展始终停留在引进阶段,中国经济确实会出现"增产不增收"的局面,显然,这种经济增长方式应当极力避免。

我国 GNI 与 GDP 出现差额的主要原因在于净投资收益为负,也就是我国支付给国外的投资收益远大于从国外获得的投资收益,国外投资者从我国的增加值创造中分得了一杯羹。我国引进的投资主要以收益率较高的外商直接投资为主,而我国的对外投资大部分是安全性高而收益率低的主权债务,对外直接投资的收益远小于外商直接投资的收益。一方面,我国地方政府为了追求政绩,积极引进外商直接投资,对外资实行一系列优惠政策,包括减免税、免费或低价提供国内土地、厂房等。外资企业利用先进的技术、系统的管理、丰富的经验获得显著的经济增长,但也从创造出的 GDP 中扣除一部分要素收入,形成他国的 GNI。另一方面,我国对外投资步伐缓慢,我国企业在外投资获得的待遇与国外企业在我国投资享受的待遇相差甚远,不仅没有优惠待遇,甚至受到一些限制和抵制。而且我国企业缺乏对外直接投资运作经验,不熟悉当地法律环境,与发达国家企业相比,管理模式和技术又相对落后,没有竞争优势,导致我国对外投资不仅规模小而且收益率偏低。

8.4　基于国际收支统计视角的中国 GNI 数据质量考察

本部分结合国际收支平衡表,开展中国 GNI 数据质量的考察分析。由前文可知,GNI 等于 GDP 加上来自国外的净要素收入,也等于国际收支平衡表中经常项目下收益贷方减借方的差额。则有:

$$\text{GNI} - \text{GDP} = \text{国际收支平衡表中经常项目收益贷方} - \text{借方} \qquad (8\text{-}1)$$

表 8-2 列出了有关 GNI 核算与国际收支统计的相关数据,其中国际收支统计数据既有历年《中国统计年鉴》所公布的历史数据,也有经中国外汇管理局修订后的国际收支平衡表数据。

表 8-2　GNI 核算与国际收支平衡表一致性综合分析表

年份	GNI (亿元)	GDP (亿元)	GNI - GDP (亿元)	差额一 (亿元)	虚拟 汇率一	差额二 (亿元)	虚拟 汇率二	实际 汇率
1982	5 330	5 323	7	4	1.78	—	—	1.89
1983	5 986	5 963	23	12	1.91			1.98
1984	7 244	7 208	36	15	2.38			2.33
1985	9 041	9 016	25	8	3.09			2.94
1986	10 274	10 275	−1	0	—			3.45
1987	12 051	12 059	−8	−2	4.00			3.72

（续表）

年份	GNI（亿元）	GDP（亿元）	GNI-GDP（亿元）	差额一（亿元）	虚拟汇率一	差额二（亿元）	虚拟汇率二	实际汇率
1988	15 037	15 043	-6	-2	3.00	—	—	3.72
1989	17 001	16 992	9	2	4.30	—	—	3.77
1990	18 718	18 668	51	11	4.59	—	—	4.78
1991	21 826	21 781	45	8	5.59	—	—	5.32
1992	26 937	26 923	14	2	6.90	—	—	5.51
1993	35 260	35 334	-74	-13	5.68	—	—	5.76
1994	48 108	48 198	-89	-10	8.94	—	—	8.62
1995	59 811	60 794	-983	-118	8.33	—	—	8.35
1996	70 142	71 177	-1 034	-124	8.34	—	—	8.31
1997	78 061	78 973	-912	-110	8.29	-159.23	5.73	8.29
1998	83 024	84 402	-1 378	-166	8.30	-166.44	8.28	8.28
1999	88 479	89 677	-1 198	-145	8.26	-1 797.30	0.67	8.28
2000	98 000	99 215	-1 214	-147	8.26	-1 466.55	0.83	8.28
2001	108 068	109 655	-1 587	-192	8.27	-1 917.33	0.83	8.28
2002	119 096	120 333	-1 237	-149	8.30	-1 494.51	0.83	8.28
2003	134 977	135 823	-846	-102	8.29	-78.38	10.79	8.28
2004	159 454	159 878	-425	-51	8.33	-35.23	12.06	8.28
2005	183 617	184 937	-1 320	-161	8.20	106.35	-12.41	8.10
2006	215 904	216 314	-410	-51	8.04	117.55	-3.49	—
2007	266 422	265 810	612	80	7.65	256.88	2.38	—
2008	316 030	314 045	1 985	286	6.94	314.38	6.31	—
2009	340 320	340 903	-583	-85	6.86	432.82	-1.35	—
2010	399 760	401 513	-1 753	-259	6.77	303.80	-5.77	—
2011	468 562	473 104	-4 542	-703	6.46	-118.68	38.27	—
2012	516 282	518 942	-2 660	-199	13.37	-421.39	6.31	—

　　注:表中 GNI 与 GDP 数据来自 2013 年《中国统计年鉴》。表中差额一与差额二分别依据修订后与修订前的国际收支平衡表计算而得,其中修订后的国际收支平衡表来自国家外汇管理局数据库,修订前的国际收支平衡表来自历年《中国统计年鉴》。

　　表 8-2 中差额一为按照国家外汇管理局修订后的国际收支平衡表数据而计算的经常项目下贷方减借方之差。由于修订后的国际收支平衡表中收益项目由职工报酬和投资收益两项组成,因此差额一也等于修订后的国际收支平

衡表中职工报酬项目贷方减借方之差,加上修订后的国际收支平衡表中投资收益项目贷方减借方之差。同理,表中差额二是按照 1998—2013 年《中国统计年鉴》所发布的 1997—2012 年中国国际收支平衡表中收益项目贷方减借方之差。与差额一类似,差额二也等于相应国际收支平衡表中职工报酬项目贷方减借方之差,加上投资收益项目贷方减借方之差。

按照公式(8-1),GNI 与 GDP 之差为国际收支平衡表中经常项目下收益贷方减借方的差额。表 8-2 中第四列为 GNI 与 GDP 之差,第五列与第七列为国际收支平衡表中经常项目下收益贷方减借方的差额。值得注意的是,GNI、GDP 及其差额的计价单位为当年价格的人民币,而国际收支平衡表中相关指标的计价单位为当年价格的美元。

理论上,表 8-2 中第四列以现价人民币标价的 GNI 与 GDP 之差应该与第五列及第七列以现价美元标价的国际收支平衡表中经常项目下收益贷方减借方的差额相等,但是需要注意货币兑换的问题。为此,本研究将分析的焦点放置在美元对人民币汇率上:若公式(8-1)中等式左右两侧价值相等,则当公式左侧的 GNI 与 GDP 之差以现价人民币标价,而公式右侧国际收支平衡表中经常项目下收益贷方减借方差额以现价美元标价时,以人民币标价的左侧数值与以美元标价的右侧数值之比应该与当年的市场汇率相一致。

不妨将此比值称为虚拟汇率,并将由修订后的国际收支平衡表数据推算出的虚拟汇率称为虚拟汇率一,该虚拟汇率序列的时间跨度为 1982—2012 年;将由未经修订的国际收支平衡表数据推算出的虚拟汇率称为虚拟汇率二,该序列的时间跨度为 1997—2012 年。表 8-2 中第九列为美元对人民币的实际汇率,其中受人民币汇率制度改革的影响,2006 年以来的美元对人民币月平均汇率波动情况在表 8-4 中列出。

表 8-3 以实际汇率为基准列出了虚拟汇率一对实际汇率的偏差及偏差幅度。根据前述假设,当虚拟汇率一对实际汇率的偏差幅度较小时,有理由认为 GNI 数据与国际收支平衡表数据具有较好的协调关系;反之,当虚拟汇率对实际汇率的偏差幅度较大时,认为 GNI 数据与国际收支平衡表数据之间的协调性较差。

表 8-3　2005 年汇率制度改革前虚拟汇率一与实际汇率偏差情况分析

年份	偏差	偏差幅度（%）	年份	偏差	偏差幅度（%）
1982	− 0. 12	− 6. 21	1994	0. 32	3. 73
1983	− 0. 07	− 3. 41	1995	− 0. 02	− 0. 22
1984	0. 05	2. 28	1996	0. 03	0. 30
1985	0. 15	5. 14	1997	0. 00	0. 03
1986	—	—	1998	0. 02	0. 27
1987	0. 28	7. 47	1999	− 0. 02	− 0. 22
1988	− 0. 72	− 19. 40	2000	− 0. 02	− 0. 23
1989	0. 53	14. 18	2001	− 0. 01	− 0. 14
1990	− 0. 19	− 4. 03	2002	0. 03	0. 30
1991	0. 26	4. 97	2003	0. 01	0. 18
1992	1. 39	25. 12	2004	0. 05	0. 61
1993	− 0. 08	− 1. 34	2005	0. 10	1. 20

结合表 8-2 与表 8-3，可以获得如下信息：第一，1982—1994 年偏差幅度较为明显，在 1988 年、1989 年及 1992 年三个年份甚至超过了 10% 的波动幅度；第二，1995—2005 年偏差幅度较小，这一阶段的偏差幅度保持在 1% 的范围之内，仅有 2005 年偏差幅度超过 1% 。

考虑到 1994 年之前较之 1995 年之后的美元对人民币汇率波动较大、1995 年起中国才发布《国际收支统计申报办法》、2005 年处于中国汇率制度改革年份等客观因素，可以认为 1982—2005 年虚拟汇率一与实际汇率较为接近，即可以认为这一阶段 GNI 统计、GDP 统计与国际收支统计保持一致。

若从 GNI 数据质量的角度来考虑问题，有理由认为，1995—2005 年这一时间段内中国 GNI 数据质量较之 1982—1994 年有所提升；同时，在没有其他合理解释的情况下，也可以认为 1988 年、1989 年与 1992 年三年的 GNI 数据质量有待核实。

2005 年 7 月 21 日人民币汇率制度改革以来，美元对人民币汇率呈现波动状态。本章以美元对人民币的月度平均汇率最小值和最大值来构造实际汇率的可行性区间。若虚拟汇率一介于实际汇率可行性区间内，则认为虚拟汇率

一与实际汇率存在一致性,也即认为 GNI 与国际收支平衡表之间具有较好的
一致性;反之,若虚拟汇率一偏离实际汇率可行性区间,则认为虚拟汇率一与
实际汇率的一致性较差,也即认为 GNI 与国际收支平衡表之间不具有较好的
一致性。

表 8-4 中列示了 2005 年汇率制度改革以来,美元对人民币月度平均汇率
的波动情况。结合表 8-4 与表 8-2 中第六列的数据,发现虚拟汇率一总是介
于当年实际汇率最低值与实际汇率最高值之间(2012 年除外),因此依据前述
分析假设,可以认为 2006 年以来的 GNI 统计、GDP 统计与国际收支统计保持
一致。

表 8-4 2006—2012 年月度平均汇率波动范围

年份	最低值	最低值月份	最高值	最高值月份
2006	7.82	12	8.07	1
2007	7.37	12	7.79	1
2008	6.83	11	7.25	1
2009	6.82	5	6.84	1
2010	6.65	12	6.83	5
2011	6.33	12	6.60	1
2012	6.29	12	6.34	8

注:本表数据来源于中国外汇交易中心网站,经加工整理而得。

表 8-2 中 2012 年的虚拟汇率等于 13.37,但是当年美元对人民币月度平
均汇率介于 6.29 与 6.34 之间,可以认为 2012 年虚拟汇率一与实际汇率出现
了不一致的情况,也即这一年份的 GNI 统计、GDP 统计与国际收支统计可能
存在不一致的情形。

如前所述,2013 年《中国统计年鉴》所记录的 2012 年 GNI 与 2012 年 GDP
数据为初步核实数据,而非最终核实数据。依据 2012 年 GNI 初步核实数据与
调整后的国际收支平衡表在一致性方面存在偏差的事实,结合前述假设,有理
由认为 2012 年 GNI 初步核实数与真实值之间存在一定的偏差。

总而言之,在上述研究基础上,可以得到 1995 年后中国 GNI 与 GDP 核算
的数据质量较之 1994 年之前有所提高的结论;通过对 2012 年 GNI 与 GDP 数

据同国际收支平衡表之间协调性的分析也可以进一步佐证这一结论。

同样,通过表 8-2 最后两列数据的对比,结合表 8-4 中 2006—2012 年实际汇率波动范围的统计,可以发现,虚拟汇率二与实际汇率之间的差异较大;与实际汇率和虚拟汇率一相比,虚拟汇率二呈现出很大的波动性。虚拟汇率二所呈现出的较大波动性,甚至正负交替的现象,说明虚拟汇率二与实际汇率的一致性较差。按照前述假定,虚拟汇率二与实际汇率之间的不一致表明,国际收支平衡表经常项目收益贷方减借方之差与 GNI 减 GDP 的差额之间存在不一致。我们有理由认为,GNI 数据与 1998—2013 年《中国统计年鉴》所发布的国际收支平衡表数据之间存在明显的不一致性,即可以认为未经修订的国际收支平衡表存在一定的缺陷。

8.5　基于外部数据校验视角的中国 GNI 数据质量考察

为了进一步验证由中国官方公布的中国 GNI 数据的准确性与可靠性,本章进一步通过引入外部数据的方式对中国 GNI 官方数据进行评估。

结合数据的可得性与权威性,本章选定由世界银行和联合国统计司分别独立发布的中国经济总量数据作为较可靠的外部数据,并将其与中国官方数据进行对比分析。

GNI 与 GDP 具有紧密的联系,通过预分析可以发现,由世界银行、联合国统计司和中国国家统计局等三方(以下简称"三方")发布的 GNI 及 GDP 数据等共计六项指标之间具有很强的相关性。本章并不拘泥于针对三方发布的中国 GNI 数据进行对比分析,而是将三方发布的中国 GDP 数据作为对中国 GNI 数据进行校正的有效信息来开展分析研究。

由三方发布的中国 GNI 与 GDP 原始数据采用的计价方式并不统一,需要将以美元计价的指标调整为以人民币计价的形式,经过汇率调整所得的数据如表 8-5 所示。[①]

---

① 为了取得 2006—2012 年的年度汇率,取美元对人民币月均汇率的平均值。

表 8-5　经汇率调整的三方 GNI 与 GDP 数据对比表　　（单位：亿元）

年份	GNI-WB-CNY	GNI-UN-CNY	GNI-CN-CNY	GDP-WB-CNY	GDP-UN-CNY	GDP-CN-CNY	平均
1978	2 931	3 415	3 645	2 337	3 606	3 645	3 263
1979	3 003	3 909	4 063	2 643	4 093	4 063	3 629
1980	3 257	4 642	4 546	2 898	4 593	4 546	4 080
1981	3 770	4 891	4 889	3 310	5 009	4 892	4 460
1982	4 174	5 331	5 330	3 845	5 590	5 323	4 932
1983	4 498	5 986	5 986	4 514	6 216	5 963	5 527
1984	5 989	7 265	7 244	5 990	7 363	7 208	6 843
1985	8 775	9 041	9 041	9 006	9 077	9 016	8 993
1986	11 324	10 274	10 274	10 284	10 509	10 275	10 490
1987	12 906	12 051	12 051	10 064	12 277	12 059	11 901
1988	13 478	15 037	15 037	11 521	15 389	15 043	14 251
1989	13 373	17 004	17 001	12 954	17 311	16 992	1 5773
1990	17 701	18 721	18 718	17 075	19 348	18 668	18 372
1991	21 462	21 823	21 826	20 198	22 577	21 781	21 611
1992	25 098	26 939	26 937	23 309	27 565	26 923	26 129
1993	28 143	35 260	35 260	25 381	36 938	35 334	32 719
1994	47 547	48 108	48 108	48 198	50 217	48 198	48 396
1995	53 741	59 805	59 811	60 794	63 217	60 794	59 694
1996	65 552	70 143	70 142	71 177	74 164	71 177	70 393
1997	76 186	78 061	78 061	78 973	81 659	78 973	78 652
1998	81 288	83 026	83 024	84 402	86 532	84 402	83 779
1999	87 633	88 494	88 479	89 691	91 125	89 677	89 183
2000	96 756	97 999	98 000	99 215	98 749	99 215	98 322
2001	105 383	108 067	108 068	109 654	109 028	109 655	108 309
2002	116 451	119 096	119 096	120 333	120 476	120 333	119 298
2003	135 038	134 983	134 977	135 829	136 613	135 823	135 544
2004	160 281	159 477	159 454	159 902	160 957	159 878	159 992
2005	183 544	181 533	183 617	182 838	187 424	184 937	183 982
2006	212 905	215 906	215 904	216 317	222 713	216 314	216 677
2007	248 189	266 407	266 422	265 796	266 599	265 810	263 204
2008	280 722	315 999	316 030	314 175	315 975	314 045	309 491

（续表）

年份	GNI-WB-CNY	GNI-UN-CNY	GNI-CN-CNY	GDP-WB-CNY	GDP-UN-CNY	GDP-CN-CNY	平均
2009	328 413	340 303	340 320	340 956	348 775	340 903	339 945
2010	383 745	399 769	399 760	401 522	402 817	401 513	398 188
2011	425 946	472 112	468 562	473 101	472 620	473 104	464 241
2012	488 029	517 861	516 282	519 326	527 610	518 942	514 675

数据来源:表中数据分别来自世界银行数据库(WB)、联合国统计司 NAMAD 数据库(UN)以及 2013 年《中国统计年鉴》(CN),经笔者通过汇率转换、计算等手段整理而得。

　　图 8-3 直观地呈现出了由三方发布的中国 GNI 与 GDP 等六项指标在1978—2012 年的变化态势。由图 8-3 可以发现,六项指标呈现出了高度的一致性,可以认为六项指标具有相互印证的功能,有理由认为六项指标在反映中国真实经济规模这一功能上具有类似的效果,且都具有较好的性质,说明三方数据均具有较高的可信性。

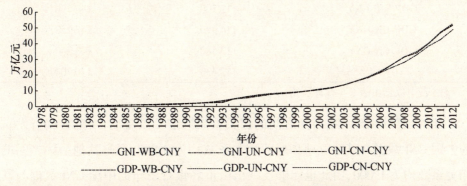

图 8-3　不同数据源的中国 GNI 与 GDP 数据趋势图

　　由三方发布的指标呈现出同步变化的趋势与理论相符。虽然 GNI 与GDP 之间具有一定的差别,但是总体而言,二者差异不大;不同数据来源的三组指标虽然在统计口径、估算方法等细节上存在一定的差异,但是毕竟三者所测度的对象具有同一性,因而分别来自三个数据来源的三组指标应该具有一致性。①

----

　　① 理论上,只有当三大数据源提供的六项指标均具有良好的数据质量时,六项指标之间才具有趋同性(此时忽略了六项指标均不准确,但偏差一致的特殊情形)。

值得注意的是,通过图 8-3 可以发现,由世界银行公布的中国 GNI 数据与其他五组数据的偏差从 2007 年起呈现出显著加大的迹象,反映出该指标与其他五项指标之间的一致性稍差,有理由认为由世界银行公布的中国 GNI 数据存在一定的缺陷。[①]

表 8-6 列出了由六项指标的时间序列所计算的均值与标准差。由表 8-6 可以看出,由世界银行发布的中国 GNI 的均值远小于六项指标的均值,反映出该项指标偏离其他五项指标的程度较大,进一步验证了由图 8-3 得出的结论。

表 8-6　不同数据源的中国 GNI 与 GDP 数据均值与标准差统计　　（单位:亿元）

指标名称	均值	标准差
GNI-WB-CNY	107 350	132 990
GNI-UN-CNY	113 110	141 827
GNI-CN-CNY	113 030	141 457
GDP-WB-CNY	112 500	142 770
GDP-UN-CNY	114 990	143 257
GDP-CN-CNY	113 580	142 040
平均	112 430	140 704

注:表中数据由表 8-5 计算所得。

此外,通过计算六项指标之间的相关系数矩阵可以看出,由世界银行发布的中国 GNI 数据与其他五项指标的相关系数均为 0.999,但是其他指标之间的相关系数均为 1.000,由此也能够反映出由世界银行发布的中国 GNI 数据与其他五项指标一致性较差的事实。综上所述,从曲线图、描述性统计与相关系数矩阵等三个角度都能发现,由世界银行发布的中国 GNI 数据与其他五项指标的一致性较差,因而有理由认为由世界银行发布的中国 GNI 数据质量相对较差。

由于三方提供的中国 GNI 与 GDP 数据具有极强的相关性,因而很难单独

①　对于"统计数据的一致性与准确性两种特征之间存在必然的内在逻辑"的假设,现有研究方法无法给出先验的证据或充分的说明;准确的多项统计数据之间未必存在一致性关联,表现出一致性的多项统计数据也未必都是准确的。一致性可以逻辑等同于准确性的特例是,将多种来源的同一统计数据项予以综合比较,此时统计数据项间出现的不一致必然意味着其中,至少有一种统计数据是不准确的(郭红丽和王华,2011)。

甄别出某一指标与其他指标在统计特性上的差异。在此,采用聚类分析的方法对六项指标进行考察,分析结果如图 8-4 所示。根据图 8-4 可以获得如下信息:第一,由世界银行发布的中国 GNI 数据偏离其他五项指标最为严重;第二,由联合国统计司发布的中国 GDP 数据与除世界银行发布的中国 GNI 之外的其他四项指标之间也有较大偏差。最终,依据聚类分析结果可以得到由世界银行发布的中国 GNI 数据可信性较差的结论,这与前述研究结论一致;另外,依据聚类分析结果,也有理由对由联合国统计司发布的中国 GDP 的数据质量产生一定的怀疑。

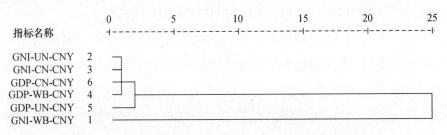

图 8-4　不同数据源的中国 GNI 与 GDP 指标聚类分析结果图

由于中国经济总量的真实规模是一个未知的变量,来自三个独立数据源的六项指标既是对中国经济总量的真实反映,又各自存在一定的偏差,这也就造成了这六项指标间既存在天然的一致性又存在一定的差异。本章将六项指标的平均值作为这一簇指标的共同趋势,并将这一共同趋势作为对中国经济总量的真实反映,以各指标对共同趋势的偏离程度来反映各项指标的优劣。

为了反映六项指标对其共同趋势(也即中国真实经济规模)的偏离程度,本章根据六项指标及其平均值构造了新的指标序列,分别以 GNI-WB-CNY 等指标反映表 8-5 中 GNI-WB-CNY 等六项指标与其平均值序列的偏差。表 8-7 列出了 GNI-WB-CNY 等六项新指标序列的均值、标准差、偏度与峰度情况,以反映 GNI-WB-CNY 等六项原始指标序列对其平均值序列的偏离程度。

由表 8-7 可以看出,GNI-WB-CNY 不仅均值的绝对值较大,且标准差也远大于其他五项新构造指标,反映出由世界银行发布的中国 GNI 指标对中国真实经济规模的偏差程度最大;此外,GDP-UN-CNY 的均值与标准差都比 GNI-WB-CNY 之外的其他四项新构建指标要大,反映出由联合国统计司发布的中国 GDP 数据对中国真实经济规模的偏差程度较大,也不是测度中国真实经济规模的最佳指标。值得注意的是,GNI-WB-CNY 与 GDP-UN-CNY 这两个指标均值与标准差都偏大的事实与图 8-4 所反映出的事实相一致,均可将由世界银行发布的中国 GNI 数据和由联合国统计司发布的中国 GDP 数据排除出准确反映中国实际经济规模的最佳指标之列。

如表 8-7 所示,GNI-CN-CNY 均值与标准差均小于 GNI-WB-CNY 与 GNI-UN-CNY,可见由中国官方公布的 GNI 数据与"真实水平"的偏差程度要小于由世界银行和联合国统计司公布的数据,也即由中国官方发布的 GNI 数据要优于由世界银行和联合国统计司发布的中国 GNI 数据。

由表 8-7 可以看出,GDP-UN-CNY 的均值与标准差均大于 GDP-WB-CNY 与 GDP-CN-CNY,说明由世界银行和中国官方发布的中国 GDP 数据的质量要优于由联合国统计司发布的中国 GDP 数据。同时值得注意的是,GDP-WB-CNY 的标准差大于 GDP-CN-CNY,但是 GDP-WB-CNY 的均值、偏度与峰度均小于 GDP-CN-CNY,因而并不能轻易地判断出由世界银行与中国官方发布的中国 GDP 数据的优劣性。

表 8-7　不同数据源的中国 GNI 与 GDP 数据偏离共同趋势情况分析

指标名称	均值	标准差	偏度	峰度
GNI-WB-CNY	−5 077. 3	9 093. 8	−2. 49	5. 84
GNI-UN-CNY	680. 0	1 960. 8	2. 31	6. 31
GNI-CN-CNY	600. 8	1 516. 6	2. 42	6. 79
GDP-WB-CNY	74. 0	2 658. 7	0. 71	3. 93
GDP-UN-CNY	2 565. 5	2 923. 2	1. 92	3. 90
GDP-CN-CNY	1 156. 7	1 780. 9	2. 89	10. 00

注:表中数据为依据表 8-5 与表 8-6 计算所得。

考虑到 GNI 与 GDP 之间具有紧密的相互关联,二者往往是以一组指标的形式共同呈现;同时,GNI 与 GDP 之间的相互关联还涉及对外贸易统计及其他统计工作,是一个彼此协调、衔接的系统工程。因而从彼此协调的角度来看,中国官方发布的中国 GNI 与 GDP 数据要优于由世界银行和联合国统计司发布的相应数据。

8.6 GDP 与 GNI 之间差额的影响因素分析

8.6.1 中国的外商直接投资发展概况

1979 年以来,随着我国对外开放程度的不断提高和投资环境的日益完善,我国外商直接投资(FDI)的规模也不断扩大,并且呈现出明显的阶段性特征。从表 8-8 可以看出,1986—1990 年我国的外商直接投资年均投资额为 100 亿元左右,占总投资的比重平均仅为 2.10%,从 1986 年的 77.48 亿元增加到 1990 年的 166.79 亿元,占总投资的比重也由 1.97% 增加到 2.47%,可见这一时期,我国的外商直接投资处于起步但平稳上升阶段。

表 8-8 1986—2012 年我国 FDI 流入情况

年份	实际利用外资额(亿元)	外资占总投资的比例(%)	外资对总投资的贡献率(%)	年份	实际利用外资额(亿元)	外资占总投资的比例(%)	外资对总投资的贡献度(%)
1986	77.48	1.97	4.14	2000	3 370.55	9.67	1.74
1987	86.13	1.93	1.66	2001	3 880.09	9.76	10.34
1988	118.88	2.09	2.65	2002	4 365.54	9.58	8.38
1989	127.71	2.02	1.40	2003	4 428.61	7.91	0.61
1990	166.79	2.47	9.43	2004	5 018.22	7.26	4.46
1991	232.42	2.95	5.85	2005	4 941.64	6.35	−0.88
1992	607.05	6.02	16.89	2006	5 023.91	5.40	0.54
1993	1 585.41	10.09	17.37	2007	5 685.36	5.12	3.68
1994	2 910.28	14.31	28.66	2008	6 416.93	4.64	2.67
1995	3 133.38	12.30	4.35	2009	6 150.15	3.74	1.02
1996	3 469.18	12.05	10.13	2010	7 157.73	3.70	3.46
1997	3 751.71	12.52	23.88	2011	7 492.92	3.28	0.96
1998	3 763.93	12.02	0.91	2012	7 052.07	2.79	−1.80
1999	3 337.73	10.13	−26.03				

注:实际利用外资额(亿元)根据实际利用外资数(亿美元)与人民币汇率年平均价相乘得到。

数据来源:国家统计局官方网站数据库。

1991—1994 年是我国外商直接投资的飞速发展时期,绝对数由 1991 年的
232.42 亿元骤增到 1994 年的 2 910.28 亿元,占比也由 2.95% 增加到
14.31%。主要原因在于,1992 年的南方讲话使得改革开放政策得到进一步
的明确和肯定,消除了政策风险,增强了外国投资者的信心。

1994—2000 年,外商直接投资增速有所缓和,与国内投资的增长速度基
本持平,因此,外商直接投资占比相对稳定在一个较高的水平,为 12% 左右。
出现这一现象的原因,除了国内投资热情高涨之外,很大程度上与人民币汇率
有关。1994 年的人民币汇率改革,采取盯住美元的汇率制度,美元对人民币
汇率由 1993 年的 5.76 陡升到 8.62,人民币的急剧贬值导致 1993 年和 1994
年的外商直接投资急速增加。1994 年后,为了稳定国内宏观经济,人民币汇
率基本稳定,并开始小幅升值。因此,1994 年后,汇率对外商直接投资的影响
减弱。

2001 年我国加入 WTO 以来,外商直接投资绝对数呈缓慢增长,低于国内
总投资的增长速度,占总投资比重逐年下降,从 2001 年占比 9.76% 下降到
2012 年仅占 2.79%。但随着国内市场的进一步开放,这一时期,外商直接投
资的结构有所优化,投资领域从制造业开始扩大到服务业。随着全球性跨国
公司开始进入服务业和技术密集型行业,收购兼并也已经取代投资建厂成为
外商直接投资进入中国市场最主要的投资方式。

贡献率分析可以考察各年总投资增加额中有多少是外商直接投资贡献
的,我国外商直接投资对总投资的贡献率各年差别较大,最高年份为外商直接
投资的飞速增长阶段——1992—1994 年,分别达到 16.89%、17.37% 及
28.66%。此外个别年份,如 1997 年达到了 23.88%,2001 年为 10.34%,其余
年份贡献率均较小,不超过 10%。其中,1999 年外商直接投资下降幅度较大,
导致贡献率为负,2005 年、2009 年及 2012 年也有轻微下降。

8.6.2　中国出口中外资占有的比重

外商直接投资的急剧增加,不仅推动了中国经济的发展,而且对中国的对
外贸易结构也产生着深远影响,我国进出口中外资企业比重迅速提高。

表 8-9 显示,1986—2012 年,我国进口总额由 429.04 亿美元迅速增长到 18 184.05 亿美元,年均增长速度为 14.9%。外商直接投资企业的进口额由 24.03 亿美元增长到 8 715.00 亿美元,年均增长速度为 24.4%,占我国进口总额的比例由 5.60% 上升到 47.93%,比重最高的年份为 2006 年,达到 59.70%。同期,我国出口总额由 309.42 亿美元迅速增长到 20 487.14 亿美元,年均增长速度为 16.8%。外商直接投资企业的出口额由 5.82 亿美元增长到 10 226.20 亿美元,年均增长速度为 31.9%,占我国出口总额的比例由 1.88% 上升到 49.92%,比重最高的年份为 2005 年,达到 58.29%。可见,外资企业的进出口增速明显高于总的进出口增速,并且,出口增长明显高于其进口增长速度。因此,我国外商直接投资具有显著的出口导向特征,是贸易长期顺差的主要来源。

而从贸易差额来看,总的净出口以及外资企业净出口均为正的 1998—2011 年,外资企业净出口占总净出口的比重从 9.74% 增加到 84.12%,2012 年的比重有所回落,为 65.62%。从 1994 年开始,我国的贸易差额由正转负,外资企业贸易差额于 1998 年才由正转负,1997 年之前的外商投资企业进出口贸易存在逆差,但逆差逐年减少。由于在外资进入的初期,外商直接投资企业还不具备出口与生产能力,而同时又需要大量从母公司进口中间产品、资本及劳务,而外商直接投资对我国的出口带动作用还没有体现出来,因此外资在进入的初期对贸易差额的影响总体上是负面的。随着外商直接投资对出口带动作用的逐步显现,对出口贸易的促进作用逐步超过对进口贸易的带动效应,从而导致我国贸易顺差的不断扩大。

20 世纪 90 年代后期的全球产业结构调整所引发的产业转移,使中国已经成为世界重要的加工基地,加工贸易一般由外资企业主导,且供应链不断延长,附加值不断提高,加工贸易成为我国对外贸易的主要方式。加工贸易赚取的是出口和进口之间的增值部分,这决定了加工贸易必然产生顺差。外商投资于加工贸易,不仅利用我国劳动力成本和环境成本低的优势,赚取了大量利润,而且产品大量出口到美欧市场,形成中美、中欧之间的贸易顺差。

表 8-9　1986—2012 年外商投资企业进出口占进出口总额的比重

（金额单位：亿美元）

年份	净出口			进口			出口		
	总额	外资企业	比重（%）	总额	外资企业	比重（%）	总额	外资企业	比重（%）
1986	-119.62	-18.21	15.22	429.04	24.03	5.60	309.42	5.82	1.88
1987	-37.79	-21.64	57.26	432.16	33.74	7.81	394.37	12.10	3.07
1988	-77.52	-34.21	44.13	552.68	58.82	10.64	475.16	24.61	5.18
1989	-66.02	-38.82	58.80	591.40	87.96	14.87	525.38	49.14	9.35
1990	87.46	-44.89	-51.33	533.45	123.02	23.06	620.91	78.13	12.58
1991	81.19	-48.61	-59.87	637.91	169.08	26.51	719.10	120.47	16.75
1992	43.55	-90.27	-207.28	805.85	263.87	32.74	849.40	173.60	20.44
1993	-122.19	-165.96	135.82	1039.59	418.33	40.24	917.40	252.37	27.51
1994	53.91	-182.21	-337.99	1156.15	529.34	45.78	1210.06	347.13	28.69
1995	166.92	-160.67	-96.26	1320.78	629.43	47.66	1487.70	468.76	31.51
1996	122.28	-140.98	-115.29	1388.38	756.04	54.45	1510.66	615.06	40.71
1997	403.40	-28.20	-6.99	1423.60	777.20	54.59	1827.00	749.00	41.00
1998	435.91	42.45	9.74	1401.66	767.17	54.73	1837.57	809.62	44.06
1999	292.13	27.44	9.39	1657.18	858.84	51.83	1949.31	886.28	45.47
2000	241.15	21.68	8.99	2250.97	1172.73	52.10	2492.12	1194.41	47.93
2001	225.42	73.72	32.70	2436.13	1258.63	51.67	2661.55	1332.35	50.06
2002	303.53	96.51	31.80	2952.16	1602.86	54.29	3255.69	1699.37	52.20
2003	255.38	84.27	33.00	4128.36	2319.14	56.18	4383.74	2403.41	54.83

（续表）

年份	净出口			进口			出口		
	总额	外资企业	比重（%）	总额	外资企业	比重（%）	总额	外资企业	比重（%）
2004	319.44	140.49	43.98	5 614.24	3 245.57	57.81	5 933.68	3 386.06	57.07
2005	1 018.80	566.96	55.65	6 601.19	3 875.13	58.70	7 619.99	4 442.09	58.29
2006	1 774.59	912.12	51.40	7 916.14	4 726.16	59.70	9 690.73	5 638.28	58.18
2007	2 618.67	1 349.44	51.53	9 562.84	5 609.54	58.66	12 181.51	6 958.98	57.13
2008	2 954.60	1 706.64	57.76	11 330.86	6 199.56	54.71	14 285.46	7 906.20	55.35
2009	1 960.60	1 270.23	64.79	10 056.03	5 452.07	54.22	12 016.63	6 722.30	55.94
2010	1 831.02	1 243.05	67.89	13 948.30	7 380.01	52.91	15 779.32	8 623.06	54.65
2011	1 551.41	1 305.04	84.12	17 434.59	8 648.26	49.60	18 986.00	9 953.30	52.42
2012	2 303.09	1 511.20	65.62	18 184.05	8 715.00	47.93	20 487.14	10 226.20	49.92

注：数据来源于国家统计局官方网站数据库。

8.6.3 加工贸易进出口占进出口总额及 GDP 的比例

我国的加工贸易主要有来料加工和进料加工两种形式,前者是指由外商提供原材料、加工技术及相关设备,生产后出口;后者是指由外商提供产品的图样或样品,由国内加工企业自行进口料件,加工组装后再出口的生产与贸易活动。加工贸易改变了传统的贸易模式,发展中国家出口高科技产品,而工业化国家则进口高科技产品。中国在劳动密集型产品上拥有比较优势,但据 2006 年 OECD 的报告,中国超过美国和日本,成为出口信息通信技术产品最多的国家。加工贸易中,出口国需要从第三国进口大量的中间投入品来加工出口产品,因此,出口国和最终产品的目标市场之间的贸易不平衡进一步扩大。中美之间的 iPhone 贸易就是一个典型例子。2009 年,美国对中国的贸易赤字中约有 19 亿美元来自 iPhone 贸易,但是其中仅有 3.6% 直接来源于中国(邢予青和 Detert,2011)。

我国加工贸易的发展与改革开放是紧密联系的,从 1979 年广东承接第一份来料加工合同至今,我国的加工贸易不断发展。由表 8-10 可知,1985 年我国加工贸易出口额占比仅为 12.05%,并且存在贸易逆差。1996 年加工贸易出口额占比达到 55.75%,加工贸易成为我国最主要的贸易方式。直到 2008 年,加工贸易出口额占比下降到 46.71%。同样,加工贸易进口额占比也经历了先升后降的过程,从 1985 年的 9.97% 增加到 1997 年最高点的 49.30%,后来又下降到 2012 年的 26.46%。

我国的加工贸易除了规模上的不断扩大外,增加值率也不断提高。1985 年,我国加工贸易净出口为 -27.90 亿元,1985—1988 年,加工贸易持续逆差,说明我国加工贸易的增值率极低,基本上以提供非熟练劳动进行产品组装活动,获取较低的加工费。1989 年,加工贸易净出口额由负转正,但增值率仍较低,仅 15.27%。此后,加工贸易的增值率开始扩大,意味着加工贸易从纯粹的组装工序开始介入部分中间品的生产,出现了产业内的工序升级,并带来产业升级。增值率最高达到 2009 年的 82.13%,近几年有所回落,但仍保持在较高的 78% 左右。

表 8-10 1985—2012 年我国加工贸易进出口额以及占比情况

(金额单位:亿元)

年份	加工贸易进口额	占进口比重(%)	加工贸易出口额	占出口比重(%)	加工贸易净出口额	占净出口比重(%)	占 GDP 比重(%)	增值率(%)
1985	125.39	9.97	97.50	12.05	-27.90	6.21	-0.31	-22.25
1986	231.44	15.45	194.05	17.93	-37.39	8.98	-0.36	-16.16
1987	379.32	23.50	334.77	22.77	-44.55	30.90	-0.37	-11.75
1988	562.22	27.36	523.33	29.62	-38.90	13.49	-0.26	-6.92
1989	646.24	29.38	744.93	38.08	98.68	-40.48	0.58	15.27
1990	897.33	34.86	1 215.89	40.72	318.56	77.41	1.71	35.50
1991	1 332.42	39.20	1 726.35	45.11	393.92	91.95	1.81	29.56
1992	1 739.30	39.14	2 184.88	46.72	445.58	191.24	1.65	25.62
1993	2 095.64	35.01	2 549.69	48.25	454.05	-64.73	1.29	21.67
1994	4 099.92	41.16	4 910.94	47.12	811.02	175.66	1.68	19.78
1995	4 874.48	44.12	6 154.69	49.43	1 280.21	91.20	2.11	26.26
1996	5 177.25	44.80	7 011.36	55.75	1 834.11	179.99	2.58	35.43
1997	5 820.27	49.30	8 256.64	54.46	2 436.37	72.64	3.09	41.86
1998	5 676.98	48.83	8 649.18	56.81	2 972.20	82.62	3.52	52.36
1999	6 092.00	44.35	9 178.15	56.80	3 086.15	127.35	3.44	50.66
2000	7 662.49	41.11	11 396.05	55.23	3 733.56	187.09	3.76	48.73
2001	7 778.72	38.59	12 204.44	55.41	4 425.71	237.28	4.04	56.90
2002	10 116.15	41.41	14 893.63	55.27	4 777.48	189.76	3.97	47.23
2003	13 486.54	39.44	20 017.92	55.16	6 531.38	312.16	4.81	48.43
2004	18 349.17	39.52	27 145.42	55.28	8 796.25	329.76	5.50	47.94
2005	22 446.24	41.36	34 115.73	54.46	11 669.49	139.35	6.31	51.99
2006	25 627.10	40.44	40 684.48	52.43	15 057.37	105.89	6.96	58.76
2007	28 018.84	38.22	46 959.26	50.19	18 940.42	93.47	7.13	67.60
2008	26 280.26	33.05	46 893.32	46.71	20 613.06	98.78	6.56	78.44
2009	22 016.31	32.09	40 097.97	48.88	18 081.66	134.82	5.30	82.13
2010	28 255.89	29.84	50 114.61	46.83	21 858.72	177.37	5.44	77.36
2011	30 343.44	26.81	53 956.82	43.78	23 613.37	234.28	4.99	77.82
2012	30 375.75	26.46	54 464.25	42.10	24 088.50	165.46	4.64	79.30

数据来源:加工贸易数据(亿美元)来自历年海关统计年鉴,用年平均汇率折算成人民币进出口额;GDP 数据来自国家统计局官方网站数据库,比重数据和增值率由笔者计算得到。

我国已经成为名副其实的世界加工贸易大国。我国对外贸易的主要形式是从韩国、中国台湾、日本等国家和地区进口原材料和零部件,然后在国内加工成产品或者半成品再出口到欧盟和美国。我国的加工贸易也存在一定的问题,主要表现在加工贸易主要由外商投资企业主导,国内企业参与不足。外资企业必须服从其母公司的全球战略,通常,在华企业只是一个加工工厂,品牌、营销均由其母公司负责,或安排其境外其他子公司承担。虽然近年来越来越多的外商投资企业将研发机构逐渐向中国转移,但在制造企业内部的研发机构,只是从事简单的适应性研发,独立的研发机构仍由其母公司直接领导。总之,由于我国加工贸易由外资企业主导,本土企业在品牌、国际营销渠道等重要方面均无控制权,大大限制了我国从加工贸易中获取的利益。

8.7　小结与政策建议

由以上分析可知,GDP 和 GNI 的区别在于两者核算的内涵不同,GDP 是生产指标,从生产角度衡量一个国家或地区的经济总量,而 GNI 则是收入指标,反映的是一国常住居民留在本国的总收入。生产的成果不一定都留在本国,本国的收入也不一定全部来自国内。在经济政策上更注重 GDP,会导致输入型经济增长模式,而更注重 GNI,则会引致内源性经济增长模式。

我国核算实践中,利用国际收支平衡表中经常项目下投资收益和职工报酬收益差额计算国民总收入。历史上,我国 GNI 核算与资金流量统计、国际收支统计之间的协调性较差,国民经济核算子系统之间存在数据来源、统计口径等方面不一致的情况。经过国家统计局、国家外汇管理局等部门对 GNI 历史数据、资金流量表以及国际收支平衡表的修订,GNI 统计与资金流量统计、国际收支统计之间的协调一致性得到很大的提高。

经过对三方所提供的中国 GNI 与 GDP 数据的对比分析,本章认为,由世界银行公布的中国 GNI 数据质量可能存在较大的问题,同时也有理由对联合国统计司公布的中国 GDP 数据产生质疑。经过对三方数据进行对比分析,我们有理由认为,由中国政府公布的官方数据相对优良,尤其由中国官方公布的

GNI 与 GDP 同时具有较好的数据质量,这是其他两个数据源所不具备的优势。①

1982—2012 年的大部分年份,我国的 GNI 小于 GDP,说明存在净要素收入的流出,主要原因在于投资收益的流出。1995 年以来,除去受全球金融危机影响的 2007 年和 2008 年,净要素收入流出的数量级保持在 1 000 亿人民币左右。而投资收益的流出很大程度上与我国外商直接投资的规模较大、利润汇出有关。

1979 年以来,我国的外商直接投资经历了 1990 年以前的平稳上升阶段,1991—1994 年的飞速发展阶段,1994—2000 年的增速缓和阶段以及 2001 年以后的总量缓慢增长、结构优化阶段。外商直接投资对我国总投资的贡献较大,但也利用了我国劳动力成本和环境成本低的优势,赚取了大量利润。

我国的外商直接投资具有显著的出口导向特征,是我国贸易持续顺差的主要来源。2005 年以来,外资企业净出口比重占到 50% 以上,成为净出口的主力军。外商直接投资企业还主导了我国对外贸易的主要方式——加工贸易。我国的加工贸易规模发展迅速,增值率也不断提升,但是存在国内企业参与不足的问题。针对以上问题,我们提出以下建议:

1. 重视 GNI 的核算和质量评估

GDP 核算不注重所有权,只要是作为国内常住单位的企业,不管是民族产业还是外资企业,对其增加值均一视同仁地核算,但实际上,民族企业与外资企业对我国 GNI 的贡献度是有很大差别的。发达国家投入资本在我国建立外商企业,利用我国资源生产了大量商品,却以国外要素收入的形式从 GDP 中分走一大块。此外,国内企业与外资企业相比一般竞争力较低,GDP 核算下的地方政府一味地引进外资,追求政绩,却缺乏激励本地民族企业对外投资的动力,不利于民族竞争力的形成。因此,应重视 GNI 的核算,鼓励内源性经济增长方式的发展。而另一方面,我国 GNI 核算体制日趋完善,GNI 数据质量的评估也十分必要。在评估我国 GNI 数据时,不仅应该利用 GNI 总量数

---

① 这或许归功于中国官方相比世界银行与联合国统计司拥有更全面的基础数据与信息,此处不再讨论。

据,还应该结合实物交易资金流量表与国际收支平衡表等其他核算内容,深入研究不同来源的 GDP 和 GNI 数据之间的关系。

2. 鼓励企业"走出去"

GNI 与 GDP 差额反映出我国在引进外资和对外投资两方面失衡,说明我国国内企业还远远没有抓住经济全球化的发展机遇,积极地"走出去"。当前缩小 GNI 与 GDP 差额的办法不是降低 GDP 的增长速度,也不是限制引进外资,而是在保持 GDP 稳步增长的同时逐步提高我国的净要素收入,实现 GNI 的增加,在继续利用外资的同时逐步增加对外投资。在对外投资国家的选择上,遵循市场规律,既要重视发达国家,更要关注发展中国家;在选择对外投资领域时,选取能够发挥自我优势的项目,尽量扬长避短;在对外投资形式上,尽量做到直接投资和间接投资相结合,独资、合资、合作并举,向合作方积极学习西方企业管理的先进经验。

第九章

综合国力和加工深度系数

9.1　度量经济规模的参考指标——综合国力

GDP 指标之所以备受关注,是因为它被广泛地用来观察和评估一个国家的宏观经济状态。对内,可通过 GDP 的变化掌握本国经济的运行情况,了解居民生活水平的走势;对外,可用于国际比较,了解该国的综合实力,并以此决定其对外贸易及外交政策。显然,谈国际贸易的时候,汇率法比较适用;如果要了解民众的生活水平,采用购买力平价法比较好。可是,在讨论综合国力的时候,汇率法和购买力平价法都有很大的局限性。

综合国力是政治经济学和国际关系学中常见的一个概念。综合国力(National Power)是衡量一个国家的经济、政治、军事、文化、技术实力的综合性指标。国与国之间的对抗不仅要考虑政治、军事等因素,还要考虑能够转化为军事力量的资源、能源等物资因素,一旦发生战争,这个国家能够动员多少人力和物资。有些小国比较富裕,尽管人均收入很高,但是在国际事务中的发言权远远不及相对贫穷的大国。在第二次世界大战前,欧洲的比利时和卢森堡的人均收入都比德国高,可是,希特勒不费吹灰之力就派兵入侵,实行军事占领。这主要就是因为比利时和卢森堡的国家综合实力远远不如德国。

当人们讨论生活水平的时候,采用人均 GDP。这就好比是在运动会上田径选手的竞赛,考虑的是单个选手的竞技水平。当讨论综合国力的时候,考虑的是一个国家可以动员的力量。这就好比是运动会上的拔河比赛,而且在这个拔河比赛中还不限制参赛的人数,有多少,上多少。人多力气大,在竞赛中就占便宜。因此,在用人均 GDP 来度量人民生活水平之外,还必须关注世界各国经济规模的排名榜。

约翰·米尔斯海默在《大国政治的悲剧》中指出:"国民生产总值并非总是潜在权力的很好的指标,如果使用不恰当,它就很难真实地体现潜在权力的面貌。问题的关键在于,国民生产总值主要是一国财富总值的标尺,并不总是体现不同国家在可支配财富和技术精度方面的重大差异。""必须注重一国的可支配财富和它的技术发展水平。可支配财富指的是,一国可随时调动建立军事力量的经济资源。它比财富总量更重要,因为重要的不是一国如何富裕,而是它有多少财富可资利用。"

约翰·米尔斯海默正确地指出,"在评估当前中国的潜在权力指标时,国民生产总值存在局限性",他悲观地认为"我们不可能找到一个简单而可靠的财富指标"。① 确实,度量一个国家的综合国力包含了太多的要素,其中还有许多要素几乎无法定量。迄今为止,综合国力尚无比较准确的定义,也没有一个统一的计算方法。

Knorr(1956)提出,一个国家的综合国力应当包括经济能力、行政竞争力和战争动员能力在内。可是,他没有阐述如何度量行政竞争力和战争动员能力。

Geman(1960)提出一个国家综合国力指数方程:$G = N \cdot (L + P + I + M)$。其中,$N$ 为核能力,L 为土地,P 为人口,I 为工业基础,M 为军事力量规模。该方程式是以核能力为中心的综合国力估算方程,不过,他没有能够令人信服地定量描述工业基础和军事力量规模。此外,土地和人口具有完全不同的量纲,如何把土地和人口加在一起?核能力的单位是什么?如果不解决量纲问题,所谓定量计算的随意性太大。

---

① 参阅约翰·米尔斯海默,《大国政治的悲剧》,上海人民出版社,2003 年,第85—90 页。

Fucks(1965)提出一个非线性方程用于估计一国的综合国力(M),其中包括两个变量:人口(P)及能源产量(Z),具体形式为 $M = P^2Z$。该方程意味着,要提高国家综合国力不仅要人多,还要尽可能获得更多的能源,大幅提高本国工业生产能力。虽然他讲得有些道理,但是为什么人口要按平方计算? 能源产量是否包括进口? 或者是否包括地下能源的储量? 这些问题他都没有说清楚。

Cline(1975)提出,一国的综合国力是国家客观实力(或称硬实力)和主观实力(或称软实力)的乘积,具体方程为综合国力 = 客观实力 × 主观实力,即:$PP = (C + E + M) \cdot (S + W)$。其中,$C$ 为土地和人口,E 为经济实力,包括收入、能源、非燃料矿产资源、制造业、食物和国际贸易;M 为一国的军事能力,包括作战能力等;S 为国家战略系数,W 为领导人能力。这些指标该如何定量,让人摸不着头脑。

Waltz(1979)将综合国力定义为各种能力的分布,即可被动员和利用来实现一国战略目标的国家战略资源的分布组合。

Porter(1990)提出估计一国综合国力的五大要素资源,其中包括物质资源、人力资源、基础设施、知识资源以及资本资源。

上述各种说法都有其合理的部分,揭示了这样一个道理:在当代国际竞争中,一个国家的强弱,不仅取决于经济总量,还要考虑军事力量、资源禀赋、领导人能力、民众凝聚力等多方面因素,也就是常说的综合国力。综合国力是指一个主权国家赖以生存与发展所拥有的全部实力及国际影响力的总和。在考虑国际比较的时候,不能片面化,更不能见物不见人。毫无疑问,这种提法是正确的。

可是,综合国力的构成要素中既包含自然的因素,也包含社会的因素;既包含物质的因素,也包含精神的因素;既包含实力,也包含潜力以及由潜力转化为实力的机制,是一个国家的政治、经济、科技、文化、教育、国防、外交、资源、民族意志、凝聚力等,有机关联、相互作用的综合体。有些因素,诸如文化、科技、教育、民族意志、凝聚力等很难定量,各项指标相加的权重也各不相同。

度量综合国力的许多变量的边界模糊,构成一个又一个模糊集。在汇总、综合过程中存在着不可重复验证的特征。因此,在讨论综合国力时,各种评价方法得出的结论可能相差甚远。有关综合国力的排名榜充满着主观判断的因素,仅供参考,万万不可较真。

表9-1 列出近年来不同机构公布的综合国力排名。大致上可以看出,美国是世界上唯一的超级大国,而中国的排名在不断前移。显然,各个机构的排名都是一家之言,其排列顺序及其比例也大可商榷。[①]

表9-1 近年来不同机构综合国力排名

排名	美国(2008 年)	中国社科院(2009 年)	韩国(2009 年)	欧盟(2012 年)
1	美国	美国	美国	美国
2	日本	日本	中国	中国
3	德国	德国	日本	英国
4	中国	加拿大	英国	德国
5	俄罗斯	法国	德国	日本
6	英国	俄罗斯	法国	法国
7	法国	中国	加拿大	俄国斯
8	加拿大	英国	澳大利亚	印度
9	印度	印度	意大利	韩国
10	巴西	意大利	西班牙	巴西

数据来源:根据网上公布的资料整理。

2008 年 8 月 24 日,美国发布《第十次全球综合国力排名》。中国综合国力在美、日、德之后,位居世界第四,其中经济实力位居世界第三,军事实力位居世界第三,科技实力位居世界第八,教育实力位居世界第十。中国的综合国力相当于美国的48.0%,其中政治实力相当于美国的 92.0%,外交实力相当于美国的 89.0%,资源实力相当于美国的 88.0%,军事实力相当于美国的

---

① 其实,综合国力的排名榜和大学的排名榜有几分类似。在中国大学排名榜中,北京大学和清华大学排在前头,这一点似乎没有什么争论;可是排名前五或者前十的大学名单就五花八门,各说各话。

· 202 ·

36.0%,经济实力相当于美国的25.0%,科技实力相当于美国的20.0%,教育实力相当于美国的12.0%。

美国顶级智库,综合性战略研究机构"兰德公司"(RAND)在其官方推特(Twitter)上公布了2012年世界主要国家综合国力蓝皮书(电子版),美国在被调查的70个国家中位居榜首,综合国力保持了世界第一;英国取代法国以97.755的加权指数位居第二,排在前列的国家还有法国、俄罗斯等,中国则位居第五,和2009年持平。

2009年12月24日,中国社科院发布《2010年世界经济形势分析与预测》和《全球政治与安全报告(2010)》,对11个国家的综合国力进行了分析评估,各国的排名顺序为:美国、日本、德国、加拿大、法国、俄罗斯、中国、英国、印度、意大利、巴西。表9-2显示,中国综合国力排名第七,前三名分别是美国、日本、德国;而在军事实力指标上,美国、中国和俄罗斯位列前三名,中国军事实力位列第二。目前,在美、日、中、俄、德、法、加七国中,美国的综合国力居世界第一位,并且其综合国力值遥遥领先于其他六国;日本居第二位,其综合国力值约等于美国的75.0%;德、加、法、俄、中基本在一个水平上,其综合国力值约等于美国的60.0%。其中,中国的政治实力相当于美国的67.0%,外交实力相当于美国的102.0%,资源实力相当于美国的70.0%,军事实力相当于美国的35.0%,经济实力相当于美国的25.0%,科技实力相当于美国的25.0%,教育实力相当于美国的44.0%。

别看发表这些排名榜的单位似乎很权威,很有来头,可是,他们都有一个共同的特点,很不愿意交代这些数据是怎么算出来的。在上述报告中,德国和法国的领土和资源为什么比英国少3倍?拿什么来度量社会发展水平、科技水平、国际贡献、发展可持续性?如何评价安全和国内政治?在综合相加的过程中如何设定各项指标之间的权重?作者没有提及,恐怕也说不清楚,遮遮掩掩,故弄玄虚。既然是拍脑袋拍出来的,不妨姑妄言之。

表 9-2 2009 年综合国力排名

排名	1	2	3	4	5	6	7	8	9	10	11
国名	美国	日本	德国	加拿大	法国	俄罗斯	中国	英国	印度	意大利	巴西
领土与资源	32.60	0.68	0.77	32.50	0.97	96.60	22.30	2.27	9.22	0.91	21.27
人口	44.25	25.39	29.95	25.42	26.34	30.66	73.20	26.29	68.51	27.05	24.30
经济发展水平	100.00	53.25	52.34	41.78	48.39	19.35	25.83	46.46	12.47	39.49	17.89
军事能力	90.08	8.35	7.69	3.03	11.03	31.80	33.30	10.21	18.30	7.47	5.70
科技水平	89.68	84.38	60.05	51.73	53.95	42.48	23.42	46.87	11.22	23.37	16.79
社会发展水平	78.00	97.80	90.90	86.60	85.80	71.50	64.60	81.70	64.30	81.90	62.10
发展可持续性	29.97	54.90	37.37	29.34	33.75	35.04	46.77	30.39	73.42	45.41	59.97
安全国内政治	73.50	92.00	91.10	98.50	79.90	35.20	53.90	82.90	45.80	66.20	51.60
国际贡献	66.70	50.40	25.10	8.30	28.90	3.60	16.40	20.10	34.00	25.40	6.50
综合得分	604.70	467.20	395.30	377.20	369.00	366.20	359.70	347.20	337.20	317.20	266.10

数据来源：中国社科院，《全球政治与安全报告（2010）》，数据资料截至 2008 年 12 月 31 日。

9.2 物质性总产出的排名

其实,还可以从另外一个角度来比较各国的综合国力以及经济规模。

世界银行及许多国际组织将国民经济分为第一产业、第二产业和第三产业。第一产业主要是农林牧业,第二产业主要是制造业,第三产业主要是服务业。众所周知,第一产业(农业)和第二产业(工业和制造业)集中了物质性产出,服务业则体现了为生产和居民生活服务的运输、金融、餐饮、娱乐、教育等行业。如果从 GDP 中扣除服务业数据,可以大致反映出一个国家的物质性产出的数量。世界银行数据库给出了各国采用购买力平价法计算出来的 GDP规模,同时也给出了各国服务业在 GDP 中的占比,从中不难计算出扣除服务业之后各国的物质性总产出。表9-3 和表9-4 分别是按照购买力平价法和汇率法计算的、剔除服务业之后的各个国家或地区的 GDP 排名榜。毫无疑问,服务业和物质性产出有着千丝万缕的联系,简单地剔除服务业数据会带来许多矛盾和困扰,因此,这个方法也未能尽如人意,仅能作为另外一个观察角度,提供一些参考信息。

9.3 加工深度系数法

简而言之,综合国力就是国家战略资源的总和。徐滇庆等(2013)提出加工深度系数法,从一个新的视角来定量估算综合国力,也许可用于跨国和跨时期的 GDP 比较。

无论是采用名义汇率法还是购买力平价法,在统计过程中的四个方面都存在着难以统一的矛盾:产品篮子的选择,产品价格,产品质量和汇率变动的影响。要解决这些矛盾就必须要选择完全相同的一组产品,要采用同一组价格,要让产品质量基本一致,完全不受汇率变动的影响。按照这个准则,由于机械制造产品千变万化,区别很大,在进行国际比较的时候,不得不放弃机械制造产品。服务业跨国比较也存在同样的缺陷,因此,不得不剔除服务业。

表 9-3　剔除服务业之后的 GDP（购买力平价法）排名

（单位：亿美元）

序号	1990 年		1991 年		1992 年		1993 年		1994 年	
1	美国	17 907	美国	17 653	美国	18 175	美国	18 960	美国	20 475
2	日本	8 400	日本	8 968	日本	9 248	中国	10 613	中国	12 381
3	中国	7 822	中国	8 130	中国	8 932	日本	9 484	日本	9 770
4	德国	5 524	俄罗斯	7 223	印度	6 263	印度	6 676	印度	7 340
5	俄罗斯	7 727	德国	5 999	德国	6 071	德国	5 788	德国	6 013
6	印度	5 663	印度	5 836	俄罗斯	5 142	巴西	5 452	巴西	5 946
7	巴西	4 534	巴西	4 467	巴西	4 803	俄罗斯	5 044	印度尼西亚	4 286
8	意大利	3 491	意大利	3 584	意大利	3 634	印度尼西亚	3 877	意大利	3 779
9	印度尼西亚	3 086	印度尼西亚	3 281	印度尼西亚	3 578	意大利	3 622	英国	3 499
10	法国	3 064	法国	3 139	法国	3 177	英国	3 216	法国	3 144
11	英国	2 909	英国	3 063	英国	3 109	法国	3 083	墨西哥	2 899
12	乌克兰	2 477	乌克兰	2 449	沙特阿拉伯	2 540	墨西哥	2 792	沙特阿拉伯	2 522
13	沙特阿拉伯	2 017	沙特阿拉伯	2 250	乌克兰	2 200	沙特阿拉伯	2 455	韩国	2 423
14	加拿大	1 887	墨西哥	1 975	墨西哥	2 048	韩国	2 196	伊朗	2 181
15	墨西哥	1 871	西班牙	1 965	韩国	2 041	伊朗	2 120	西班牙	2 149
16	西班牙	1 855	韩国	1 949	西班牙	2 029	西班牙	2 055	加拿大	2 125
17	韩国	1 715	加拿大	1 788	伊朗	1 879	加拿大	1 920	泰国	1 774
18	伊朗	1 515	伊朗	1 742	加拿大	1 811	乌克兰	1 609	尼日利亚	1 539
19	尼日利亚	1 451	尼日利亚	1 494	尼日利亚	1 600	尼日利亚	1 595	土耳其	1 425
20	波兰	1 329	泰国	1 343	泰国	1 457	泰国	1 576	巴基斯坦	1 401
21	委内瑞拉	1 228	委内瑞拉	1 306	委内瑞拉	1 368	土耳其	1 413	中国香港	1 393
22	土耳其	1 204	土耳其	1 211	巴基斯坦	1 309	委内瑞拉	1 340	埃及	1 361
23	泰国	1 161	巴基斯坦	1 185	土耳其	1 298	巴基斯坦	1 320	乌克兰	1 360
24	巴基斯坦	1 090	波兰	1 180	埃及	1 223	中国香港	1 286	澳大利亚	1 174
25	澳大利亚	1 067	埃及	1 167	中国香港	1 183	埃及	1 286	委内瑞拉	1 155
26	埃及	1 056	阿尔及利亚	1 111	阿尔及利亚	1 130	波兰	1 150	波兰	1 113
27	阿尔及利亚	1 023	中国香港	1 089	波兰	1 101	阿尔及利亚	1 112	阿尔及利亚	1 094
28	南非	1 013	澳大利亚	1 037	澳大利亚	1 048	澳大利亚	1 111	菲律宾	1 031
29	中国香港	997	南非	994	南非	933	菲律宾	963	马来西亚	1 018
30	哈萨克斯坦	961	荷兰	916	荷兰	917	荷兰	917	荷兰	961

（续表）

序号	1995年		1996年		1997年		1998年		1999年	
1	美国	21395	美国	22382	美国	23287	美国	23086	美国	24422
2	中国	14444	中国	16337	中国	17898	中国	19156	中国	20446
3	日本	9912	日本	10326	日本	10558	日本	10269	日本	10283
4	印度	7910	印度	8674	印度	8935	印度	9450	印度	10068
5	德国	6135	德国	6131	德国	6214	德国	6358	德国	6457
6	印度尼西亚	4825	印度尼西亚	5395	印度尼西亚	5774	印度尼西亚	5313	印度尼西亚	5402
7	巴西	4234	巴西	4166	巴西	4384	巴西	4385	巴西	4492
8	意大利	3987	意大利	4047	意大利	4144	意大利	4330	意大利	4316
9	英国	3714	英国	3937	英国	4077	英国	4048	英国	4036
10	俄罗斯	3677	俄罗斯	3754	俄罗斯	3753	法国	3556	俄罗斯	3879
11	法国	3296	法国	3292	墨西哥	3408	墨西哥	3512	墨西哥	3738
12	墨西哥	2778	墨西哥	3167	法国	3394	俄罗斯	3468	法国	3642
13	沙特阿拉伯	2693	沙特阿拉伯	2900	韩国	3041	韩国	2840	韩国	3159
14	韩国	2632	韩国	2878	沙特阿拉伯	2953	沙特阿拉伯	2731	沙特阿拉伯	2933
15	加拿大	2290	伊朗	2419	西班牙	2531	西班牙	2690	加拿大	2834
16	西班牙	2255	加拿大	2394	加拿大	2495	土耳其	2620	西班牙	2816
17	伊朗	2222	西班牙	2378	伊朗	2364	加拿大	2571	伊朗	2514
18	泰国	2001	泰国	2161	泰国	2137	伊朗	2256	土耳其	2314
19	尼日利亚	1706	尼日利亚	1860	尼日利亚	1909	泰国	1964	泰国	2077
20	土耳其	1567	土耳其	1697	土耳其	1779	尼日利亚	1841	尼日利亚	1891
21	巴基斯坦	1505	巴基斯坦	1597	巴基斯坦	1660	巴基斯坦	1752	埃及	1835
22	中国香港	1456	中国香港	1546	中国香港	1652	埃及	1696	巴基斯坦	1829
23	埃及	1438	埃及	1531	埃及	1619	中国香港	1572	中国香港	1634
24	波兰	1235	委内瑞拉	1354	委内瑞拉	1523	澳大利亚	1411	马来西亚	1501
25	澳大利亚	1228	马来西亚	1314	马来西亚	1446	波兰	1407	波兰	1452
26	阿尔及利亚	1196	阿尔及利亚	1311	波兰	1358	马来西亚	1391	澳大利亚	1443
27	委内瑞拉	1163	澳大利亚	1301	澳大利亚	1323	委内瑞拉	1380	阿尔及利亚	1433
28	马来西亚	1155	波兰	1279	阿尔及利亚	1323	阿尔及利亚	1335	委内瑞拉	1328
29	乌克兰	1111	菲律宾	1148	菲律宾	1188	菲律宾	1151	菲律宾	1182
30	菲律宾	1085	南非	1066	荷兰	1090	荷兰	1117	荷兰	1144

（续表）

序号	2000 年		2001 年		2002 年		2003 年		2004 年	
1	美国	25345	美国	24944	中国	25972	中国	29264	中国	33578
2	中国	22052	中国	23855	美国	25043	美国	26209	美国	28709
3	日本	10719	印度	11068	印度	11389	印度	12499	印度	13918
4	印度	10540	日本	10370	日本	10407	日本	10634	日本	11145
5	德国	6704	德国	6826	德国	6810	德国	7004	德国	7431
6	印度尼西亚	5664	印度尼西亚	6026	印度尼西亚	6205	印度尼西亚	6522	印度尼西亚	7041
7	巴西	5084	巴西	5200	巴西	5548	巴西	5989	巴西	6836
8	意大利	4485	意大利	4687	意大利	4584	俄罗斯	5197	俄罗斯	6183
9	俄罗斯	4440	俄罗斯	4548	俄罗斯	4558	意大利	4571	英国	4697
10	英国	4305	英国	4408	英国	4460	英国	4507	墨西哥	4691
11	墨西哥	4073	法国	4066	法国	4145	墨西哥	4213	沙特阿拉伯	4664
12	法国	3881	墨西哥	3940	墨西哥	3983	韩国	4097	意大利	4655
13	韩国	3619	韩国	3723	韩国	3973	沙特阿拉伯	4030	韩国	4565
14	沙特阿拉伯	3487	沙特阿拉伯	3439	沙特阿拉伯	3505	法国	3989	伊朗	4122
15	加拿大	3166	西班牙	3239	西班牙	3472	伊朗	3744	法国	4110
16	西班牙	3032	加拿大	3183	伊朗	3459	西班牙	3628	西班牙	3838
17	伊朗	2823	伊朗	2860	加拿大	3184	加拿大	3383	尼日利亚	3697
18	土耳其	2516	伊拉克	2374	泰国	2564	泰国	2919	加拿大	3636
19	伊拉克	2269	泰国	2370	尼日利亚	2478	尼日利亚	2481	泰国	3169
20	泰国	2256	土耳其	2252	土耳其	2307	埃及	2450	土耳其	2709
21	尼日利亚	2178	尼日利亚	2219	埃及	2295	土耳其	2351	埃及	2624
22	埃及	2044	埃及	2166	伊拉克	2244	巴基斯坦	2123	巴基斯坦	2437
23	巴基斯坦	1892	巴基斯坦	1928	巴基斯坦	1983	阿尔及利亚	1991	伊拉克	2426
24	阿尔及利亚	1679	阿尔及利亚	1667	阿尔及利亚	1765	马来西亚	1934	马来西亚	2195
25	马来西亚	1660	马来西亚	1625	马来西亚	1736	澳大利亚	1752	阿尔及利亚	2167
26	澳大利亚	1521	澳大利亚	1587	澳大利亚	1697	波兰	1555	委内瑞拉	1866
27	委内瑞拉	1509	委内瑞拉	1500	委内瑞拉	1477	南非	1356	澳大利亚	1864
28	波兰	1484	波兰	1449	波兰	1468	荷兰	1340	波兰	1780
29	荷兰	1279	荷兰	1332	南非	1352	越南	1201	菲律宾	1599
30	菲律宾	1266	菲律宾	1313	荷兰	1349	比利时	817	南非	1426

（续表）

序号	2005 年		2006 年		2007 年		2008 年		2009 年	
1	中国	38 491	中国	44 382	中国	51 173	中国	57 267	中国	61 289
2	北美	34 515	美国	32 266	美国	33 474	美国	32 904	美国	29 842
3	美国	30 641	印度	17 747	印度	20 070	印度	20 712	印度	22 358
4	印度	15 695	日本	11 884	日本	12 493	印度尼西亚	12 255	印度尼西亚	11 092
5	日本	11 385	俄罗斯	8 910	俄罗斯	9 713	日本	11 663	日本	11 060
6	印度尼西亚	7 773	德国	8 564	印度尼西亚	9 358	俄罗斯	10 454	俄罗斯	10 598
7	德国	7 723	印度尼西亚	8 488	德国	9 163	德国	9 476	德国	8 413
8	俄罗斯	7 303	巴西	7 211	巴西	6 587	巴西	8 317	巴西	8 018
9	巴西	6 876	沙特阿拉伯	6 056	沙特阿拉伯	6 095	沙特阿拉伯	7 643	沙特阿拉伯	6 571
10	沙特阿拉伯	5 523	墨西哥	5 840	墨西哥	5 556	墨西哥	6 539	墨西哥	6 143
11	墨西哥	5 106	英国	5 523	伊朗	5 449	伊朗	5 741	伊朗	5 886
12	英国	4 866	意大利	5 220	韩国	5 387	韩国	5 619	韩国	5 500
13	意大利	4 753	韩国	5 190	意大利	5 226	意大利	5 452	意大利	5 268
14	韩国	4 739	伊朗	4 977	英国	4 898	尼日利亚	5 239	尼日利亚	5 264
15	伊朗	4 527	西班牙	4 861	西班牙	4 740	英国	5 096	英国	4 736
16	法国	4 267	法国	4 644	法国	4 642	西班牙	4 989	法国	4 613
17	西班牙	4 145	尼日利亚	4 527	尼日利亚	4 293	法国	4 812	西班牙	4 568
18	加拿大	3 976	加拿大	4 482	加拿大	4 123	加拿大	4 526	加拿大	4 422
19	尼日利亚	3 945	泰国	4 265	泰国	3 598	泰国	4 324	泰国	4 194
20	泰国	3 455	土耳其	4 137	土耳其	3 343	土耳其	3 874	土耳其	3 898
21	土耳其	3 067	埃及	3 803	埃及	2 866	埃及	3 676	埃及	3 695
22	埃及	2 782	巴基斯坦	3 419	巴基斯坦	2 695	巴基斯坦	3 056	巴基斯坦	3 073
23	巴基斯坦	2 674	阿尔及利亚	3 167	阿尔及利亚	2 676	马来西亚	2 886	澳大利亚	2 735
24	阿尔及利亚	2 477	马来西亚	2 649	马来西亚	2 592	委内瑞拉	2 835	马来西亚	2 610
25	马来西亚	2 255	委内瑞拉	2 614	委内瑞拉	2 308	波兰	2 798	波兰	2 562
26	委内瑞拉	2 206	澳大利亚	2 477	波兰	2 294	阿尔及利亚	2 530	阿尔及利亚	2 530
27	澳大利亚	1 989	波兰	2 444	菲律宾	1 988	澳大利亚	2 423	委内瑞拉	2 438
28	菲律宾	1 709	菲律宾	2 189	南非	1 821	菲律宾	2 410	菲律宾	2 376
29	南非	1 525	南非	2 037	荷兰	1 771	南非	2 137	南非	2 115
30	荷兰	1 493	荷兰	1 828	智利	1 298	越南	1 982	越南	2 008

（续表）

序号	2010 年		2011 年		2012 年		2013 年	
1	中国	68 741	中国	76 422	中国	81 825	中国	87 100
2	美国	31 386	美国	33 236	美国	34 747	美国	35 935
3	印度	24 876	印度	26 885	印度	27 786	印度	29 112
4	日本	12 379	日本	13 412	俄罗斯	13 674	印度尼西亚	14 360
5	印度尼西亚	11 797	印度尼西亚	12 710	印度尼西亚	13 630	俄罗斯	13 879
6	俄罗斯	11 279	俄罗斯	11 989	日本	12 097	日本	12 638
7	德国	9 721	德国	10 558	德国	10 554	德国	10 824
8	巴西	8 973	巴西	9 291	沙特阿拉伯	9 239	沙特阿拉伯	9 735
9	沙特阿拉伯	7 521	沙特阿拉伯	8 987	巴西	9 073	巴西	9 243
10	墨西哥	6 692	墨西哥	7 523	墨西哥	7 800	墨西哥	7 712
11	伊朗	6 308	伊朗	6 625	伊朗	6 943	韩国	6 806
12	韩国	6 124	韩国	6 378	韩国	6 449	伊朗	6 639
13	意大利	5 359	意大利	5 522	意大利	5 361	菲律宾	6 428
14	英国	4 772	法国	4 924	泰国	5 212	意大利	5 346
15	泰国	4 763	英国	4 876	加拿大	4 946	泰国	5 258
16	法国	4 683	土耳其	4 870	法国	4 921	阿尔及利亚	5 216
17	加拿大	4 614	加拿大	4 818	土耳其	4 863	加拿大	5 161
18	西班牙	4 346	泰国	4 798	英国	4 725	土耳其	5 060
19	土耳其	4 273	埃及	4 400	埃及	4 712	法国	5 029
20	埃及	4 190	尼日利亚	4 357	尼日利亚	4 587	埃及	4 883
21	尼日利亚	4 013	西班牙	4 320	西班牙	4 181	英国	4 869
22	巴基斯坦	3 215	巴基斯坦	3 551	巴基斯坦	3 692	尼日利亚	4 847
23	马来西亚	2 915	马来西亚	3 164	马来西亚	3 316	瑞士	4 340
24	波兰	2 738	阿联酋	3 058	阿联酋	3 271	西班牙	4 177
25	委内瑞拉	2 729	波兰	2 947	委内瑞拉	3 116	巴基斯坦	4 015
26	阿尔及利亚	2 727	委内瑞拉	2 899	波兰	3 030	中国香港	3 824
27	澳大利亚	2 531	澳大利亚	2 882	澳大利亚	2 973	秘鲁	3 577
28	菲律宾	2 309	阿尔及利亚	2 821	阿尔及利亚	2 893	马来西亚	3 457
29	越南	2 185	越南	2 402	以色列	2 491	委内瑞拉	3 206
30	阿联酋	2 141	菲律宾	2 396	哥伦比亚	2 479	波兰	3 154

数据来源：根据世界银行数据计算所得。

表 9-4　剔除服务业之后的 GDP（汇率法）排名

（单位：亿美元）

序号	1990 年		1991 年		1992 年		1993 年		1994 年	
1	美国	17 907	美国	17 653	美国	18 175	美国	18 960	美国	20 475
2	日本	10 954	日本	12 494	日本	13 610	日本	15 596	日本	17 134
3	德国	6 433	德国	6 786	德国	7 521	德国	6 879	德国	7 306
4	意大利	3 958	意大利	4 097	意大利	4 267	法国	3 619	法国	3 728
5	法国	3 830	法国	3 735	法国	4 015	意大利	3 380	中国	3 715
6	英国	3 338	英国	3 483	英国	3 541	英国	3 114	意大利	3 489
7	俄罗斯	3 357	俄罗斯	3 153	中国	2 758	中国	2 920	英国	3 425
8	中国	2 443	中国	2 516	俄罗斯	2 319	俄罗斯	2 301	巴西	2 723
9	巴西	2 151	西班牙	2 008	西班牙	2 195	巴西	2 155	俄罗斯	2 029
10	加拿大	2 023	加拿大	1 945	加拿大	1 850	墨西哥	1 832	韩国	2 028
11	西班牙	1 857	巴西	1 790	巴西	1 813	西班牙	1 827	加拿大	1 886
12	印度	1 813	韩国	1 547	韩国	1 604	加拿大	1 821	墨西哥	1 861
13	韩国	1 321	印度	1 506	印度	1 598	韩国	1 745	西班牙	1 846
14	澳大利亚	1 118	墨西哥	1 118	墨西哥	1 265	印度	1 540	印度	1 821
15	荷兰	936	澳大利亚	1 097	希腊	1 108	中国香港	1 204	中国香港	1 358
16	墨西哥	953	希腊	1 003	澳大利亚	1 068	希腊	1 038	希腊	1 112
17	希腊	933	荷兰	996	荷兰	1 063	澳大利亚	1 020	荷兰	1 068
18	瑞典	846	中国香港	890	中国香港	1 043	荷兰	1 006	澳大利亚	1 057
19	瑞士	824	瑞典	838	阿根廷	839	印度尼西亚	909	印度尼西亚	1 025
20	中国香港	769	瑞士	820	瑞士	829	土耳其	851	阿根廷	908
21	土耳其	757	印度尼西亚	752	瑞典	827	阿根廷	822	瑞士	893
22	印度尼西亚	670	阿根廷	748	印度尼西亚	811	瑞士	789	以色列	747
23	沙特阿拉伯	637	土耳其	733	沙特阿拉伯	776	沙特阿拉伯	710	比利时	724
24	阿根廷	624	沙特阿拉伯	709	土耳其	763	比利时	665	沙特阿拉伯	721
25	比利时	607	比利时	622	比利时	694	以色列	659	泰国	717
26	奥地利	601	奥地利	621	奥地利	679	奥地利	641	奥地利	692
27	乌克兰	571	以色列	592	以色列	658	泰国	614	瑞典	679
28	伊朗	555	乌克兰	568	泰国	561	瑞典	610	土耳其	644
29	芬兰	548	南非	516	乌克兰	527	南非	518	南非	537
30	以色列	525	泰国	504	南非	525	波兰	443	波兰	461

（续表）

序号	1995年		1996年		1997年		1998年		1999年	
1	美国	21 395	美国	22 382	美国	23 290	美国	23 086	美国	24 422
2	日本	18 370	日本	16 160	日本	14 690	日本	13 059	日本	14 627
3	德国	8 436	德国	7 917	德国	6 940	德国	6 981	中国	6 741
4	中国	4 888	中国	5 755	中国	6 270	中国	6 501	德国	6 707
5	法国	4 311	法国	4 176	英国	4 240	英国	4 324	英国	4 262
6	英国	3 760	意大利	4 112	意大利	3 850	意大利	3 903	意大利	3 763
7	意大利	3 745	英国	3 942	法国	3 720	法国	3 823	法国	3 725
8	巴西	2 560	巴西	2 645	巴西	2 750	巴西	2 631	印度	2 322
9	韩国	2 472	韩国	2 611	韩国	2 380	印度	2 209	加拿大	2 271
10	西班牙	2 139	西班牙	2 244	西班牙	2 210	西班牙	2 154	墨西哥	2 203
11	加拿大	2 025	印度	2 148	加拿大	2 170	加拿大	2 058	西班牙	2 199
12	印度	1 967	加拿大	2 126	墨西哥	2 070	墨西哥	1 908	韩国	2 006
13	俄罗斯	1 745	俄罗斯	1 797	俄罗斯	1 870	中国香港	1 689	巴西	1 844
14	中国香港	1 447	中国香港	1 597	中国香港	1 800	韩国	1 568	中国香港	1 658
15	希腊	1 305	墨西哥	1 566	澳大利亚	1 770	希腊	1 353	希腊	1 332
16	荷兰	1 278	希腊	1 380	希腊	1 360	土耳其	1 317	澳大利亚	1 173
17	墨西哥	1 266	印度尼西亚	1 367	印度尼西亚	1 350	澳大利亚	1 240	土耳其	1 116
18	印度尼西亚	1 191	澳大利亚	1 292	荷兰	1 300	俄罗斯	1 164	以色列	1 108
19	澳大利亚	1 188	荷兰	1 247	以色列	1 120	荷兰	1 124	荷兰	1 105
20	瑞士	1 026	以色列	1 051	阿根廷	1 080	以色列	1 098	阿根廷	963
21	以色列	960	阿根廷	966	沙特阿拉伯	1 050	阿根廷	1 061	印度尼西亚	882
22	阿根廷	902	瑞士	947	土耳其	920	瑞士	808	俄罗斯	873
23	比利时	852	泰国	916	瑞士	890	瑞典	795	沙特阿拉伯	854
24	泰国	844	沙特阿拉伯	904	瑞典	810	比利时	748	瑞典	792
25	土耳其	839	土耳其	889	比利时	790	沙特阿拉伯	725	瑞士	783
26	瑞典	837	瑞典	871	泰国	750	奥地利	721	比利时	722
27	奥地利	816	比利时	820	奥地利	750	波兰	671	奥地利	714
28	沙特阿拉伯	780	奥地利	800	波兰	710	印度尼西亚	604	波兰	637
29	波兰	600	波兰	644	挪威	630	泰国	564	泰国	617
30	南非	584	挪威	617	南非	620	挪威	526	挪威	583

（续表）

序号	2000 年		2001 年		2002 年		2003 年		2004 年	
1	美国	25 345	美国	24 944	美国	25 043	美国	26 209	美国	28 709
2	日本	15 415	日本	12 773	日本	11 933	日本	12 821	日本	13 825
3	中国	7 308	中国	7 888	中国	8 510	中国	9 643	中国	11 516
4	德国	5 955	德国	5 831	德国	6 037	德国	7 252	德国	8 276
5	英国	4 138	英国	3 972	英国	4 196	英国	4 715	英国	5 442
6	意大利	3 373	意大利	3 384	意大利	3 647	意大利	4 405	意大利	5 047
7	法国	3 354	法国	3 339	法国	3 530	法国	4 221	法国	4 799
8	墨西哥	2 625	墨西哥	2 659	墨西哥	2 703	西班牙	3 082	西班牙	3 620
9	加拿大	2 624	加拿大	2 500	加拿大	2 494	加拿大	2 960	加拿大	3 441
10	韩国	2 336	印度	2 371	印度	2 456	印度	2 891	印度	3 388
11	印度	2 336	韩国	2 183	韩国	2 445	韩国	2 730	韩国	3 174
12	巴西	2 149	巴西	2 142	西班牙	2 396	墨西哥	2 660	墨西哥	3 000
13	西班牙	2 048	西班牙	1 821	巴西	1 698	巴西	1 946	俄罗斯	2 479
14	澳大利亚	1 252	希腊	1 298	希腊	1 460	希腊	1 929	巴西	2 458
15	以色列	1 249	俄罗斯	1 297	俄罗斯	1 348	俄罗斯	1 671	希腊	2 280
16	希腊	1 244	以色列	1 229	澳大利亚	1 186	荷兰	1 401	澳大利亚	1 813
17	俄罗斯	1 153	澳大利亚	1 128	印度尼西亚	1 172	印度尼西亚	1 384	沙特阿拉伯	1 580
18	土耳其	1 137	荷兰	1 079	荷兰	1 145	澳大利亚	1 379	荷兰	1 574
19	沙特阿拉伯	1 109	沙特阿拉伯	1 033	以色列	1 130	沙特阿拉伯	1 264	土耳其	1 544
20	荷兰	1 051	印度尼西亚	991	沙特阿拉伯	1 067	土耳其	1 211	印度尼西亚	1 514
21	印度尼西亚	1 015	阿根廷	892	土耳其	938	以色列	1 187	以色列	1 266
22	阿根廷	966	土耳其	786	瑞士	809	瑞典	923	瑞典	1 074
23	瑞典	754	瑞士	749	挪威	760	瑞士	918	挪威	1 072
24	挪威	737	挪威	716	瑞典	745	挪威	885	瑞士	1 021
25	瑞士	711	瑞典	680	比利时	678	奥地利	813	比利时	936
26	比利时	663	波兰	658	奥地利	665	比利时	810	奥地利	932
27	奥地利	640	比利时	640	泰国	658	泰国	771	波兰	906
28	委内瑞拉	631	奥地利	632	波兰	658	波兰	736	伊朗	881
29	波兰	628	委内瑞拉	622	伊朗	622	伊朗	717	泰国	866
30	泰国	626	泰国	592	阿联酋	546	阿联酋	635	阿根廷	801

（续表）

序号	2005 年		2006 年		2007 年		2008 年		2009 年	
1	美国	30 641	美国	32 266	美国	33 474	美国	32 904	美国	29 842
2	中国	13 426	中国	16 023	中国	20 303	中国	26 307	中国	28 232
3	日本	13 382	日本	12 738	日本	12 762	日本	13 854	加拿大	13 708
4	德国	8 326	德国	8 988	德国	10 426	德国	11 266	日本	13 646
5	英国	5 628	英国	6 013	英国	6 754	俄罗斯	6 730	德国	9 422
6	意大利	5 123	意大利	5 421	意大利	6 218	意大利	6 634	印度	6 212
7	法国	4 899	法国	5 070	印度	5 858	英国	6 268	意大利	5 682
8	加拿大	3 982	印度	4 473	法国	5 798	法国	6 219	法国	5 496
9	西班牙	3 943	加拿大	4 397	俄罗斯	5 310	印度	5 640	巴西	5 258
10	印度	3 916	西班牙	4 281	西班牙	4 888	巴西	5 591	英国	4 821
11	韩国	3 650	俄罗斯	4 133	加拿大	4 845	西班牙	5 262	俄罗斯	4 686
12	墨西哥	3 339	韩国	4 032	巴西	4 562	加拿大	5 236	西班牙	4 485
13	俄罗斯	3 289	墨西哥	3 841	韩国	4 459	墨西哥	4 379	韩国	3 542
14	巴西	3 086	巴西	3 728	墨西哥	4 113	韩国	3 887	印度尼西亚	3 396
15	沙特阿拉伯	2 146	沙特阿拉伯	2 481	沙特阿拉伯	2 737	沙特阿拉伯	3 590	墨西哥	3 385
16	澳大利亚	2 076	澳大利亚	2 306	印度尼西亚	2 616	澳大利亚	3 192	澳大利亚	2 905
17	土耳其	1 896	印度尼西亚	2 184	澳大利亚	2 586	印度尼西亚	3 191	沙特阿拉伯	2 483
18	印度尼西亚	1 706	土耳其	2 026	土耳其	2 388	土耳其	2 649	土耳其	2 166
19	荷兰	1 664	荷兰	1 804	荷兰	2 080	荷兰	2 355	以色列	2 058
20	挪威	1 350	挪威	1 576	以色列	1 750	以色列	2 131	荷兰	2 049
21	以色列	1 340	以色列	1 510	挪威	1 716	挪威	2 106	伊朗	1 983
22	瑞典	1 079	阿联酋	1 310	伊朗	1 564	伊朗	1 947	委内瑞拉	1 657
23	波兰	1 071	波兰	1 209	波兰	1 530	波兰	1 867	波兰	1 525
24	伊朗	1 054	伊朗	1 204	阿联酋	1 440	阿联酋	1 856	挪威	1 521
25	瑞士	1 053	瑞典	1 176	阿根廷	1 398	委内瑞拉	1 847	泰国	1 445
26	阿联酋	1 030	泰国	1 141	瑞典	1 377	阿根廷	1 638	阿根廷	1 437
27	奥地利	965	阿根廷	1 132	泰国	1 369	尼日利亚	1 547	瑞士	1 364
28	阿根廷	961	瑞士	1 117	委内瑞拉	1 323	泰国	1 516	阿联酋	1 346
29	泰国	956	委内瑞拉	1 109	瑞士	1 243	科威特	1 474	尼日利亚	1 208
30	比利时	949	尼日利亚	1 075	尼日利亚	1 221	瑞士	1 461	奥地利	1 157

（续表）

序号	2010年		2011年		2012年		2013年	
1	中国	33 660	中国	41 461	中国	45 550	中国	49 811
2	美国	31 390	美国	33 236	美国	34 760	美国	34 945
3	加拿大	16 140	加拿大	17 786	加拿大	18 210	加拿大	18 268
4	日本	15 740	日本	16 143	日本	15 950	日本	13 163
5	德国	10 250	德国	11 428	德国	10 740	德国	11 262
6	印度	7 750	印度	8 477	俄罗斯	8 200	俄罗斯	8 408
7	巴西	7 150	巴西	8 170	印度	8 130	印度	8 065
8	俄罗斯	5 880	俄罗斯	7 918	巴西	7 050	巴西	6 891
9	意大利	5 540	意大利	5 898	法国	5 420	法国	5 644
10	法国	5 310	法国	5 781	意大利	5 370	意大利	5 395
11	英国	5 100	英国	5 454	英国	5 300	韩国	5 335
12	韩国	4 460	印度尼西亚	5 227	韩国	5 250	英国	5 289
13	印度尼西亚	4 420	韩国	4 918	墨西哥	4 960	印度尼西亚	5 221
14	西班牙	4 130	墨西哥	4 642	澳大利亚	4 730	墨西哥	4 828
15	墨西哥	4 050	沙特阿拉伯	4 403	沙特阿拉伯	4 680	沙特阿拉伯	4 680
16	澳大利亚	3 360	澳大利亚	4 293	西班牙	4 610	澳大利亚	4 603
17	沙特阿拉伯	3 210	西班牙	4 237	土耳其	3 750	西班牙	3 788
18	土耳其	2 670	伊朗	2 890	伊朗	2 850	土耳其	2 919
19	以色列	2 320	土耳其	2 869	以色列	2 750	以色列	2 914
20	伊朗	2 310	以色列	2 582	阿联酋	2 580	委内瑞拉	2 540
21	委内瑞拉	2 280	荷兰	2 178	尼日利亚	2 350	尼日利亚	2 485
22	荷兰	1 990	阿根廷	2 137	委内瑞拉	2 270	伊拉克	2 229
23	尼日利亚	1 840	阿联酋	2 118	阿根廷	2 210	挪威	2 170
24	泰国	1 820	挪威	2 112	挪威	2 200	阿根廷	2 159
25	阿根廷	1 810	尼日利亚	2 085	伊拉克	2 160	泰国	2 112
26	挪威	1 730	泰国	1 946	泰国	2 160	荷兰	2 082
27	波兰	1 650	伊拉克	1 912	荷兰	2 040	卡塔尔	2 025
28	瑞士	1 490	委内瑞拉	1 834	卡塔尔	2 000	伊朗	2 018
29	伊拉克	1 430	瑞士	1 824	波兰	1 900	波兰	1 820
30	瑞典	1 330	波兰	1 814	科威特	1 830	瑞士	1 788

数据来源：根据世界银行数据计算所得。

世界上众多的产品当中,原材料和基本农产品的同质性最高。美国的小麦与中国的小麦区别不大,俄罗斯的原油与中东的原油也基本一样。像农产品中的花生、大豆、玉米,工业原材料中的煤、天然气、粗钢、水泥等都不存在重大的质量差别。因此,选取一组原材料和农产品作为统计对象,就可以避免因产品质量和选取统计样本不同而产生的误差。大多数国家作为一个完整的经济体都生产这些东西,如果挑选出这些原材料来作为统计对象,对各国来说大体上是公平的。

由于世界各国的原材料价格各不相同,如果采用各国本地的价格仍然会掉进歧义的陷阱。为了克服这个弊病,建议选取一组虚拟的国际市场价格,例如采用芝加哥期货市场的价格指数,用这个价格来乘各国的原材料产量,得出一组数据,称为虚拟原料产值,公式如下:

$$V = \sum p^0 \cdot X$$

在这里,V 表示虚拟原料产值,X 表示原材料的数量,p^0 是一组虚拟的国际价格。不论产地在美国还是中国,每类产品只对应一个价格。由于世界各国选择的原材料品种都一样,因此不存在因选取不同的商品集合而对某个国家 GDP 估算产生不利或有利的影响的情况。

本章选取的原材料和能源产品包括:农产品 14 类,分别是牛肉、羊肉、鸡肉、鸭肉、猪肉、小麦、大豆、大麦、稻米、玉米、土豆、西红柿、各类坚果以及除大豆以外的其他豆类品;工业原材料 7 类,分别是水泥、铁矿石、原钢、煤、原油、天然气及水电。选取这些项目的原则是世界各国基本都生产这些东西,数据(包括数量及价格)比较全。

样本价格的信息主要来自各产量数据信息中公布的当期全球该类产品平均价格。如根据英国石油公司(BP)2012 年 6 月公布的世界能源统计资料,2011 年迪拜原油均价约 106.18 美元/桶;天然气方面,选取日本到岸价格作为均价,即 14.73 美元/百万英热单位;煤炭的价格选取日本焦煤进口到岸价格,即 229.12 美元/吨;水电此处假设为 100 美元/百万吨油当量;水泥的国际均价为 157 美元/吨,钢材均价为 778 美元/吨,粗铁价格为 166.67 美元/吨,农产品价格均来自联合国粮农组织数据库。其中,大麦、玉米、土豆、水稻、大豆、西红柿、小麦、各类坚果和豆类品(除大豆外)价格分别为 177 美元/吨、213 美元/吨、194 美元/吨、273 美元/吨、430 美元/吨、1 060 美元/吨、209 美元/吨、5 071 美元/吨和 573 美元/吨。鸡肉、鸭肉、牛肉、羊肉和猪肉的价格分别为 2 183.2 美元/吨、1 152.1 美元/吨、356.67 美元/吨、233.19 美元/吨和 168.03 美元/吨。

样本国选择包括全球 64 个国家,详见表 9-5。

表 9-5　加工深度系数法估计 GDP 所包含的样本国情况

亚洲(22 国)	阿联酋,阿塞拜疆,哈萨克斯坦,韩国,菲律宾,科威特,马来西亚,卡塔尔,日本,泰国,沙特阿拉伯,土耳其,土库曼斯坦,乌兹别克斯坦,以色列,新加坡,伊朗,印度,印度尼西亚,越南,中国
欧洲(26 国)	爱尔兰,奥地利,白俄罗斯,保加利亚,比利时,波兰,丹麦,德国,俄罗斯,法国,芬兰,荷兰,捷克,立陶宛,挪威,葡萄牙,罗马尼亚,瑞典,瑞士,斯洛伐克,西班牙,希腊,乌克兰,匈牙利,意大利,英国
非洲(3 国)	埃及,阿尔及利亚,南非
北美洲(3 国)	加拿大,美国,墨西哥
南美洲(8 国)	阿根廷,巴西,厄瓜多尔,哥伦比亚,秘鲁,特立尼达和多巴哥,智利,委内瑞拉
大洋洲(2 国)	澳大利亚,新西兰

在这些国家中,美国、日本、德国、英国等国家的科学技术水平和经济发展程度高于中国,埃及、阿塞拜疆、阿尔及利亚等国的发展程度明显地落后于中国,而土耳其、罗马尼亚、菲律宾、泰国和中国处于近似的发展阶段。我们的目标就是通过国际比较来确定中国 GDP 规模的可能区间。

在工业生产所需的原材料与能源方面[①],从表 9-6 中可见,中国许多原材料、能源的消费量占世界消费总量的一半以上。例如,中国 2011 年钢材消费量高达 62 969.3 万吨,占世界钢材消费总量的 58.2%;中国的粗铁消费量为 68 326.5 万吨,占世界粗铁消费总量 149 006 万吨的 45.9%;中国水泥消费在 2011 年达到 200 000 万吨,是当年全球水泥消费总量 340 000 万吨的 58.8%;中国原油消费为每日 975.8 万桶,占全球每日消费原油 8 803.4 万桶的

---

① 为了剔除能源出口国与石油输出国组织的影响,我们选取工业原料的实际消费量而非工业原料产量作为考核指标。一般而言,原材料的实际消费和使用比产量更能说明一国的生产情况。

11.1%；中国天然气消费量为 1 307 亿立方米,占全球天然气消费总量 32 229
亿立方米的 4.1%；中国煤炭消费量为 1 839.4 百万吨油当量,是全球煤炭消
费总量 3 724.3 百万吨油当量的 49.4%；中国水电消费量为 157.0 百万吨油当
量,是全球水电消费总量 791.5 百万吨油当量的 19.8%。可见,中国是世界最
主要的原材料与能源消费国家,其中钢材、水泥、煤炭消费量在 2011 年占全球
消费总量的约一半或以上。

表 9-6   2011 年各国工业原材料消费量

国家	钢材 （千吨）	粗铁 （千吨）	水泥 （百万吨）	石油产量 （千桶/ 日）	煤炭 （百万吨 油当量）	天然气 （10 亿 立方米）	水电 （百万吨 油当量）
阿尔及利亚	360	440	—	345	—	28.0	0.1
阿根廷	2 795	5 655	—	609	1.1	46.5	9.0
阿联酋	6 625	9 481	—	671	—	62.9	—
阿塞拜疆	—	—	—	80	—	8.2	0.6
埃及	—	6 486	45	709	0.9	49.6	3.1
爱尔兰	—	—	—	142	1.3	4.7	0.2
奥地利	5 816	7 474	—	257	2.5	9.5	6.9
澳大利亚	5 265	6 404	—	1 003	49.8	25.6	2.4
巴基斯坦	—	—	30	408	4.2	39.2	6.9
巴西	33 243	35 162	62	2 653	13.9	26.7	97.2
白俄罗斯	—	2 614	—	180	—	18.3	—
保加利亚	—	835	—	74	8.4	2.9	0.6
比利时	4 725	8 114	—	677	2.1	16.1	—
波兰	3 975	8 794	—	566	59.8	15.4	0.6
丹麦	—	—	—	173	3.2	4.2	—
德国	27 795	44 288	33	2 362	77.6	72.5	4.4
俄罗斯	48 120	68 743	52	2 961	90.9	424.6	37.3
厄瓜多尔	—	525	—	226	—	0.5	2.2
法国	9 698	15 777	—	1 724	9.0	40.3	10.3
菲律宾	—	—	—	256	8.3	3.6	2.1
芬兰	2 600	3 985	—	221	3.3	3.6	2.8

（续表）

国家	钢材（千吨）	粗铁（千吨）	水泥（百万吨）	石油产量（千桶/日）	煤炭（百万吨油当量）	天然气（10亿立方米）	水电（百万吨油当量）
哥伦比亚	295	1 290	—	253	4.3	9.0	10.9
哈萨克斯坦	3 190	4 699	—	212	30.2	9.2	1.8
韩国	42 218	68 471	46	2 397	79.4	46.6	1.2
荷兰	5 943	6 937	—	1 052	7.8	38.1	—
加拿大	7 520	13 090	—	2 293	21.8	104.8	85.2
捷克	4 137	5 583	—	193	19.2	8.4	0.6
卡塔尔	—	2 010	—	238	—	23.8	—
科威特	—	—	—	438	—	16.2	—
立陶宛	—	—	—	55	0.2	3.4	0.2
罗马尼亚	1 555	3 830	—	187	7.1	13.8	3.4
马来西亚	—	—	—	608	15.0	28.5	1.7
美国	30 233	86 247	68	18 835	501.9	690.1	74.3
秘鲁	0	925	—	203	0.8	6.2	4.9
墨西哥	4 725	18 145	35	2 027	9.9	68.9	8.1
南非	4 765	6 650	—	547	92.9	4.3	0.4
挪威	—	620	—	253	0.6	4.0	27.6
葡萄牙	—	—	—	240	2.6	5.1	2.8
日本	81 028	107 595	47	4 418	117.7	105.5	19.2
瑞典	3 240	4 866	—	305	2.0	1.3	15.0
瑞士	—	—	—	235	0.1	2.9	7.4
沙特阿拉伯	—	5 275	44	2 854	—	99.2	—
斯洛伐克	3 346	4 242	—	78	3.3	6.2	0.9
泰国	—	—	36	1 080	13.9	46.6	1.8
特立尼达和多巴哥	—	610	—	34	—	22.0	—
土耳其	8 173	34 103	64	694	32.4	45.7	11.8
土库曼斯坦	—	—	—	108	—	25.0	—
委内瑞拉	—	3 070	—	832	2.0	33.1	18.9
乌克兰	28 867	35 332	—	277	42.4	53.7	2.4

（续表）

国家	钢材（千吨）	粗铁（千吨）	水泥（百万吨）	石油产量（千桶/日）	煤炭（百万吨油当量）	天然气（10亿立方米）	水电（百万吨油当量）
乌兹别克斯坦	—	733	—	91	1.3	49.1	2.3
西班牙	3 540	15 591	21	1 392	14.9	32.1	6.9
希腊	—	1 993	—	343	7.3	4.5	1.0
新加坡	—	—	—	1 192	—	8.8	—
新西兰	659	844	—	148	1.4	3.9	5.7
匈牙利	1 315	1 733	—	142	2.7	10.2	0.1
伊朗	2 520	13 040	72	1 824	0.8	153.3	2.7
以色列	—	—	—	240	7.9	5.0	—
意大利	9 824	28 662	35	1 486	15.4	71.3	10.1
印度	38 900	72 200	210	3 473	295.6	61.1	29.8
印度尼西亚	—	—	22	1 430	44.0	37.9	3.5
英国	—	—	—	1 542	30.8	80.2	1.3
越南	—	—	50	358	15.0	8.5	6.7
智利	1 130	1 620	—	327	5.3	5.3	4.7
中国	629 693	683 265	2 000	9 758	1 839.4	130.7	157.0

数据来源：粗铁和钢材数据来自世界钢铁协会报告，http://www.worldsteel.org/statistics/statistics-archive/2011-iron-production.html；水泥数据来自美国矿产品调查报告，U.S. Geological Survey, Mineral Commodity Summaries, 2012, http://minerals.usgs.gov/minerals/pubs/commodity/cement/mcs-2012-cemen.pdf；石油、煤炭、天然气及水电数据来自 BP 公司 2012 年年报，BP Statistical Review of World Energy, 2012.6, http://www.bp.com/statisticalreview

在农产品方面。表 9-7 显示，中国农产品产量也位居世界前列。例如，2011 年，中国的玉米产量占所考察的 64 个国家玉米总产量的 24.0%，水稻产量占样本国总产量的 34.4%，小麦占 17.5%，大豆占 5.9%，西红柿占 33.6%，坚果类占 22.6%，鸡肉占 26.8%，猪肉占 52.9%，羊肉占 22.9%，牛肉占 8.7%，等等。

表 9-7　2011 年各国主要农产品产量

国家	大麦 （万吨）	玉米 （万吨）	水稻 （万吨）	大豆 （万吨）	小麦 （万吨）	鸡 （百万只）	牛 （万头）	羊 （万头）	猪 （万头）
阿尔及利亚	135	0	0	0	280	127	180	2 854	1
阿根廷	408	2 380	175	4 888	1 635	100	4 800	2 053	235
阿联酋	0	0	0	0	0	21	6	340	0
阿塞拜疆	62	15	0	0	159	23	268	856	1
埃及	12	688	568	3	841	108	860	970	1
爱尔兰	141	0	0	0	93	14	649	471	155
奥地利	86	246	0	11	178	16	201	43	313
澳大利亚	799	36	72	3	2 741	91	2 851	7 760	229
巴基斯坦	7	427	616	0	2 521	349	6 729	8 957	0
巴西	30	5 566	1 348	7 482	569	1 266	21 408	2 705	3 931
白俄罗斯	201	121	0	0	218	35	415	12	389
保加利亚	71	180	6	0	446	14	55	172	66
比利时	34	86	0	0	169	35	253	15	635
波兰	333	166	0	0	934	128	572	36	1 351
丹麦	326	0	0	0	483	14	157	14	1 293
德国	873	518	0	0	2 280	119	1 257	196	2 676
俄罗斯	1 694	696	106	176	5 624	406	1 998	2 182	1 722
厄瓜多尔	2	96	148	7	1	150	536	206	183
法国	878	1 570	13	12	3 804	149	1 907	902	1 399
菲律宾		697	1 668	0	0	163	559	391	1 230
芬兰	152	0	0	0	98	5	91	13	134
哥伦比亚	2	150	254	8	2	160	2 887	480	190
哈萨克斯坦	259	48	35	8	2 273	33	619	1 799	134
韩国	8	7	630	13	4	154	335	25	817
荷兰	20	20	0	0	118	97	389	147	1 243
加拿大	776	1 069	0	425	2 526	165	1 216	91	1 279
捷克	181	76	0	2	491	21	134	23	175
卡塔尔	0	0	0	0	0	8	1	43	0
科威特	0	2	0	0	0	32	4	65	0
立陶宛	76	7	0	0	187	9	75	7	93
罗马尼亚	133	1 172	7	14	713	81	200	966	543
马来西亚	0	5	267	0	0	230	106	67	170
美国	339	31 392	839	8 317	5 441	2 100	9 268	848	6 636

（续表）

国家	大麦 （万吨）	玉米 （万吨）	水稻 （万吨）	大豆 （万吨）	小麦 （万吨）	鸡 （百万只）	牛 （万头）	羊 （万头）	猪 （万头）
秘鲁	20	151	262	0	21	129	569	1 600	326
墨西哥	49	1 764	17	21	363	510	3 294	1 722	1 555
南非	31	1 036	0	71	201	190	1 369	3 047	158
挪威	46	0	0	0	27	4	86	237	85
葡萄牙	2	55	18	0	6	40	150	258	199
日本	17	0	840	22	75	176	423	3	977
瑞典	139	0	0	0	225	8	151	62	148
瑞士	18	15	0	0	55	9	158	51	158
沙特阿拉伯	2	18	0	0	136	147	40	820	0
斯洛伐克	53	137	0	4	164	13	47	43	69
泰国	2	482	3 459	18	0	235	838	48	766
特立尼达和多巴哥	0	0	0	0	0	34	4	7	5
土耳其	760	420	90	10	2 180	235	1 145	2 938	0
土库曼斯坦	10	2	14	0	327	16	220	1 640	3
委内瑞拉	0	225	142	4	0	118	1 735	206	345
乌克兰	910	2 284	17	226	2 232	184	449	173	796
乌兹别克斯坦	15	26	12	0	653	37	909	1 534	9
西班牙	833	386	93	0	690	138	592	1 970	2 563
希腊	33	217	25	0	170	33	63	1 375	111
新加坡	0	0	0	0	0	3	0	0	27
新西兰	37	21	0	0	38	14	1 002	3 122	33
匈牙利	99	799	1	9	411	32	68	126	317
伊朗	392	220	322	17	1 436	900	898	7 250	0
以色列	0	10	0	0	12	44	45	55	22
意大利	95	975	149	56	662	138	620	888	932
印度尼西亚	166	2 157	15 570	1 228	8 687	942	32 374	23 150	950
印尼	0	1 763	6 574	84	0	1 427	1 613	2 886	776
英国	549	0	0	0	1 526	166	993	3 172	444
越南	0	468	4 233	27	0	226	815	127	2 706
智利	11	144	13		158	47	376	436	282
中国	164	19 290	20 267	1 449	11 741	4 611	10 641	28 107	47 096

数据来源：联合国粮农组织, http://faostat. fao. org/lang = en

按照统一的产品价格和各国的原材料、能源、农产品的产量计算出各国的虚拟原材料产值(V)。从表9-8中可见,中国的虚拟原材料产值在世界上绝对领先。由于虚拟原材料产值主要针对工业投入与农业产出,与一国经济规模总量的估计高度相关。一般来说,原材料产值越高,GDP越高。除此之外,一个国家的经济总量不仅和原材料产值有关,还和这个国家的工业化、市场化程度有关。原材料固然重要,更重要的是加工过程中产生附加值的能力。对于发达国家来说,原材料和能源的价值只占GDP中的一小部分,大部分产值来源于加工生产过程中产生的附加值;可是,在经济欠发达的国家中,原材料、能源和农产品在GDP中占有很大的比例。虚拟原材料产值和GDP的比例被称为加工深度系数(β)。显然,工业化程度高的国家,加工深度系数低,以农业为主的经济体的加工深度系数高。一般来说,高收入国家的加工深度系数较低,低收入国家的加工深度系数较高。

表9-8　2011年各国虚拟产值及加工深度系数估计

国家	V (虚拟原材料 产值,亿美元)	GDP (汇率法, 亿美元)	人均GDP (汇率法, 美元)	加工深 度系数
瑞士	112.1	6 593.1	83 326	0.017
挪威	139.6	4 858.0	98 081	0.029
英国	864.7	24 454.1	38 974	0.035
瑞典	197.7	5 396.8	57 114	0.037
丹麦	123.1	3 336.2	59 889	0.037
法国	1 132.5	27 730.3	42 379	0.041
爱尔兰	102.8	2 172.7	47 478	0.047
德国	1 726.3	36 008.3	44 021	0.048
奥地利	207.9	4 176.6	49 581	0.050
意大利	1 105.4	21 939.7	36 130	0.050
以色列	126.8	2 429.3	31 281	0.052
日本	3 103.6	58 671.5	45 903	0.053
芬兰	143.0	2 630.1	48 812	0.054
葡萄牙	139.6	2 373.7	22 485	0.059
卡塔尔	110.9	1 729.8	92 501	0.064

（续表）

国家	V （虚拟原材料 产值,亿美元）	GDP （汇率法, 亿美元）	人均 GDP （汇率法, 美元）	加工深 度系数
西班牙	958.6	14 768.8	31 985	0.065
澳大利亚	931.0	13 793.8	61 789	0.067
荷兰	572.0	8 360.7	50 085	0.068
比利时	381.5	5 136.6	46 608	0.074
美国	11 407.9	149 913.0	48 112	0.076
加拿大	1 338.8	17 360.5	50 344	0.077
希腊	229.8	2 896.3	25 630	0.079
立陶宛	34.9	427.3	14 100	0.082
智利	213.3	2 485.9	14 394	0.086
捷克	191.4	2 170.3	20 677	0.088
匈牙利	124.9	1 400.3	14 043	0.089
哥伦比亚	299.5	3 333.7	7 104	0.090
斯洛伐克	90.3	959.9	17 782	0.094
科威特	179.3	1 765.9	62 664	0.102
波兰	532.1	5 145.0	13 352	0.103
特立尼达和多巴哥	25.8	224.8	16 699	0.115
秘鲁	204.3	1 769.3	6 018	0.115
马来西亚	338.2	2 879.4	9 977	0.117
新西兰	188.0	1 597.1	36 254	0.118
菲律宾	266.3	2 247.7	2 370	0.118
墨西哥	1 393.5	11 533.4	10 047	0.121
阿塞拜疆	77.8	634.0	6 912	0.123
罗马尼亚	238.7	1 897.8	8 874	0.126
巴西	3 294.7	24 766.5	12 594	0.133
俄罗斯	2 550.0	18 577.7	12 995	0.137
土耳其	1 077.5	7 749.8	10 524	0.139
阿尔及利亚	263.0	1 886.8	5 244	0.139
保加利亚	78.0	535.1	7 283	0.146
委内瑞拉	476.2	3 164.8	10 810	0.150
阿联酋	359.6	2 295.3	2 781	0.157

（续表）

国家	V（虚拟原材料产值,亿美元）	GDP（汇率法,亿美元）	人均GDP（汇率法,美元）	加工深度系数
南非	651.1	4 082.4	8 070	0.160
印度尼西亚	1 369.4	8 468.3	3 495	0.162
韩国	1 840.9	11 162.5	22 424	0.165
哈萨克斯坦	323.1	1 880.5	11 357	0.172
阿根廷	859.9	4 460.4	10 942	0.193
新加坡	463.3	2 397.0	46 241	0.193
泰国	710.3	3 456.7	4 972	0.205
沙特阿拉伯	1 278.8	5 768.2	20 540	0.222
厄瓜多尔	160.8	659.5	4 496	0.244
白俄罗斯	148.4	551.3	5 820	0.269
埃及	622.9	2 295.3	2 781	0.271
中国	**21 781.1**	**73 185.0**	**5 445**	**0.298**
印度	5 795.9	18 728.4	1 509	0.309
土库曼斯坦	103.2	280.6	5 497	0.368
乌兹别克斯坦	167.8	453.6	1 546	0.370
巴基斯坦	836.4	2 102.2	1 189	0.398
越南	518.0	1 236.0	1 407	0.419
伊朗	1 462.0	3 310.1	4 526	0.442
乌克兰	778.2	1 652.5	3 615	0.471

注:加工深度系数 = 虚拟产值/汇率法 GDP。
数据来源:人均 GDP 和汇率法 GDP 数据来自《世界发展指标,2012》;虚拟产值及加工深度系数根据上文估计。

由表9-8可见,发达国家或高收入国家的加工深度系数较低,越是工业落后,越是人均收入水平较低的国家,加工深度系数越高。其中,加工深度系数最低的国家有瑞士、挪威、英国、法国、德国、日本、美国等,其加工深度系数均低于0.1。在这些发达国家,原材料及能源的产值在整个 GDP 中占比不到10%;相比之下,中国、印度、越南等发展中国家的加工深度系数较高。按照加工深度系数,可以将以上64个国家粗略分成三组,低于0.1的国家为第一组,处于这个组别的样本均为工业化程度较高的国家或人均收入较高的国家;加工深度系数处于0.1—0.3之间视为第二组,其中包括能源出口国;加工深度系数大于0.3的为第三组别国家,主要包括中国、印度、巴基斯坦、越南等以制造业为主的发展中国家。一般而言,人均收入水平越低,越是处于经济发展起步阶段的国家,工业产值中的原材料、能源的投入占较大比重,附加值低,其加工深度系数越高。如图9-1 所示,人均 GDP 与加工深度系数曲线具有负斜率。

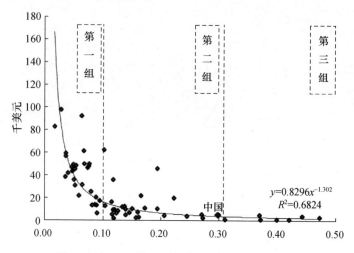

图9-1 加工深度系数与人均 GDP 之间的关系

注:横轴代表各国加工深度系数,纵轴代表对应样本国的人均 GDP 水平,图中凸曲线代表各样本点拟合线。

数据来源:《世界发展指标,2012》。

在分析中国经济在世界上的位置时,必须知道中国和其他国家的差距。尽管我们不可能知道中国确切的 GDP 数据,但是起码我们应该知道这样一个信息:中国 GDP 的可能区间在哪里? 最低值在哪里?

中国生产的原材料数量,无论是工业原料还是主要农产品,在世界上都名列前茅。当然,中国的工业化程度不及美国、德国、日本等第一组别的工业化国家,但中国的工业化程度应该高于泰国、印度尼西亚等亚洲发展中国家,也应该高于巴西、南非等国家。可是,中国的加工深度系数却低于上述国家,原因有两个,要么虚拟产值(分子)被高估,要么以汇率法计算的 GDP 被低估(分母)。当然,我们所考察的指标并不能涵盖所有品种的工业原材料、能源及农产品,可能会对虚拟产值估计造成一定的偏差。但是,由于石油、天然气、煤炭、水泥、钢材、粗铁、水稻、玉米、小麦、大豆等工业投入及农业产出占工业总投入及农业总产出的规模较大,因此,在相同国际价格条件下,可以认为

表 9-8 所估算的虚拟原材料产值能在一定程度上反映一国的实际生产规模。

可以判断,中国加工深度系数低于泰国、菲律宾等国的主要原因是以汇率法计算的 GDP 被低估。可以粗略认为,中国现阶段的工业化水平与第二组别中的墨西哥、泰国、菲律宾、印度尼西亚、巴西、马来西亚等国家相似。中国的加工深度系数应处于这些国家所分布的区间,即 $0.2 > \beta > 0.1$。

不妨采用加工深度系数对中国的经济规模进行一番推测。按照不同国家的加工深度系数来调整中国 GDP,如表 9-9 所示。假设中国的工业化水平与泰国相似,即中国的加工深度系数由 0.298 调整为 0.205,在虚拟产值估计值不变的情况下,以汇率法估计的中国 GDP 水平将由世界银行公布的 7.32 万亿美元上调到 10.64 万亿美元,占美国同期经济规模(14.99 万亿美元)的 71.0%。

表 9-9　调整中国 GDP 后的横向比较

国家	V(虚拟原材料产值,亿美元)	GDP(汇率法,亿美元)	加工深度系数	调整后中国 GDP(亿美元)	中国相当于美国 GDP 的比例
菲律宾	266	2 248	0.118	184 821	1.233
墨西哥	1 394	11 533	0.121	180 238	1.202
阿塞拜疆	78	634	0.123	177 308	1.183
罗马尼亚	239	1 898	0.126	173 086	1.155
巴西	3 295	24 767	0.133	163 976	1.094
俄罗斯	2 550	18 578	0.137	159 189	1.062
土耳其	1 078	7 750	0.139	156 898	1.047
阿尔及利亚	263	1 887	0.139	156 898	1.047
保加利亚	78	535	0.146	149 376	0.996
委内瑞拉	476	3 165	0.150	145 392	0.970
阿联酋	360	2 295	0.157	138 910	0.927
南非	651	4 082	0.160	136 305	0.909
印度尼西亚	1 369	8 468	0.162	134 622	0.898
韩国	1 841	11 163	0.165	132 175	0.882
哈萨克斯坦	323	1 881	0.172	126 796	0.846
阿根廷	860	4 460	0.193	112 999	0.754
新加坡	463	2 397	0.193	112 999	0.754
泰国	710	3 457	0.205	106 385	0.710

数据来源:根据表 9-8 计算。

如果中国的加工深度系数和阿尔及利亚(或土耳其)相近,那么中国的GDP 将调整到 15.69 万亿美元,和美国的 GDP 规模基本相当。如果向从事国际贸易的企业家做一个调查,恐怕大多数企业家都会认为中国的经济发展程度超过阿尔及利亚或土耳其。中国的深加工能力要明显地强于阿尔及利亚和土耳其,如果这一点是肯定的,那么中国的 GDP 规模就可能超过了美国。

菲律宾是中国在亚洲的一个邻国,了解菲律宾经济状态的人比较多。中国制造的许多产品,诸如机械产品、电子产品等,菲律宾目前还不能生产。如果说中国的经济发展程度高于菲律宾,大概很少有人会表示异议。倘若把中国的加工深度系数调整到菲律宾的水平(0.118),中国的 GDP 规模将达到 18.48 万亿美元,是当年美国经济规模的 123.3%。有人说,中国的经济规模在 2011 年已经超过了美国,不能说完全没有根据。

虽然加工深度系数法并不能给我们提供准确的 GDP 数值,却能够给我们提供一个国与国之间横向比较的坐标体系,使得我们有可能对中国 GDP 规模有一个更为清醒的认识。

第十章

居民生活水平的比较

10.1　按购买力平价法比较人均 GDP

归根结底,发展经济的目的是改善人民生活水平。一般来说,人均 GDP 在相当程度上体现了居民的富裕程度,在度量一个国家经济总量的同时不能忽略了人均 GDP。中国经济在近三十年来突飞猛进,取得了很大的进展。按照世界银行和 IMF 的估算,如果从购买力平价的角度来观察,中国的经济规模在 2014 年已经超过了美国,名列世界第一。但是,换个角度,从居民生活水平来看,由于中国人口众多,经济总量被庞大的人口基数一除,摊到每个人头上的 GDP 就少得可怜了。

从表 10-1 可见,在 1990—2013 年,中国的人均 GDP 由 1 007 美元增长到 11 904 美元,增长了 11.82 倍。同期,美国的人均 GDP 增长了 2.22 倍,日本增长了 1.89 倍,英国增长了 2.25 倍,印度增长了 4.61 倍。中国经济增长速度明显地高于美国、英国和日本,自然,中国居民的生活水平和西方工业国家之间的差距在迅速缩小。印度的经济增长速度也高于西方国家,差距也在缩小,但是,由于中国的经济增长速度高于印度,两国之间的差距在扩大。

表 10-1　人均 GDP（购买力平价法）　　（单位：美元）

国家	1990 年	1995 年	2000 年	2005 年	2010 年	2013 年
中国	1 007	1 786	2 864	4 963	9 053	11 904
美国	23 955	28 782	36 467	44 314	48 358	53 143
日本	19 249	22 945	25 931	30 441	33 916	36 315
英国	16 059	20 098	26 386	33 226	34 247	36 197
印度	1 174	1 542	2 063	2 966	4 549	5 410

数据来源：世界银行数据库，2014。

毋庸讳言，中国正在迅速地赶超西方工业国家，但是，冰冻三尺非一日之寒，西方各国已经在工业化的道路上走了一两百年，中国自 1979 年改革开放以来，经济发展只有三十多年的时间。一方面，中国和西方各国的差距确实在不断缩小，另一方面，要在人民生活水平上赶上西方各国，还有很长的路要走。如果拿购买力平价来计算，在 1990 年，美国的人均 GDP 是中国的 23.79 倍，到 2013 年这个差距仍然有 4.46 倍。2013 年，日本的人均 GDP 是中国的 3.05 倍，英国是中国的 3.04 倍（见表 10-2）。

表 10-2　各国人均 GDP 与中国比较（购买力平价法）

国家	1990 年	1995 年	2000 年	2005 年	2010 年	2013 年
中国	1.00	1.00	1.00	1.00	1.00	1.00
美国	23.79	16.12	12.73	8.93	5.34	4.46
日本	19.12	12.85	9.05	6.13	3.75	3.05
英国	15.95	11.25	9.21	6.69	3.78	3.04
印度	1.17	0.86	0.72	0.60	0.50	0.45

数据来源：根据表 10-1 计算。

按照人均 GDP（购买力平价）排名（见表 10-3），中国在 1990 年位居世界第 141 名，属于典型的低收入国家；在 2013 年上升为第 82 名，勉强可以算是中等收入国家。

表 10-3 按购买力平价法估算的人均 GDP 排名

（单位：美元）

	1990 年			1991 年			1992 年			1993 年			1994 年	
1	阿联酋	74 974	1	阿联酋	73 978	1	阿联酋	74 118	1	阿联酋	72 920	1	阿联酋	75 649
2	文莱	49 925	2	文莱	51 719	2	文莱	53 866	2	文莱	53 789	2	文莱	55 140
3	卢森堡	30 397	3	卢森堡	33 669	3	卢森堡	34 601	3	卢森堡	36 420	3	卢森堡	38 095
4	百慕大	26 268	4	百慕大	26 318	4	中国澳门	28 323	4	巴林	30 763	4	中国澳门	31 335
5	瑞士	25 323	5	巴林	25 644	5	巴林	27 282	5	中国澳门	29 932	5	新加坡	30 840
6	中国澳门	23 955	6	瑞士	25 604	6	百慕大	27 097	6	百慕大	28 424	6	巴林	30 571
7	美国	23 955	7	中国澳门	24 991	7	瑞士	25 889	7	新加坡	28 089	7	百慕大	29 001
8	沙特阿拉伯	22 929	8	沙特阿拉伯	24 911	8	沙特阿拉伯	25 850	8	美国	26 465	8	美国	27 776
9	巴林	22 826	9	美国	24 405	9	美国	25 493	9	瑞士	26 232	9	瑞士	26 915
10	新加坡	22 154	10	新加坡	23 736	10	新加坡	25 229	10	沙特阿拉伯	25 735	10	沙特阿拉伯	25 820
11	冰岛	21 294	11	冰岛	21 700	11	阿曼	21 248	11	阿曼	22 184	11	中国香港	23 082
12	加拿大	19 870	12	日本	20 487	12	冰岛	21 178	12	中国香港	21 800	12	冰岛	22 810
13	日本	19 323	13	奥地利	20 447	13	奥地利	21 118	13	冰岛	21 744	13	阿曼	22 806
14	奥地利	19 302	14	德国	19 981	14	日本	21 073	14	日本	21 558	14	奥地利	22 457
15	德国	19 259	15	阿曼	19 981	15	德国	20 670	15	奥地利	21 556	15	加拿大	22 301
16	阿曼	18 985	16	加拿大	19 847	16	中国香港	20 397	16	加拿大	21 024	16	挪威	22 271
17	比利时	18 707	17	比利时	19 610	17	比利时	20 282	17	挪威	20 877	17	日本	22 132
18	瑞典	18 533	18	瑞典	19 582	18	加拿大	20 257	18	德国	20 813	18	丹麦	21 929
19	丹麦	18 452	19	丹麦	19 264	19	丹麦	20 026	19	比利时	20 485	19	德国	21 706
20	挪威	17 879	20	挪威	18 957	20	挪威	19 957	20	丹麦	20 416	20	比利时	21 529
21	意大利	17 653	21	中国香港	18 930	21	瑞典	19 681	21	荷兰	19 665	21	瑞典	20 693
22	荷兰	17 613	22	意大利	18 505	22	荷兰	19 102	22	瑞典	19 619	22	荷兰	20 554
23	芬兰	17 588	23	荷兰	18 502	23	意大利	19 072	23	意大利	19 348	23	意大利	20 181
24	中国香港	17 477	24	法国	17 874	24	法国	18 460	24	澳大利亚	19 225	24	澳大利亚	20 082
25	澳大利亚	17 418	25	澳大利亚	17 805	25	澳大利亚	18 266	25	波多黎各	18 887	25	波多黎各	19 872
26	法国	17 164	26	芬兰	16 990	26	波多黎各	17 914	26	法国	18 692	26	法国	19 446
27	波多黎各	16 372	27	波多黎各	16 940	27	英国	16 871	27	英国	17 832	27	英国	19 065
28	英国	16 059	28	英国	16 328	28	芬兰	16 677	28	芬兰	16 854	28	芬兰	17 765
29	巴哈马	15 616	29	巴哈马	15 179	29	新西兰	14 891	29	新西兰	15 878	29	新西兰	16 875
30	新西兰	14 827	30	新西兰	14 542	30	巴哈马	14 651	30	以色列	15 155	30	爱尔兰	16 231
135	印度	1 174	136	印度	1 202	136	印度	1 271	130	中国	1 359	130	中国	1 564
141	中国	1 007	141	中国	1 065	140	中国	1 175	135	印度	1 338	135	印度	1 430

（续表）

1995年	国家	值	1996年	国家	值	1997年	国家	值	1998年	国家	值	1999年	国家	值
1	阿联酋	78 384	1	阿联酋	80 188	1	阿联酋	83 567	1	阿联酋	80 274	1	阿联酋	79 725
2	科威特	64 638	2	科威特	66 253	2	科威特	66 911	2	科威特	66 604	2	科威特	62 837
3	文莱	57 290	3	文莱	58 526	3	文莱	57 252	3	文莱	56 224	3	文莱	57 448
4	卢森堡	38 896	4	卢森堡	40 226	4	卢森堡	40 849	4	卢森堡	43 255	4	卢森堡	49 070
5	新加坡	32 687	5	新加坡	34 365	5	新加坡	36 602	5	百慕大	35 121	5	新加坡	37 329
6	中国澳门	32 490	6	巴林	32 575	6	百慕大	33 687	6	新加坡	34 967	6	百慕大	36 622
7	巴林	31 598	7	中国澳门	32 401	7	巴林	33 144	7	巴林	33 964	7	美国	34 639
8	百慕大	30 688	8	百慕大	31 857	8	中国澳门	32 314	8	美国	32 949	8	巴林	34 620
9	美国	28 782	9	美国	30 068	9	美国	31 573	9	中国澳门	30 657	9	瑞士	30 723
10	瑞士	27 425	10	瑞士	28 106	10	瑞士	29 409	10	瑞士	30 276	10	中国澳门	29 875
11	沙特阿拉伯	25 884	11	沙特阿拉伯	26 843	11	挪威	27 955	11	沙特阿拉伯	28 460	11	挪威	29 801
12	阿曼	23 930	12	挪威	26 041	12	沙特阿拉伯	27 698	12	阿曼	27 883	12	冰岛	28 611
13	中国香港	23 650	13	阿曼	24 863	13	阿曼	26 793	13	冰岛	27 803	13	沙特阿拉伯	28 231
14	挪威	23 565	14	奥地利	24 374	14	冰岛	26 069	14	挪威	27 421	14	加拿大	28 157
15	奥地利	23 501	15	冰岛	24 166	15	中国香港	25 461	15	奥地利	26 224	15	奥地利	27 585
16	加拿大	23 192	16	丹麦	24 048	16	丹麦	25 254	16	丹麦	26 137	16	荷兰	27 186
17	冰岛	23 187	17	中国香港	24 018	17	奥地利	25 022	17	加拿大	26 088	17	丹麦	26 928
18	丹麦	22 953	18	日本	23 912	18	加拿大	24 942	18	荷兰	25 475	18	瑞典	26 922
19	日本	22 945	19	加拿大	23 787	19	日本	24 645	19	瑞典	25 422	19	爱尔兰	25 977
20	德国	22 464	20	德国	23 038	20	荷兰	24 085	20	比利时	24 383	20	澳大利亚	25 965
21	比利时	22 455	21	比利时	22 825	21	比利时	23 851	21	日本	24 351	21	德国	25 355
22	瑞典	21 841	22	瑞典	22 656	22	德国	23 542	22	澳大利亚	24 297	22	波多黎各	25 281
23	荷兰	21 530	23	荷兰	22 636	23	瑞典	23 486	23	德国	24 178	23	日本	24 990
24	意大利	21 196	24	澳大利亚	22 077	24	澳大利亚	22 908	24	波多黎各	24 170	24	英国	24 897
25	澳大利亚	21 046	25	意大利	21 920	25	英国	22 830	25	中国香港	24 022	25	意大利	24 739
26	波多黎各	20 919	26	波多黎各	21 673	26	波多黎各	22 698	26	爱尔兰	24 014	26	芬兰	24 603
27	法国	20 185	27	英国	21 322	27	意大利	22 529	27	意大利	23 875	27	法国	24 502
28	英国	20 098	28	法国	20 753	28	爱尔兰	21 706	28	英国	23 652	28	中国香港	24 345
29	以色列	18 921	29	以色列	19 812	29	法国	21 650	29	法国	22 701	29	芬兰	23 613
30	芬兰	18 782	30	爱尔兰	19 594	30	芬兰	20 944	30	芬兰	22 568	30	法国	23 541
126	中国	1 786	125	中国	1 996	125	中国	2 210	124	中国	2 419	121	中国	2 623
135	印度	1 542	135	印度	1 659	136	印度	1 725	134	印度	1 820	134	印度	1 975

（续表）

	2000 年			2001 年			2002 年			2003 年			2004 年	
1	卡塔尔	88 543	1	卡塔尔	90 815	1	卡塔尔	95 974	1	卡塔尔	96 630	1	卡塔尔	108 477
2	阿联酋	86 422	2	阿联酋	86 612	2	阿联酋	87 517	2	阿联酋	92 933	2	阿联酋	96 340
3	科威特	64 182	3	科威特	63 648	3	科威特	64 367	3	科威特	74 545	3	科威特	81 737
4	文莱	59 098	4	文莱	60 771	4	文莱	62 745	4	文莱	64 509	4	文莱	65 292
5	卢森堡	53 711	5	卢森堡	53 957	5	卢森堡	57 524	5	卢森堡	60 719	5	卢森堡	64 900
6	新加坡	40 860	6	百慕大	44 031	6	百慕大	43 761	6	百慕大	45 857	6	中国澳门	52 210
7	百慕大	40 581	7	新加坡	40 296	7	新加坡	42 251	7	新加坡	45 676	7	新加坡	50 769
8	挪威	36 467	8	挪威	37 286	8	美国	38 175	8	中国澳门	40 746	8	百慕大	47 894
9	巴林	36 174	9	巴林	37 125	9	挪威	37 059	9	美国	39 682	9	挪威	42 451
10	瑞士	35 758	10	瑞士	35 852	10	中国澳门	36 006	10	挪威	38 287	10	美国	41 929
11	中国澳门	32 548	11	巴林	33 356	11	巴林	35 979	11	巴林	36 917	11	巴林	38 181
12	阿曼	31 813	12	中国澳门	33 014	12	瑞士	34 629	12	爱尔兰	34 707	12	爱尔兰	36 622
13	荷兰	30 151	13	阿曼	32 461	13	爱尔兰	33 116	13	瑞士	34 574	13	瑞士	35 887
14	沙特阿拉伯	29 438	14	荷兰	30 815	14	阿曼	32 790	14	阿曼	32 413	14	冰岛	33 775
15	加拿大	29 413	15	爱尔兰	30 639	15	荷兰	31 940	15	加拿大	32 032	15	加拿大	33 634
16	奥地利	29 001	16	冰岛	30 485	16	冰岛	31 088	16	荷兰	31 719	16	阿曼	33 387
17	爱尔兰	28 939	17	加拿大	30 013	17	丹麦	30 757	17	奥地利	31 325	17	荷兰	33 170
18	冰岛	28 897	18	丹麦	29 459	18	加拿大	30 631	18	冰岛	30 769	18	中国香港	33 066
19	丹麦	28 873	19	沙特阿拉伯	29 170	19	奥地利	30 464	19	波多黎各	30 768	19	奥地利	32 831
20	瑞典	28 852	20	奥地利	29 061	20	比利时	30 046	20	丹麦	30 445	20	瑞典	32 481
21	比利时	27 985	21	波多黎各	28 902	21	波多黎各	29 828	21	瑞典	30 438	21	丹麦	32 266
22	中国香港	27 683	22	比利时	28 544	22	瑞典	29 278	22	比利时	30 301	22	波多黎各	32 162
23	英国	27 001	23	瑞典	28 262	23	英国	29 023	23	沙特阿拉伯	30 053	23	沙特阿拉伯	32 034
24	澳大利亚	26 386	24	英国	27 872	24	澳大利亚	28 703	24	中国香港	29 945	24	英国	31 954
25	日本	26 339	25	中国香港	27 570	25	沙特阿拉伯	28 387	25	澳大利亚	29 840	25	澳大利亚	31 327
26	德国	25 931	26	澳大利亚	27 445	26	中国香港	28 332	26	德国	29 795	26	比利时	31 163
27	意大利	25 787	27	意大利	27 312	27	法国	27 587	27	德国	28 366	27	芬兰	29 849
28	波多黎各	25 784	28	德国	26 737	28	芬兰	27 531	28	日本	27 944	28	德国	29 665
29	芬兰	25 777	29	芬兰	26 564	29	德国	27 444	29	芬兰	27 633	29	日本	29 378
30	丹麦	25 730	30	日本	26 560	30	日本	27 241	30	意大利	27 427	30	法国	28 077
125	中国	2 854	123	中国	3 150	120	中国	3 466	117	中国	3 865	115	中国	4 346
138	印度	2 053	138	印度	2 176	137	印度	2 257	136	印度	2 444	136	印度	2 669

（续表）

排名	2005年		排名	2006年		排名	2007年		排名	2008年		排名	2009年	
1	卡塔尔	105 575	1	卡塔尔	116 520	1	卡塔尔	118 488	1	卡塔尔	120 527	1	卡塔尔	118 159
2	阿联酋	91 938	2	科威特	93 504	2	科威特	96 262	2	科威特	95 094	2	科威特	84 425
3	科威特	88 821	3	阿联酋	88 572	3	卢森堡	84 425	3	卢森堡	84 393	3	卢森堡	79 093
4	卢森堡	68 290	4	卢森堡	78 555	4	阿联酋	78 902	4	中国澳门	77 112	4	中国澳门	76 902
5	文莱	66 356	5	文莱	70 093	5	中国澳门	75 278	5	阿联酋	70 785	5	文莱	67 757
6	中国澳门	57 296	6	中国澳门	65 933	6	文莱	70 790	6	文莱	69 573	6	新加坡	61 466
7	新加坡	55 013	7	新加坡	59 826	7	新加坡	64 276	7	新加坡	63 246	7	阿联酋	59 812
8	百慕大	49 934	8	百慕大	54 011	8	百慕大	56 702	8	挪威	61 342	8	百慕大	55 381
9	挪威	47 626	9	挪威	53 897	9	挪威	55 762	9	百慕大	58 347	9	挪威	55 297
10	美国	44 314	10	美国	46 444	10	美国	48 070	10	美国	48 407	10	瑞士	47 317
11	巴林	39 249	11	爱尔兰	42 258	11	爱尔兰	44 945	11	瑞士	47 946	11	美国	46 999
12	爱尔兰	38 762	12	瑞士	40 972	12	瑞士	44 699	12	阿曼	46 677	12	阿曼	46 309
13	瑞士	36 964	13	中国香港	39 998	13	中国香港	43 339	13	中国香港	44 857	13	中国香港	43 996
14	中国香港	36 489	14	巴林	39 837	14	阿曼	40 963	14	荷兰	42 915	14	沙特阿拉伯	42 371
15	加拿大	35 973	15	荷兰	38 109	15	巴林	40 794	15	爱尔兰	42 194	15	荷兰	41 370
16	荷兰	35 104	16	加拿大	37 862	16	荷兰	40 672	16	沙特阿拉伯	41 966	16	爱尔兰	40 264
17	阿曼	35 005	17	阿曼	37 580	17	加拿大	39 284	17	巴林	40 872	17	澳大利亚	40 227
18	冰岛	34 889	18	奥地利	36 615	18	沙特阿拉伯	38 623	18	加拿大	40 108	18	巴林	39 559
19	沙特阿拉伯	34 239	19	沙特阿拉伯	36 258	19	瑞典	38 426	19	丹麦	39 830	19	奥地利	39 263
20	奥地利	33 626	20	丹麦	36 079	20	奥地利	38 023	20	奥地利	39 783	20	加拿大	38 745
21	波多黎各	33 430	21	冰岛	35 928	21	丹麦	37 662	21	冰岛	39 718	21	丹麦	38 627
22	英国	33 226	22	瑞典	35 736	22	冰岛	37 101	22	瑞典	39 615	22	冰岛	37 769
23	丹麦	33 193	23	英国	35 427	23	澳大利亚	36 595	23	赤道几内亚	38 613	23	瑞典	37 607
24	瑞典	32 703	24	波多黎各	34 296	24	芬兰	36 119	24	芬兰	38 080	24	比利时	36 904
25	澳大利亚	32 587	25	澳大利亚	34 285	25	英国	36 050	25	澳大利亚	37 511	25	德国	35 961
26	比利时	32 189	26	比利时	34 268	26	比利时	35 607	26	德国	37 119	26	芬兰	35 874
27	德国	31 115	27	德国	33 577	27	德国	35 510	27	比利时	37 025	27	英国	34 830
28	芬兰	30 708	28	芬兰	33 170	28	赤道几内亚	34 704	28	英国	36 346	28	赤道几内亚	34 778
29	日本	30 441	29	日本	31 818	29	波多黎各	34 235	29	波多黎各	34 478	29	波多黎各	34 109
30	赤道几内亚	30 336	30	法国	31 343	30	日本	33 374	30	法国	34 041	30	法国	33 982
113	中国	4 963	112	中国	5 732	109	中国	6 682	106	中国	7 431	103	中国	8 138
134	印度	2 966	135	印度	3 294	134	印度	3 662	134	印度	3 827	130	印度	4 129

（续表）

	2010 年			2011 年			2012 年			2013 年	
1	卡塔尔	124 785	1	卡塔尔	133 733.9	1	卡塔尔	130 054	1	中国澳门	142 564
2	中国澳门	96 821	2	中国澳门	117 187.6	2	中国澳门	127 679	2	卡塔尔	131 758
3	卢森堡	84 064	3	卢森堡	88 848.1	3	卢森堡	87 749	3	卢森堡	90 790
4	科威特	79 476	4	科威特	82 474.8	4	科威特	85 660	4	新加坡	78 744
5	新加坡	70 433	5	新加坡	74 593.9	5	新加坡	75 914	5	文莱	71 759
6	文莱	69 276	6	文莱	71 991.1	6	文莱	72 917	6	挪威	65 461
7	挪威	57 739	7	挪威	61 896.4	7	挪威	64 839	7	沙特阿拉伯	53 780
8	阿联酋	56 275	8	阿联酋	56 376.8	8	阿联酋	58 042	8	瑞士	53 672
9	百慕大	55 309	9	百慕大	54 984.5	9	百慕大	53 030	9	中国香港	53 203
10	瑞士	48 492	10	瑞士	51 301.9	10	瑞士	52 145	10	美国	53 143
11	美国	48 358	11	中国香港	50 086.0	11	沙特阿拉伯	52 016	11	奥地利	44 149
12	中国香港	47 194	12	美国	49 854.5	12	美国	51 755	12	阿曼	44 052
13	阿曼	47 030	13	沙特阿拉伯	49 229.8	13	中国香港	51 151	13	巴林	43 824
14	沙特阿拉伯	45 292	14	阿曼	46 430.4	14	阿曼	45 269	14	澳大利亚	43 550
15	荷兰	41 579	15	荷兰	43 148.1	15	奥地利	43 254	15	瑞典	43 533
16	爱尔兰	41 128	16	爱尔兰	42 945.9	16	爱尔兰	42 971	16	荷兰	43 404
17	丹麦	40 914	17	奥地利	42 887.7	17	澳大利亚	42 816	17	德国	43 332
18	奥地利	40 397	18	丹麦	41 830.9	18	荷兰	42 486	18	爱尔兰	43 304
19	加拿大	39 972	19	瑞典	41 762.7	19	瑞典	42 022	19	加拿大	43 247
20	巴林	39 772	20	澳大利亚	41 670.6	20	丹麦	41 934	20	丹麦	42 764
21	瑞典	39 569	21	加拿大	41 332.5	21	加拿大	41 924	21	比利时	40 338
22	澳大利亚	39 066	22	德国	40 980.4	22	德国	41 860	22	冰岛	39 996
23	德国	38 310	23	巴林	40 083.4	23	巴林	41 369	23	芬兰	38 251
24	比利时	38 148	24	比利时	39 839.5	24	比利时	39 764	24	法国	36 907
25	冰岛	36 633	25	芬兰	38 617.9	25	芬兰	38 389	25	日本	36 315
26	芬兰	36 586	26	冰岛	38 215.8	26	冰岛	38 348	26	英国	36 197
27	法国	34 764	27	法国	36 263.5	27	法国	36 072	27	新西兰	34 826
28	英国	34 247	28	阿鲁巴	36 016.5	28	赤道几内亚	35 908	28	波多黎各	34 744
29	波多黎各	33 916	29	赤道几内亚	35 160.5	29	日本	35 315	29	意大利	34 303
30	日本	33 793	30	英国	34 800.5	30	英国	34 778	30	赤道几内亚	33 720
100	中国	9 053	99	中国	10 040.6	93	中国	10 945	82	中国	11 904
129	印度	4 549	129	印度	4 883.1	127	印度	5 138	121	印度	5 410

10.2 按汇率法比较人均 GDP

表 10-4 显示,如果按照汇率法计算,中国在 1990 年的人均 GDP 为 314 美元,到 2013 年增加为 6 807 美元,增长 21.67 倍。按照汇率法计算的人均 GDP 增长速度明显地高于按照购买力平价法计算的结果(11.82 倍),显然,由于人民币自 2005 年以来升值超过 30.0%,从而拉高了按照汇率法计算的人均 GDP。

按照汇率法计算,美国在 1990—2013 年人均 GDP 增长 2.21 倍,日本增长 1.53 倍,英国增长 2.21 倍。由此可见,无论是采用汇率法还是购买力平价法,西方工业国的人均 GDP 增长幅度都差不多。印度增长了 3.99 倍,和购买力平价法计算的结果(4.61 倍)略有差距,但是差距不像中国这么大。

表 10-4 人均 GDP(汇率法)　　　　　　　　(单位:美元)

国家	1990 年	1995 年	2000 年	2005 年	2010 年	2013 年
中国	314	604	949	1 731	4 433	6 807
美国	23 955	28 782	36 467	44 314	48 358	53 143
日本	25 124	42 522	37 292	35 781	43 118	38 492
英国	17 805	20 350	25 362	38 432	36 573	39 337
印度	376	383	457	470	1 417	1 499

数据来源:世界银行数据库,2014。

表 10-5 显示,按照汇率法计算,在 1990 年美国的人均 GDP 是中国的 76.29 倍,日本是中国的 80.01 倍,英国是中国的 56.70 倍。在 2013 年,美国的人均 GDP 是中国的 7.81 倍,日本是中国的 5.65 倍,英国是中国的 5.78 倍。一方面,中国的人均 GDP 和西方各国的差距在缩小,另一方面,现存的差距依然非常大。想要全面赶上西方的生活水平,绝非易事,中国人还要谦虚谨慎,努力奋斗几十年。

表 10-5　各国人均 GDP 与中国比较(汇率法)

国家	1990 年	1995 年	2000 年	2005 年	2010 年	2013 年
中国	1.00	1.00	1.00	1.00	1.00	1.00
美国	76.29	47.65	38.43	25.60	10.91	7.81
日本	80.01	70.40	39.30	20.67	9.73	5.65
英国	56.70	33.69	26.72	22.20	8.25	5.78
印度	1.20	0.63	0.48	0.27	0.32	0.22

数据来源:根据表 10-4 计算。

在 1990 年,以汇率法计算人均 GDP,印度是 376 美元,中国是 314 美元,印度比中国高 19.7%。到了 2013 年,中国的人均 GDP 是 6 807 美元,印度是 1 499 美元,印度的人均 GDP 仅仅是中国的 22.0%。从长期趋势来看,这个差距不是在缩小而是在继续扩大。

按照汇率法的各个国家或地区的经济规模排名(见表 10-6),中国在 1990 年居第 162 位,印度排第 152 位。可谓"难兄难弟",但是印度的排名高出中国 10 位。到了 2013 年,中国的排名上升为第 80 位,印度为第 141 位。在这段时间,中国在排名榜的位置上升了 82 位,印度仅仅上升了 11 位,显然,中印两国在人均 GDP 上已经出现了较大的差距。

表 10-6　按汇率法估算人均 GDP 的排名

（单位：美元）

1990年			1991年			1992年			1993年			1994年		
名次	国家	GDP	名次	国家	GDP	名次	国家	GDP	名次	国家	GDP	名次	国家	GDP
1	摩纳哥	84 290	1	摩纳哥	83 727	1	摩纳哥	91 651	1	摩纳哥	85 422	1	摩纳哥	89 416
2	列支敦士登	49 452	2	列支敦士登	50 978	2	列支敦士登	55 272	2	列支敦士登	55 892	2	列支敦士登	64 140
3	瑞士	36 337	3	瑞士	36 310	3	卢森堡	39 230	3	卢森堡	39 721	3	卢森堡	43 555
4	卢森堡	33 177	4	卢森堡	35 439	4	瑞士	37 383	4	瑞士	36 027	4	瑞士	39 567
5	瑞典	29 026	5	瑞典	30 192	5	瑞典	31 120	5	日本	35 451	5	日本	38 815
6	挪威	28 066	6	日本	28 541	6	日本	31 014	6	百慕大	30 901	6	百慕大	31 476
7	芬兰	27 852	7	挪威	28 077	7	挪威	29 932	7	挪威	27 405	7	丹麦	29 502
8	百慕大	27 732	8	百慕大	27 700	8	丹麦	29 044	8	丹麦	27 103	8	挪威	28 713
9	阿联酋	26 842	9	阿联酋	27 019	9	百慕大	28 670	9	美国	26 465	9	美国	27 776
10	丹麦	26 423	10	丹麦	26 520	10	阿联酋	26 945	10	阿联酋	26 224	10	阿联酋	26 568
11	日本	25 124	11	冰岛	26 406	11	冰岛	26 722	11	德国	24 736	11	德国	26 376
12	冰岛	25 009	12	芬兰	24 991	12	德国	25 605	12	奥地利	23 834	12	奥地利	25 383
13	美国	23 955	13	美国	24 405	13	美国	25 493	13	冰岛	23 230	13	瑞典	24 775
14	德国	21 584	14	德国	22 604	14	奥地利	24 625	14	瑞典	23 173	14	比利时	23 914
15	奥地利	21 458	15	奥地利	22 181	15	法国	23 330	15	比利时	22 013	15	冰岛	23 663
16	加拿大	21 302	16	加拿大	21 591	16	比利时	23 088	16	法国	21 944	16	法国	23 059
17	法国	21 301	17	法国	21 268	17	意大利	22 395	17	荷兰	21 418	17	荷兰	22 830
18	意大利	20 350	18	意大利	21 155	18	荷兰	22 142	18	中国香港	20 396	18	中国香港	22 503
19	比利时	20 065	19	比利时	20 786	19	芬兰	21 851	19	加拿大	19 936	19	新加坡	21 578
20	荷兰	19 722	20	荷兰	20 131	20	加拿大	20 693	20	新加坡	18 302	20	加拿大	19 786
21	安道尔	18 877	21	安道尔	19 531	21	安道尔	20 542	21	意大利	18 055	21	芬兰	19 777
22	格陵兰	18 327	22	澳大利亚	18 837	22	英国	19 212	22	澳大利亚	17 658	22	英国	18 664
23	澳大利亚	18 247	23	英国	18 571	23	格陵兰	18 769	23	英国	17 270	23	意大利	18 632
24	英国	17 805	24	格陵兰	18 315	24	澳大利亚	18 599	24	芬兰	17 240	24	爱尔兰	18 124
25	卡塔尔	15 446	25	中国香港	15 466	25	中国香港	17 976	25	新喀里多尼亚	16 897	25	澳大利亚	18 081
26	新喀里多尼亚	15 055	26	新喀里多尼亚	15 414	26	新喀里多尼亚	16 544	26	格陵兰	16 797	26	阿鲁巴	17 342
27	爱尔兰	13 779	27	新加坡	14 505	27	新加坡	16 144	27	安道尔	16 509	27	新喀里多尼亚	16 240
28	文莱	13 702	28	西班牙	14 378	28	西班牙	15 666	28	文莱	14 681	28	安道尔	16 227
29	新西兰	13 544	29	卡塔尔	14 189	29	卡塔尔	15 617	29	卡塔尔	14 546	29	爱尔兰	15 617
30	中国香港	13 486	30	文莱	14 004	30	爱尔兰	15 432	30	爱尔兰	14 394	30	新西兰	15 102
152	印度	376	158	中国	330	150	中国	363	151	中国	374	139	中国	469
162	中国	314	159	印度	310	155	印度	324	158	印度	309	152	印度	355

（续表）

1995年			1996年			1997年			1998年			1999年		
1	摩纳哥	101 963	1	摩纳哥	101 316	1	摩纳哥	90 909	1	摩纳哥	93 111	1	摩纳哥	91 398
2	列支敦士登	78 737	2	列支敦士登	80 034	2	列支敦士登	72 372	2	列支敦士登	76 945	2	列支敦士登	81 531
3	卢森堡	50 593	3	卢森堡	49 681	3	卢森堡	48 479	3	百慕大	51 372	3	百慕大	54 245
4	瑞士	46 014	4	百慕大	44 827	4	百慕大	44 140	4	卢森堡	45 565	4	卢森堡	49 214
5	日本	42 522	5	瑞士	44 123	5	瑞士	38 408	5	瑞士	39 227	5	瑞士	38 291
6	丹麦	34 774	6	日本	37 422	6	挪威	35 918	6	挪威	34 106	6	挪威	35 645
7	挪威	34 152	7	挪威	36 555	7	日本	34 295	7	美国	32 949	7	日本	34 999
8	百慕大	33 930	8	丹麦	35 043	8	丹麦	32 249	8	丹麦	32 739	8	美国	34 639
9	德国	30 838	9	瑞典	31 270	9	美国	31 573	9	日本	30 967	9	丹麦	32 685
10	奥地利	30 014	10	美国	30 068	10	阿联酋	30 218	10	冰岛	30 257	10	圣马力诺	32 089
11	美国	28 782	11	阿联酋	29 776	11	瑞典	28 620	11	瑞典	28 779	11	冰岛	31 518
12	瑞典	28 739	12	德国	29 750	12	冰岛	27 378	12	阿联酋	27 483	12	瑞典	29 218
13	比利时	28 068	13	奥地利	29 486	13	中国香港	27 330	13	奥地利	26 744	13	阿联酋	29 183
14	阿联酋	28 020	14	冰岛	27 261	14	新加坡	26 387	14	德国	26 548	14	奥地利	26 563
15	荷兰	27 102	15	比利时	27 154	15	德国	26 297	15	中国香港	25 809	15	荷兰	26 022
16	法国	26 403	16	荷兰	26 914	16	奥地利	26 082	16	荷兰	25 635	16	德国	25 957
17	冰岛	26 239	17	法国	26 322	17	荷兰	24 761	17	英国	25 266	17	英国	25 871
18	芬兰	25 609	18	新加坡	26 262	18	比利时	24 532	18	芬兰	25 180	18	爱尔兰	25 723
19	新加坡	24 937	19	芬兰	25 038	19	芬兰	23 928	19	比利时	25 051	19	芬兰	25 230
20	中国香港	23 497	20	中国香港	24 818	20	英国	23 734	20	法国	24 406	20	中国香港	25 092
21	格陵兰	21 666	21	意大利	22 271	21	法国	23 706	21	爱尔兰	23 750	21	比利时	24 887
22	澳大利亚	20 509	22	澳大利亚	21 931	22	澳大利亚	23 537	22	意大利	21 824	22	法国	24 075
23	格陵兰	20 375	23	格陵兰	21 422	23	爱尔兰	22 120	23	澳大利亚	21 519	23	加拿大	22 110
24	英国	20 350	24	英国	21 349	24	加拿大	21 709	24	加拿大	21 352	24	新加坡	21 796
25	意大利	19 910	25	加拿大	21 129	25	卡塔尔	21 337	25	格陵兰	20 875	25	卡塔尔	21 660
26	爱尔兰	18 814	26	爱尔兰	20 444	26	意大利	21 070	26	格陵兰	20 497	26	意大利	21 227
27	新喀里多尼亚	18 800	27	科威特	19 866	27	格陵兰	19 146	27	阿鲁巴	19 082	27	马恩岛	20 659
28	安道尔	18 460	28	安道尔	19 044	28	以色列	18 587	28	安道尔	18 996	28	澳大利亚	20 547
29	以色列	17 310	29	新西兰	18 640	29	科威特	18 552	29	卡塔尔	18 634	29	巴哈马	20 515
30	新西兰	17 269	30	以色列	18 465	30	安道尔	18 422	30	马恩岛	18 471	30	格陵兰	20 170
138	中国	604	136	中国	703	135	中国	774	131	中国	821	130	中国	865
156	印度	384	154	印度	411	156	印度	427	156	印度	425	150	印度	455

（续表）

2000年 排名	国家/地区	GDP	2001年 排名	国家/地区	GDP	2002年 排名	国家/地区	GDP	2003年 排名	国家/地区	GDP	2004年 排名	国家/地区	GDP
1	摩纳哥	82 537	1	摩纳哥	82 537	1	摩纳哥	88 996	1	摩纳哥	108 863	1	摩纳哥	123 264
2	列支敦士登	75 058	2	列支敦士登	74 438	2	列支敦士登	79 496	2	列支敦士登	89 945	2	列支敦士登	100 287
3	百慕大	56 284	3	百慕大	58 884	3	百慕大	62 583	3	百慕大	66 112	3	卢森堡	74 389
4	卢森堡	46 453	4	卢森堡	45 743	4	卢森堡	50 583	4	卢森堡	64 532	4	百慕大	70 359
5	挪威	37 473	5	挪威	37 867	5	挪威	42 292	5	挪威	49 264	5	挪威	56 628
6	日本	37 292	6	美国	37 286	6	瑞士	39 350	6	瑞士	45 589	6	瑞士	50 642
7	美国	36 467	7	瑞士	36 328	7	美国	38 175	7	爱尔兰	39 717	7	爱尔兰	45 766
8	瑞士	35 639	8	阿联酋	32 985	8	阿联酋	34 062	8	美国	39 682	8	冰岛	45 370
9	阿联酋	34 476	9	丹麦	32 716	9	丹麦	32 344	9	丹麦	39 443	9	丹麦	45 282
10	冰岛	30 929	10	圣马力诺	29 946	10	圣马力诺	31 355	10	圣马力诺	39 128	10	圣马力诺	44 976
11	丹麦	29 980	11	卡塔尔	29 679	11	爱尔兰	31 286	11	冰岛	37 890	11	卡塔尔	44 052
12	卡塔尔	29 914	12	冰岛	28 667	12	日本	31 236	12	阿联酋	36 906	12	美国	41 929
13	圣马力诺	28 696	13	爱尔兰	27 803	13	冰岛	30 979	13	卡塔尔	35 644	13	阿联酋	40 404
14	瑞典	27 869	14	瑞典	27 201	14	卡塔尔	30 749	14	瑞典	35 131	14	瑞典	40 261
15	中国香港	25 757	15	中国香港	25 558	15	瑞典	28 119	15	日本	33 691	15	荷兰	37 458
16	爱尔兰	25 579	16	英国	25 230	16	英国	27 301	16	荷兰	33 177	16	英国	37 021
17	英国	25 362	17	荷兰	25 121	17	荷兰	27 111	17	芬兰	31 509	17	日本	36 442
18	荷兰	24 180	18	芬兰	24 969	18	芬兰	25 994	18	英国	31 437	18	芬兰	36 163
19	加拿大	24 032	19	奥地利	24 025	19	奥地利	25 679	19	奥地利	31 269	19	奥地利	35 662
20	奥地利	23 974	20	加拿大	23 834	20	中国香港	24 666	20	比利时	30 039	20	比利时	34 707
21	新加坡	23 793	21	德国	23 574	21	比利时	24 465	21	德国	29 367	21	马恩岛	34 624
22	芬兰	23 530	22	比利时	22 840	22	德国	24 326	22	马恩岛	28 794	22	德国	33 040
23	德国	22 946	23	法国	22 601	23	马恩岛	24 223	23	加拿大	28 669	23	法国	32 785
24	比利时	22 697	24	新加坡	21 812	24	加拿大	23 995	24	意大利	28 026	24	加拿大	31 830
25	法国	21 775	25	巴哈马	21 577	25	法国	23 494	25	安道尔	26 425	25	澳大利亚	30 464
26	澳大利亚	21 678	26	巴哈马	21 507	26	巴哈马	22 515	26	格陵兰	25 355	26	意大利	30 086
27	巴哈马	21 251	27	马恩岛	20 802	27	新加坡	22 017	27	安道尔	25 129	27	安道尔	29 372
28	阿鲁巴	20 620	28	阿鲁巴	20 672	28	意大利	21 472	28	中国香港	23 977	28	格陵兰	28 904
29	马恩岛	20 359	29	意大利	19 723	29	格陵兰	20 653	29	新加坡	23 574	29	新加坡	27 405
30	以色列	19 859	30	澳大利亚	19 505	30	阿鲁巴	20 434	30	澳大利亚	23 456	30	科威特	27 062
131	中国	949	126	中国	1 042	123	中国	1 135	122	中国	1 274	121	中国	1 490
156	印度	457	154	印度	466	151	印度	487	151	印度	565	152	印度	650

（续表）

2005年			2006年			2007年			2008年			2009年		
1	摩纳哥	126 559	1	摩纳哥	135 689	1	摩纳哥	170 633	1	摩纳哥	193 892	1	摩纳哥	153 042
2	列支敦士登	105 307	2	列支敦士登	113 874	2	列支敦士登	130 349	2	列支敦士登	138 537	2	列支敦士登	134 617
3	卢森堡	80 925	3	卢森堡	90 016	3	卢森堡	106 920	3	卢森堡	112 029	3	卢森堡	99 282
4	百慕大	75 882	4	百慕大	83 913	4	百慕大	90 850	4	挪威	95 190	4	百慕大	88 463
5	挪威	65 767	5	挪威	72 960	5	挪威	83 556	5	百慕大	93 606	5	挪威	78 457
6	冰岛	54 885	6	卡塔尔	62 921	6	卡塔尔	69 167	6	卡塔尔	84 813	6	瑞士	65 790
7	卡塔尔	54 229	7	冰岛	54 814	7	冰岛	65 566	7	瑞士	68 555	7	卡塔尔	62 528
8	瑞士	51 734	8	瑞士	54 140	8	瑞士	59 664	8	丹麦	62 596	8	丹麦	56 227
9	爱尔兰	48 698	9	爱尔兰	52 119	9	爱尔兰	59 008	9	圣马力诺	62 189	9	爱尔兰	49 708
10	丹麦	47 547	10	丹麦	50 462	10	丹麦	57 021	10	爱尔兰	58 811	10	荷兰	48 174
11	圣马力诺	46 194	11	圣马力诺	48 758	11	圣马力诺	55 557	11	科威特	54 549	11	美国	46 999
12	美国	44 314	12	美国	46 444	12	瑞典	50 558	12	冰岛	53 029	12	奥地利	45 872
13	阿联酋	43 534	13	阿联酋	45 554	13	马恩岛	49 817	13	荷兰	52 951	13	芬兰	44 838
14	瑞典	41 041	14	瑞典	43 949	14	美国	48 070	14	瑞典	52 731	14	比利时	43 834
15	荷兰	39 122	15	马恩岛	42 402	15	荷兰	47 771	15	芬兰	51 187	15	瑞典	43 640
16	英国	38 432	16	科威特	42 012	16	英国	46 591	16	奥地利	49 679	16	澳大利亚	42 722
17	芬兰	37 319	17	荷兰	41 459	17	芬兰	46 538	17	澳大利亚	49 673	17	中国澳门	40 860
18	奥地利	37 067	18	英国	40 808	18	奥地利	45 181	18	美国	48 407	18	加拿大	40 764
19	马恩岛	36 290	19	加拿大	40 245	19	科威特	44 902	19	比利时	47 374	19	法国	40 488
20	加拿大	36 029	20	芬兰	39 487	20	阿联酋	44 489	20	安道尔	46 418	20	德国	40 270
21	比利时	36 011	21	奥地利	39 300	21	加拿大	44 329	21	阿联酋	46 403	21	日本	39 473
22	日本	35 731	22	比利时	37 919	22	比利时	43 255	22	加拿大	46 399	22	新加坡	38 577
23	科威特	35 186	23	澳大利亚	36 113	23	澳大利亚	40 996	23	德国	44 132	23	冰岛	38 039
24	澳大利亚	34 012	24	法国	35 457	24	德国	40 403	24	法国	43 992	24	科威特	37 161
25	法国	33 819	25	德国	35 238	25	法国	40 342	25	英国	43 487	25	意大利	35 724
26	德国	33 543	26	安道尔	34 485	26	安道尔	39 923	26	中国澳门	40 847	26	英国	35 455
27	安道尔	31 269	27	日本	34 102	27	新加坡	39 224	27	新加坡	39 722	27	阿联酋	33 013
28	意大利	30 814	28	新加坡	33 579	28	格陵兰	37 517	28	意大利	39 222	28	西班牙	31 368
29	格陵兰	29 903	29	意大利	32 213	29	中国澳门	36 607	29	日本	37 972	29	中国香港	30 697
30	新加坡	29 870	30	格陵兰	30 620	30	意大利	36 400	30	文莱	37 094	30	塞浦路斯	29 428
123	中国	1 731	127	中国	2 069	122	中国	2 651	117	中国	3 414	109	中国	3 749
153	印度	740	157	印度	830	151	印度	1 069	157	印度	1 042	149	印度	1 147

（续表）

	2010 年			2011 年			2012 年			2013 年	
1	摩纳哥	145 230	1	摩纳哥	163 026	1	卢森堡	103 859	1	卢森堡	111 162
2	卢森堡	102 679	2	卢森堡	111 913	2	挪威	99 636	2	挪威	100 819
3	百慕大	88 207	3	挪威	99 091	3	卡塔尔	92 633	3	卡塔尔	93 352
4	挪威	86 096	4	卡塔尔	88 861	4	百慕大	84 471	4	中国澳门	91 376
5	卡塔尔	71 510	5	百慕大	85 973	5	瑞士	78 929	5	瑞士	80 477
6	瑞士	70 174	6	瑞士	83 270	6	中国澳门	77 196	6	澳大利亚	67 468
7	丹麦	56 411	7	中国澳门	67 062	7	澳大利亚	67 436	7	丹麦	58 894
8	中国澳门	53 046	8	澳大利亚	62 081	8	科威特	56 367	8	瑞典	58 269
9	澳大利亚	51 825	9	丹麦	59 912	9	丹麦	56 364	9	新加坡	55 182
10	瑞典	49 377	10	瑞典	56 724	10	瑞典	55 039	10	美国	53 143
11	美国	48 358	11	新加坡	52 871	11	新加坡	54 007	11	加拿大	51 958
12	加拿大	47 465	12	加拿大	51 791	12	加拿大	52 409	12	奥地利	49 054
13	荷兰	46 773	13	科威特	51 397	13	美国	51 755	13	荷兰	47 617
14	新加坡	46 570	14	荷兰	49 886	14	奥地利	46 792	14	爱尔兰	47 400
15	爱尔兰	45 917	15	美国	49 855	15	日本	46 548	15	芬兰	47 219
16	奥地利	45 017	16	奥地利	49 485	16	荷兰	45 961	16	比利时	45 387
17	芬兰	44 134	17	爱尔兰	49 387	17	爱尔兰	45 922	17	冰岛	45 263
18	比利时	43 151	18	芬兰	48 695	18	芬兰	45 649	18	德国	45 085
19	日本	43 118	19	比利时	46 464	19	比利时	43 396	19	新西兰	41 556
20	德国	40 408	20	日本	46 204	20	德国	42 598	20	法国	41 421
21	科威特	40 091	21	德国	44 355	21	冰岛	42 362	21	英国	39 337
22	冰岛	39 507	22	冰岛	44 019	22	阿联酋	41 692	22	文莱	38 563
23	法国	39 448	23	法国	42 578	23	文莱	41 127	23	日本	38 492
24	英国	36 573	24	文莱	41 060	24	法国	39 759	24	中国香港	38 124
25	意大利	34 673	25	阿联酋	39 058	25	新西兰	38 678	25	以色列	36 151
26	阿联酋	34 049	26	英国	38 927	26	英国	38 649	26	意大利	34 619
27	新西兰	32 846	27	新西兰	37 193	27	中国香港	36 708	27	西班牙	29 118
28	中国香港	32 550	28	意大利	36 988	28	意大利	33 814	28	波多黎各	28 529
29	文莱	30 880	29	中国香港	35 143	29	以色列	32 567	29	韩国	25 977
30	以色列	30 389	30	以色列	33 251	30	西班牙	28 282	30	沙特阿拉伯	25 852
101	中国	4 433	97	中国	5 447	91	中国	6 093	80	中国	6 807
142	印度	1 417	146	印度	1 540	143	印度	1 503	141	印度	1 499

第十一章

能源、人均耕地、水资源、医疗卫生的排名榜

11.1　按照能源的排名榜

对于任何国家来说,能源生产都事关重大。人均能源产量不仅反映出一个国家的生产要素状况,还在一定程度上反映出人民的生活水平。

从世界各国能源产出的数据排名来看(见表 11-1),中国煤炭产量居世界第一,原油总产量居第四。可是摊到每个人头上,中国人均煤炭产出为世界平均水平的 2.55 倍,原油人均产量只有世界平均值的 26.2%,天然气的人均产量只有世界平均水平的 16.3%。和世界上大多数国家相比,中国的人均能源占有量连中游水平都没有达到。

美国的人均煤炭产量是中国的 1.21 倍,俄罗斯人均煤炭产出是中国的 94.2%,澳大利亚的人均煤炭产出是中国的 7.15 倍。

美国人均石油产量是中国的 7.57 倍,俄罗斯是中国的 24.07 倍,加拿大是中国的 32.90 倍,英国是中国的 5.55 倍。

美国天然气人均产量是中国的 26.27 倍,加拿大是中国的 59.28 倍,俄罗斯是中国的 61.20 倍,伊朗是中国的 24.30 倍,澳大利亚是中国的 33.63 倍。

表 11-1　各国能源总产量和人均产量

国家或地区	总产量(万吨标准油)			人均产量(吨标准油)		
	煤炭	原油	天然气	煤炭	原油	天然气
世界	394 296	410 635	281 324	55.0	57.2	39.2
中国	190 249	20 320	8 626	140.4	15.0	6.4
美国	53 970	36 123	53 455	169.7	113.6	168.1
加拿大	3 361	17 274	13 280	96.0	493.5	379.4
俄罗斯	18 779	51 265	55 624	132.2	361.0	391.7
印度	25 316	4 421	3 837	20.5	3.6	3.1
印度尼西亚	21 568	4 660	7 997	85.2	18.4	31.6
伊朗	78	21 925	12 598	1.0	270.7	155.5
英国	1 099	5 328	4 070	17.2	83.3	63.6
澳大利亚	23 089	2 046	4 950	1 003.9	89.0	215.2
哈萨克斯坦	5 123	8 242	2 475	284.6	457.9	137.5

数据来源:《中国统计年鉴,2013》,国际能源数据库,附录 2-13 能源平衡表(2011)。

如果比较人均能源使用量,美国是中国的 3.47 倍,加拿大是中国的 3.61 倍(见表 11-2)。

表 11-2　2011 年人均能源使用量排名

排名	国家或地区	人均能源使用量(千克石油当量)	相当于中国的倍数
1	冰岛	17 964	8.85
2	卡塔尔	17 419	8.58
3	特立尼达和多巴哥	15 691	7.73
4	科威特	10 408	5.13
5	文莱达鲁萨兰国	9 427	4.65
6	阿曼	8 356	4.12
7	卢森堡	8 046	3.97
8	阿拉伯联合酋长国	7 407	3.65
9	巴林	7 353	3.62
10	加拿大	7 333	3.61
11	美国	7 032	3.47
12	沙特阿拉伯	6 738	3.32

（续表）

排名	国家或地区	人均能源使用量 （千克石油当量）	相当于中国的倍数
13	新加坡	6 452	3.18
14	芬兰	6 449	3.18
15	挪威	5 681	2.80
16	澳大利亚	5 501	2.71
17	比利时	5 349	2.64
18	韩国	5 232	2.58
19	瑞典	5 190	2.56
20	俄罗斯	5 113	2.52
28	法国	3 869	1.91
29	德国	3 811	1.88
30	日本	3 610	1.78
37	英国	2 973	1.47
56	中国香港	2 106	1.04
58	中国	2 029	1.00
108	印度	614	0.30

数据来源:世界银行数据库。

除了煤炭指标以外,中国的人均能源产量和其他发达国家相比还有相当大的差距。中国石油、天然气的人均储量不到世界平均水平的1/10,可是,能源利用效率却很低。以2009年为例,中国经济规模占世界的8.6%,却消耗了世界上46.9%的煤炭和10.4%的石油。美国GDP占世界的24.3%,煤炭和石油消费量分别占15.2%和21.7%;日本GDP占8.7%,煤炭和石油消费量分别只占3.3%和5.1%。提高能源使用效率,节能减排是当务之急。

11.2 按照人均耕地的排名榜

如果比较人均耕地,中国在209个国家或地区中排名第144位(见表11-3)。澳大利亚的人均耕地是中国的26.44倍,美国是中国的6.30倍。中国的人均耕地面积是世界平均水平的39.5%。

表 11-3　2012 年人均耕地排名

排名	国家或地区	人均耕地（公顷）	相当于中国的倍数
1	澳大利亚	2.0733	26.44
2	哈萨克斯坦	1.3638	17.40
3	加拿大	1.3211	16.85
4	阿根廷	0.9563	12.20
5	尼日尔	0.9267	11.82
6	俄罗斯	0.8364	10.67
7	立陶宛	0.7566	9.65
8	乌克兰	0.7132	9.10
9	巴拉圭	0.6595	8.41
10	白俄罗斯	0.5835	7.44
11	拉脱维亚	0.5791	7.39
12	圭亚那	0.5281	6.74
13	乌拉圭	0.5172	6.60
14	摩尔多瓦	0.5096	6.50
15	美国	0.4942	6.30
16	爱沙尼亚	0.4687	5.98
17	马里	0.4619	5.89
18	塞尔维亚	0.4559	5.81
19	保加利亚	0.4540	5.79
20	匈牙利	0.4432	5.65
98	德国	0.1471	1.88
111	印度	0.1263	1.61
132	英国	0.0975	1.24
144	中国	0.0784	1.00
174	日本	0.0333	0.42
180	韩国	0.0304	0.39
208	中国香港	0.0004	0.01

数据来源：世界银行数据库。

11.3　按照水资源的排名榜

如果比较人均可再生内陆淡水资源,美国是中国的 4.30 倍,加拿大是中国的 39.12 倍(见表 11-4)。中国人均水资源仅为世界平均水平的 1/4。提高淡水利用效率,保护水资源是中国面临的严重挑战。

表 11-4　2013 年人均可再生内陆淡水资源排名

排名	国家或地区	淡水资源(立方米)	相当于中国的倍数
1	冰岛	526 313	254.01
2	圭亚那	301 396	145.46
3	苏里南	183 579	88.60
4	巴布亚新几内亚	109 407	52.80
5	不丹	103 456	49.93
6	加蓬	98 103	47.35
7	加拿大	81 062	39.12
8	挪威	75 135	36.26
9	新西兰	73 141	35.30
10	秘鲁	54 024	26.07
11	智利	50 228	24.24
12	刚果(布)	49 914	24.09
13	哥伦比亚	46 977	22.67
14	利比里亚	46 576	22.48
15	伯利兹	45 978	22.19
16	巴拿马	35 350	17.06
17	赤道几内亚	34 345	16.58
18	斐济	32 404	15.64
19	中非共和国	30 543	14.74
20	俄罗斯	30 056	14.51
51	美国	8 914	4.30
79	日本	3 377	1.63
97	英国	2 262	1.09
101	中国	2 072	1.00
113	德国	1 327	0.64
115	韩国	1 291	0.62
124	印度	1 155	0.56

数据来源:世界银行数据库。

11.4 按照医疗卫生支出的排名榜

如果比较人均医疗卫生支出(按购买力平价衡量),美国是中国的 18.53 倍,加拿大是中国的 9.74 倍,德国是中国的 9.62 倍,日本是中国的 7.45 倍 (见表 11-5)。

表 11-5 2012 年按购买力平价衡量的人均医疗卫生支出排名

排名	国家或地区	人均医疗卫生支出 (2005 年不变价国际元)	相当于中国的 倍数
1	美国	8 895	18.53
2	卢森堡	6 341	13.21
3	瑞士	6 062	12.63
4	摩纳哥	6 026	12.56
5	挪威	5 970	12.44
6	荷兰	5 385	11.22
7	奥地利	5 065	10.55
8	丹麦	4 720	9.83
9	加拿大	4 676	9.74
10	德国	4 617	9.62
11	比利时	4 320	9.00
12	法国	4 260	8.88
13	瑞典	4 158	8.66
14	澳大利亚	4 068	8.48
15	圣马力诺	3 736	7.78
16	日本	3 578	7.45
17	芬兰	3 545	7.39
18	爱尔兰	3 529	7.35
19	安道尔共和国	3 499	7.29
20	英国	3 495	7.28
31	韩国	2 321	4.84
102	中国	480	1.00
142	印度	157	0.33

数据来源:世界银行数据库。

第十二章

GDP 排名榜的变迁

12.1 多个观察角度,多种经济排名

在比较经济规模的时候,免不了给世界各国排名。听说世界银行宣布中国在 2014 年 10 月超越美国成为世界上最大的经济体,有些人十分兴奋,好像世界上发生了什么重大的变故。其实,完全没有必要过分看重各国经济规模的排名榜。从不同的角度观察经济规模,可能得出完全不同的结论。

世界各国,寸有所长,尺有所短,各有千秋。从国家综合国力来说,中国的经济规模确实很大,在许多工业、农业产品上都位居世界第一,人多力量大,这些评语恰如其分。但是另外一方面,中国人口基数大,摊到每一个人头上,无论是国民收入还是耕地、能源和各种自然资源都少得可怜。从人均 GDP 来讲,中国在世界上的排名还相当低。

世界银行公布的国际比较项目(ICP)排名榜是按照购买力平价法估算的。不要忘记,世界银行同时还公布了另外一套按照汇率法估算的排名榜。除了这两套关于 GDP 的排名榜之外,还有许多不同的排名榜。例如,可以按照人均 GDP 来排名,按照物质性产出排名,按照人均消费排名,在调整服务业占比之后还可以再度排名。每一个角度都有相对应的购买力平价法和汇率法两套数据,因此,至少可以列出 10 套排名榜,世界银行公布的数字只不过是诸

多排名榜中的一个。

观察一个国家的经济规模,就像观察一颗多棱体的钻石,从不同的角度看到不同的颜色。绝对不能以偏概全,只见树木不见森林。更不能像瞎子摸象那样,摸到肚子就说大象是堵墙,摸到尾巴就说大象是根绳,摸到大腿就说大象是根柱子。说大象像墙、像绳子、像柱子等,只反映了局部的现象,似乎都没错,可是,只有从多个角度观察才能接近大象真实的面貌。

12.2 按照购买力平价法的排名变迁

当前,人们关注的目光聚焦在世界银行和 IMF 提供的 GDP 数据上,这套数据是按照购买力平价法计算出来的,如表 12-1、图 12-1、表 12-2 所示。

表 12-1　按照购买力平价法估算各国 GDP　　　　（单位:亿美元）

国家	1990 年	1995 年	2000 年	2005 年	2010 年	2013 年
中国	11 427	21 514	36 163	64 702	121 098	161 577
美国	59 796	76 640	102 897	130 945	149 583	168 000
日本	23 780	28 782	32 898	38 896	43 227	46 244
英国	9 193	11 660	15 540	20 069	22 464	23 209
印度	10 200	14 742	23 055	33 434	44 955	67 744

数据来源:世界银行数据库,2014。

表 12-2　按照购买力平价法比较各国 GDP

国家	1990 年	1995 年	2000 年	2005 年	2010 年	2013 年
中国	1.00	1.00	1.00	1.00	1.00	1.00
美国	5.23	3.56	2.85	2.02	1.24	1.04
日本	2.08	1.34	0.91	0.60	0.36	0.29
英国	0.80	0.54	0.43	0.31	0.19	0.14
印度	0.89	0.69	0.64	0.52	0.37	0.42

数据来源:根据表 12-1 计算。

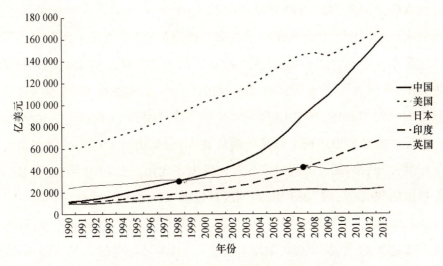

图 12-1 按照购买力价格法比较各国经济规模

从这套数据中可以清楚地看到:三十年河东,三十年河西,中国自改革开放以来,经济总量迅速增长,增速不仅高于西方发达国家,也高于大部分发展中国家。1990—2013 年,按照购买力价价法估算,中国的 GDP 规模增长了 14.13 倍;美国在此期间增长了 2.81 倍,日本增长了 1.94 倍,英国增长了 2.52 倍,印度增长了 6.64 倍。中国经济的增速遥遥领先,迅速地改变了世界各国经济规模前几名的排名榜。在近三十年内,中国的经济增长轨迹展示出明显的赶超过程。无论什么人都对中国的经济规模刮目相看。

在 1990 年,按照购买力价价估算,中国的 GDP 为 11 427 亿美元。如果拿中国作为比较的基础,美国的 GDP(59 796 亿美元)是中国的 5.23 倍;日本为 23 780 亿美元,是中国的 2.08 倍;英国为 9 193 亿美元,是中国的 80.4%;印度为 10 200 亿美元,是中国的 89.3%。

在 2013 年,美国 GDP 为 168 000 亿美元,中国为 161 577 亿美元,两国的经济规模已经相当接近了。由于中国的经济增长率在 2013 年为 7.7%,而美国只有 1.6%[①],因此许多经济学家都认为,中国的经济规模将在 2014 年超过美国,成为世界第一。

---

① 中国和美国经济增长率数据来自 www.cia.gov

日本的经济规模在 1990 年是中国的 2.08 倍,可是日本在 1990 年泡沫经济崩溃之后陷于经济衰退的泥淖中久久不能自拔,经济增长率在零点上下挣扎。用日本人自己的话来说,整整"丢失了 20 年"。根据世界银行的购买力平价数据,中国的经济规模在 1999 年超过了日本。到 2000 年,日本的经济规模只有中国的 91.0%,到 2013 年只有中国经济规模的 29.0%。

虽然印度经济也出现了较高的增长速度,但是由于中国的经济增长速度高于印度,因此,两国经济规模的相对比例也在变化。在 1990 年,印度经济规模是中国的 89.3%,到 2013 年,印度经济规模仅仅是中国的 41.9%。

和日本相比,印度的经济规模也成功地实现了赶超。在 1990 年,日本的 GDP 为 23 780 亿美元,印度为 10 200 亿美元,日本是印度的 2.33 倍。在 2007 年,日本的 GDP 规模是 42 643 亿美元,印度是 42 443 亿美元,印度的经济规模已经非常接近日本了。在 2008 年,印度的 GDP 上升为 44 955 亿美元,日本的 GDP 几乎在原地踏步(42 895 亿美元),印度的经济规模超过了日本,名列世界第三。到了 2013 年,印度的 GDP 为 67 744 亿美元,日本为 46 244 亿美元,日本的经济规模仅为印度的 68.3%。

12.3　按照汇率法的排名变迁

根据世界银行数据,按照汇率法估算(见表 12-3 和图 12-2),在 1990 年中国 GDP 为 3 569 亿美元,美国为 59 797 亿美元,美国经济规模是中国的 16.75 倍,两者相差悬殊。

表 12-3　按照汇率法估算各国 GDP　　　　　　(单位:亿美元)

国家	1990 年	1995 年	2000 年	2005 年	2010 年	2013 年
中国	3 569	7 280	11 985	22 569	59 305	92 403
美国	59 797	76 640	102 897	130 954	149 583	168 000
日本	31 037	53 339	47 312	45 719	54 954	49 015
英国	10 193	11 807	14 936	23 214	22 955	25 214
印度	3 266	3 666	4 766	8 342	17 085	18 768

数据来源:世界银行数据库,2014。

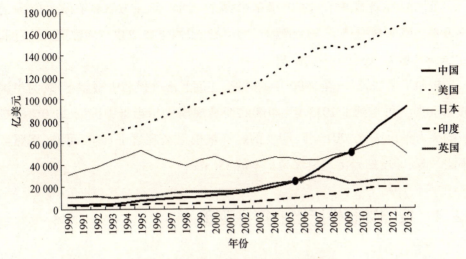

图 12-2　按照汇率法比较各国经济规模

中国的 GDP 在 2013 年为 92 403 亿美元,美国为 168 000 亿美元,中国的经济规模和美国相比,依然相差悬殊,仅仅是美国的 55.0% 。美国不仅依然稳居世界第一的位置,而且和第二名(中国)之间还存在着很大的差距。

在世界各国中,按照汇率法计算,中国的排名在 1990 年为第十一位,到了 1995 年升为第八位,2000 年升为第六位;随后,中国在 2005 年超过了法国,在 2006 年超过了英国,在 2007 年超过了德国,位居世界第三;在 2009 年超过日本,位居世界第二。

表 12-4 显示,按照汇率法来计算,日本的经济规模在 1990 年是中国的 8.70 倍,在 2013 年日本的经济规模仅为中国的 53.0% 。

表 12-4　按照汇率法比较各国 GDP

国家	1990 年	1995 年	2000 年	2005 年	2010 年	2013 年
中国	1.00	1.00	1.00	1.00	1.00	1.00
美国	16.75	10.53	8.59	5.80	2.52	1.82
日本	8.70	7.33	3.95	2.03	0.93	0.53
英国	2.86	1.62	1.25	1.03	0.39	0.27
印度	0.92	0.50	0.40	0.37	0.29	0.20

英国的经济规模在 1990 年是中国的 2.86 倍,在 2013 年仅为中国的 27.0%。如果套用当年"赶英超美"的口号,中国早在 2006 年就赶上了英国,可是,离"超美"还有很大的距离。

按照汇率法统计,在 1990 年的时候,印度经济规模和中国差不多,为中国的 92.0%。可是到了 2013 年,印度的经济规模仅相当于中国的 20.0%。按照购买力平价法,在 2013 年,印度的经济规模已经超过了日本,可是,按照汇率法计算,印度的经济规模仅为日本的 38.3%。

12.4　按照物质性产出的排名变迁

在度量一个国家经济规模的时候,服务业的数据处理总会带来许多麻烦。与农业、制造业不同,由于服务业主要发生在人和人之间,不一定有具体的物质性产出,因此,度量服务业的总产出比农业和工业更为困难。

讨论综合国力的时候,在某些场合下人们更关注一个国家的物质性产出。如果从 GDP 数据中剔除服务业,仅仅考虑农业和制造业(工业)产出,可以大致代表一个国家物质性总产出。[①] 显然,由于在服务业中也有一些属于物质性产出的东西,这种算法并不十分严格,从 GDP 中剔除服务业之后得到的数据只能大致上反映出物质性产出的数量。尽管如此,这个指标仍然具有值得重视的参考意义。从购买力平价法和汇率法的两套数据出发,可以得到两套物质性产出的经济规模排名榜。

按照购买力平价法计算,在 1990 年,中国的物质性产出在全球排名第三,相当于美国的 43.7%、日本的 93.1%。

表 12-5 和图 12-3 显示,在 1993 年,中国的物质性产出(10 613 亿美元)超过了日本(9 484 亿美元),在 2002 年,中国的物质性产出总量(25 972 亿美元)超过了美国(25 043 亿美元)。如果从物质性产出的角度来看,中国早在 2002 年就已经跃居世界第一。

---

① 由于世界银行提供了各国按照三个产业划分的详细数据,因此并不难得到"物质性产出"的数据。

表 12-5　剔除服务业数据后的经济规模(购买力平价法)　(单位:亿美元)

年份	日本	美国	中国	印度	德国
1990	8 400	17 907	7 822	5 663	5 524
1991	8 968	17 653	8 130	5 836	5 999
1992	9 248	18 175	8 932	6 263	6 071
1993	9 484	18 960	10 613	6 676	5 788
1994	9 770	20 475	12 381	7 340	6 013
1995	9 912	21 395	14 444	7 910	6 135
1996	10 326	22 382	16 337	8 674	6 131
1997	10 558	23 287	17 898	8 935	6 214
1998	10 269	23 086	19 156	9 450	6 358
1999	10 283	24 422	20 446	10 068	6 457
2000	10 719	25 345	22 052	10 540	6 704
2001	10 370	24 944	23 855	11 068	6 826
2002	10 407	25 043	25 972	11 389	6 810
2003	10 634	26 209	29 264	12 499	7 004
2004	11 145	28 709	33 578	13 918	7 431
2005	11 385	30 641	38 491	15 695	7 723
2006	11 884	32 266	44 382	17 747	8 564
2007	12 493	33 474	51 173	20 070	9 163
2008	12 255	32 904	57 267	20 712	9 476
2009	11 060	29 842	61 289	22 358	8 413
2010	12 379	31 386	68 741	24 876	9 721
2011	11 989	33 236	76 422	26 885	10 558
2012	12 097	34 747	81 825	27 786	10 554
2013	12 638	35 935	87 100	29 112	10 824

数据来源:世界银行数据库,2014。

在 2001 年,印度的第一产业和第二产业总产值 11 068 亿美元,日本为 10 370 亿美元,印度超过了日本,位居世界第三。

在 2013 年,按照各国物质性产出数据排名,中国位居世界第一,为 87 100 亿美元,遥遥领先;美国位居第二,为 35 935 亿美元;美国的物质性产出仅仅是中国的 41.3%。印度的物质性产出排名第三,为 29 112 亿美元,为中国产出量的 33.4%。按照目前的发展趋势,要不了很久,印度的物质

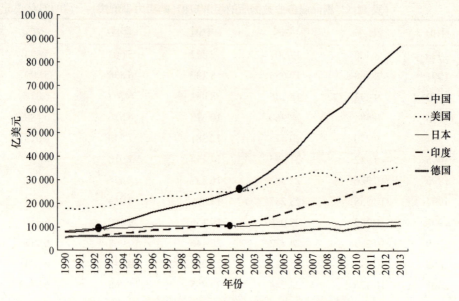

图12-3　剔除服务业数据后的经济规模(购买力平价法)

性产出有可能也要超过美国,位居世界第二。日本的排名在1992年为世界第二,随后排名逐年下滑,在2013年排名第八,为12 638亿美元,相当于中国的14.5%。

　　按照购买力平价法计算,从各国物质性产出的增长率来看(见表12-6),自1990年以后,中国一直保持高速增长,在许多年份都出现两位数的增长。印度在2004—2007年也出现了两位数的增长,可惜在2011年以后,印度的物质性产出的增速明显减慢。1990—2003年,日本的物质性产出出现了五次负增长,还有两次的增长速度几乎为零。同期,美国的物质性产出总产量也出现了四次负增长,德国出现了五次负增长。显然,中国和印度的物质性产出在不断增加,而美国、日本和德国的物质性产出总量就像扭秧歌,时而正、时而负。在最近二十年内,中国和印度的排名不断前移,而日本的排名从世界第二跌到第八。

表 12-6 　各国物质性产出的增长率(购买力平价法) 　　(单位:%)

年份	日本	美国	中国	印度	德国
1991	6.76	-1.42	3.94	3.05	8.38
1992	3.12	2.95	9.87	7.33	1.21
1993	2.55	4.32	18.81	6.59	-4.66
1994	2.42	7.99	16.66	9.94	3.88
1995	1.46	4.49	16.67	7.77	2.04
1996	4.18	4.61	13.10	9.65	-0.08
1997	2.24	4.05	9.56	3.02	1.35
1998	-2.74	-0.86	7.03	5.77	2.32
1999	0.13	5.79	6.73	6.53	1.57
2000	4.25	3.78	7.86	4.70	3.82
2001	-3.26	-1.58	8.17	5.00	1.82
2002	0.36	0.39	8.88	2.90	-0.23
2003	2.19	4.66	12.67	9.75	2.85
2004	4.80	9.54	14.74	11.36	6.09
2005	2.15	6.73	14.63	12.77	3.94
2006	4.39	5.31	15.31	13.07	10.89
2007	5.12	3.74	15.30	13.09	6.99
2008	-1.90	-1.70	11.91	3.20	3.41
2009	-9.75	-9.31	7.02	7.95	-11.21
2010	11.92	5.17	12.16	11.26	15.54
2011	-3.15	5.89	11.17	8.07	8.61
2012	0.90	4.55	7.07	3.35	-0.04
2013	4.47	3.42	6.45	4.77	2.56

数据来源:根据表 12-5 计算。

表 12-7 和图 12-4 显示,如果按汇率法计算,1990 年,中国的物质性产出在全球排名第八,相当于美国的 13.6% ,日本的 22.3% 。

表 12-7 　剔除服务业数据后的经济规模(汇率法) 　　(单位:亿美元)

年份	美国	日本	德国	中国	法国	印度
1990	17 907	10 964	6 433	2 443	3 830	1 813
1991	17 653	12 494	6 786	2 516	3 735	1 506
1992	18 175	13 610	7 521	2 758	4 015	1 598
1993	18 960	15 596	6 879	2 920	3 619	1 540

(续表)

年份	美国	日本	德国	中国	法国	印度
1994	20 475	17 134	7 306	3 715	3 728	1 821
1995	21 395	18 370	8 436	4 888	4 311	1 967
1996	22 382	16 160	7 917	5 755	4 176	2 148
1997	23 287	14 692	6 940	6 271	3 716	2 213
1998	23 086	13 059	6 981	6 501	3 823	2 209
1999	24 422	14 627	6 707	6 741	3 725	2 322
2000	25 345	15 415	5 965	7 308	3 354	2 336
2001	24 944	12 773	5 831	7 888	3 339	2 371
2002	25 043	11 933	6 037	8 510	3 530	2 456
2003	26 209	12 821	7 252	9 643	4 221	2 891
2004	28 709	13 825	8 276	11 516	4 799	3 388
2005	30 641	13 382	8 326	13 426	4 899	3 916
2006	32 266	12 738	8 988	16 023	5 070	4 473
2007	33 474	12 762	10 426	20 303	5 798	5 858
2008	32 904	13 854	11 266	26 307	6 219	5 640
2009	29 842	13 646	9 422	28 232	5 496	6 212
2010	31 386	15 737	10 253	33 664	5 314	7 152
2011	33 236	16 143	11 428	41 461	5 781	8 477
2012	34 757	15 946	10 740	45 552	5 424	8 128
2013	35 945	13 163	11 262	49 811	5 644	8 065

数据来源：世界银行数据库，2014。

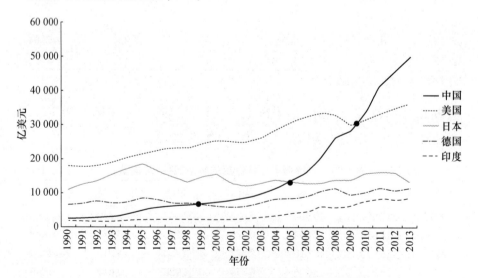

图 12-4　剔除服务业数据后的经济规模（汇率法）

在 1994 年,中国的物质性产出(3 715 亿美元)超过了法国(3 728 亿美元);在 2005 年,中国的物质性产出总量(13 426 亿美元)超过了日本(13 382 亿美元);2010 年,中国的物质性产出总量(33 664 亿美元)超过了美国(31 386 亿美元),位居全球第一。

在 2013 年,按照各国物质性产出数据排名,中国位居世界第一,为 49 811 亿美元;美国位居第二,35 945 亿美元,美国的物质性产出是中国的 72.2%。日本的物质性产出排名第三,13 163 亿美元,为中国产出量的 26.4%。印度的物质性总产出为 8 065 亿美元,位居第七。

12.5 按照人均 GDP 的排名榜

如果从总体经济规模上来看,中国和印度在世界各国排名榜上的位次都比较高。在 2013 年,如果按照购买力平价法计算,中国在世界上排名第二,印度排名第三。可是,发展经济的最终目的是提高居民的生活水平,人均 GDP 是度量人民生活水平的一个非常重要的指数。众所周知,中国和印度人口众多,在 2014 年 7 月,中国人口 13.56 亿,印度人口 12.36 亿。[1] 哪怕国内产出总额再高,被庞大的人口基数一除,摊到每个人头上的就很有限了。

按照购买力平价法计算,在 1990 年中国的人均 GDP 位居全球第 141。

如果按照汇率法计算,在 1990 年中国位居第 162,几乎处于全球最穷的国家之列。相比之下,印度的排名状态比中国略微好一点,排名第 152。

表 12-8 显示,在 20 世纪 90 年代,中国人均 GDP 排名从第 162 位逐步上升到第 130 位,超越了 32 个经济体。印度的排名从第 152 位上升到第 150 位,仅仅超越了 2 个经济体。中国的排名比印度高出 20 位。2000—2013 年,中国人均 GDP 排名从第 130 位急剧上升到第 80 位,超越了 50 个经济体。印度的排名也略有改善,从第 150 位上升到第 141 位,仅超越了 9 个经济体。按照世界银行的分类,高收入国家的人均 GDP 的平均值为 38 148 美元,中等收

---

[1] 中国和印度的人口数据来自 www.cia.gov。由于印度的人口增长率为 1.25%,而中国只有 0.44%,印度的人口增长率几乎比中国高 3 倍,因此很有可能在不远的未来印度的人口总数超过中国,成为世界上人口最多的国家。

入国家为 4 543 美元,低收入国家为 596 美元。[①] 毫无疑问,中国已经进入了中等收入国家的行列,可是,印度依然属于中低收入国家这一组。

表 12-8 中国和印度在世界各国人均 GDP 排名榜上的位次

年份	按购买力平价法排名		按汇率法排名	
	中国	印度	中国	印度
1990	141	135	162	152
1991	141	136	158	159
1992	140	136	150	155
1993	130	135	151	158
1994	130	135	139	152
1995	126	135	138	156
1996	125	135	136	154
1997	125	136	135	156
1998	124	134	131	156
1999	121	134	130	150
2000	125	138	131	156
2001	123	138	126	154
2002	120	137	123	151
2003	117	136	122	151
2004	115	136	121	152
2005	113	134	123	153
2006	112	135	127	157
2007	109	134	122	151
2008	106	134	117	157
2009	103	130	109	149
2010	100	129	101	142
2011	99	129	97	146
2012	93	127	91	143
2013	82	121	80	141

数据来源:世界银行数据库,2014 年。

按照购买力平价法计算,历年来,英国和日本的人均 GDP 相近,美国的人均 GDP 遥遥领先。中国的人均 GDP 在 1993 年超过了印度,两国之间的差距

---

① 世界银行按照 GDP 分类的数据来自《中国统计摘要,2014》,第 172 页。

在逐渐加大。在 2014 年,中国的人均 GDP 几乎是印度的 2.20 倍。可是,从图 12-5 中可见,与美国、英国、日本等发达国家相比,中国和印度的人均 GDP 还非常低,要赶上发达国家的平均水平绝非易事。

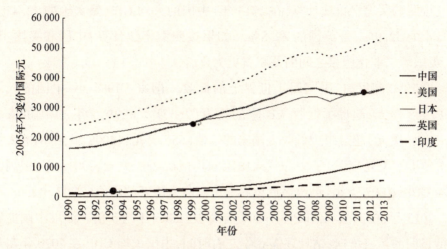

图 12-5　按购买力平价法衡量的人均 GDP

图 12-6 显示,按照汇率法计算人均 GDP,1998—2001 年,美国和日本的人均 GDP 不相上下,随后,日本在遭遇金融危机之后一蹶不振,使英国在 2004 年超过了日本。2009 年,英国经济衰退,让日本反超过去。可是在 2012 年之后,日本再度遭遇经济衰退,人均 GDP 再次落后于英国。

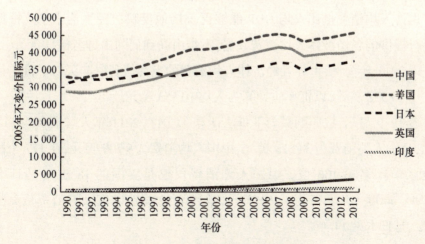

图 12-6　按汇率法衡量的人均 GDP

在 1990 年以前,印度的人均 GDP 一直高于中国,在 1991 年以后,中国不仅超越了印度,而且两国之间的差距在不断加大。尽管中国和印度的人均 GDP 都有提高,但是,与美国和日本等高收入国家相比还存在着显著的差距。

按照购买力平价法计算,在 2013 年,中国的人均 GDP 是美国的 22.4%,是日本的 32.9%,是英国的 32.8%。如果按照汇率法计算,中国和美国、日本、英国等工业化国家之间的差距就更为显著。

在 1990 年以前,中国属于世界上的低收入国家。1984 年,中国的人均 GDP(248 美元)超过了低收入国家的均值(236 美元);1995 年,中国的人均 GDP(604 美元)超过了中低收入国家的均值(556 美元);2008 年,中国的人均 GDP(3 431 美元)超过了中等收入国家的均值(3 239 美元);2013 年,中国的人均 GDP(6 807 美元)迅速逼近世界上中高收入国家的均值(7 747 美元)。

2013 年,中国人均 GDP 为 6 807 美元,是 2003 年的 5 倍。如果中国能够保持目前的经济增速,估计还需 6 年左右时间,中国人均 GDP 在 2020 年将超过 10 000 美元;大概还需 15 年左右时间,中国人均 GDP 在 2030 年将超过 25 000 美元。

12.6 按照人均消费的排名榜

也许人均消费量比人均 GDP 能够更直接地反映居民生活水平。根据世界银行提供的各经济体人均消费数据,不难由高到低列出排名榜。

以 2011 年为例,世界各经济体人均消费的平均值若以购买力平价法计算为人均 13 258 美元,以汇率法计算为人均 10 353 美元。

表 12-9 显示,按照购买力平价法计算,美国在 2011 年人均消费为 51 605 美元,日本人均消费为 34 518 美元,中国人均消费为 9 709 美元,在 177 个国家或地区中排名第 106 位。中国人均消费仅仅是美国的 18.8%,是日本的 28.1%。印度人均消费为 4 960 美元,排名第 129 位,印度人均消费是美国的 9.6%,是日本的 14.4%。

表 12-9　2011 年按照人均消费的各经济体排名榜

排名	按照购买力平价法计算			按照汇率法计算		
	经济体	人均消费（美元）	和世界平均值相比	经济体	人均消费（美元）	和世界平均值相比
1	卡塔尔	75 947	5.73	百慕大	92 560	8.94
2	百慕大	62 109	4.68	挪威	85 897	8.30
3	卢森堡	58 182	4.39	卢森堡	77 769	7.51
4	开曼群岛	52 931	3.99	瑞士	75 150	7.26
5	美国	51 605	3.89	澳大利亚	64 612	6.24
6	挪威	50 535	3.81	开曼群岛	60 369	5.83
7	阿拉伯联合酋长国	48 431	3.65	丹麦	56 884	5.49
8	新加坡	47 087	3.55	瑞典	53 543	5.17
9	中国香港	47 081	3.55	卡塔尔	52 983	5.12
10	瑞士	44 050	3.32	加拿大	52 213	5.04
11	科威特	43 562	3.29	美国	51 605	4.98
12	中国澳门	42 562	3.21	冰岛	49 036	4.74
13	加拿大	41 537	3.13	芬兰	48 106	4.65
14	奥地利	41 311	3.12	奥地利	46 551	4.50
15	阿鲁巴	41 264	3.11	日本	46 371	4.48
16	澳大利亚	41 042	3.10	比利时	45 605	4.41
17	比利时	39 504	2.98	荷兰	43 994	4.25
18	荷兰	38 743	2.92	法国	42 059	4.06
19	丹麦	38 734	2.92	德国	40 289	3.89
20	芬兰	38 695	2.92	英国	39 835	3.85
21	瑞典	38 610	2.91	爱尔兰	38 715	3.74
22	德国	38 487	2.90	新加坡	36 841	3.56
23	法国	37 427	2.82	意大利	36 686	3.54
24	沙特阿拉伯	36 443	2.75	新西兰	36 076	3.48
25	中国台湾	36 175	2.73	阿拉伯联合酋长国	34 574	3.34
26	英国	35 499	2.68	中国香港	33 792	3.26
27	日本	34 518	2.60	以色列	33 424	3.23
28	库拉索岛	34 418	2.60	西班牙	31 866	3.08
29	冰岛	34 386	2.59	塞浦路斯	30 479	2.94

（续表）

排名	按照购买力平价法计算			按照汇率法计算		
	经济体	人均消费（美元）	和世界平均值相比	经济体	人均消费（美元）	和世界平均值相比
30	意大利	34 232	2.58	阿鲁巴	29 327	2.83
31	文莱	33 145	2.50	科威特	28 607	2.76
32	塞浦路斯	32 532	2.45	希腊	27 729	2.68
33	爱尔兰	32 443	2.45	中国澳门	27 372	2.64
34	西班牙	32 404	2.44	库拉索岛	25 126	2.43
35	安圭拉	31 600	2.38	巴哈马	24 468	2.36
36	荷属圣马丁	31 031	2.34	安圭拉岛	24 358	2.35
37	阿曼	30 713	2.32	斯洛文尼亚	24 102	2.33
38	新西兰	30 559	2.30	荷属圣马丁	23 820	2.30
39	以色列	30 243	2.28	葡萄牙	23 375	2.26
40	巴林	29 822	2.25	韩国	21 936	2.12
41	希腊	28 780	2.17	维尔京群岛（英属）	21 361	2.06
42	韩国	28 494	2.15	马耳他	21 344	2.06
43	斯洛文尼亚	27 684	2.09	文莱达鲁萨兰国	20 744	2.00
44	马耳他	27 562	2.08	捷克	19 738	1.91
45	塞舌尔	27 324	2.06	中国台湾	18 689	1.81
46	葡萄牙	26 725	2.02	蒙特塞拉特	17 807	1.72
47	巴哈马	26 314	1.98	巴巴多斯	17 708	1.71
48	捷克	26 012	1.96	斯洛伐克	17 665	1.71
49	斯洛伐克	25 026	1.89	沙特阿拉伯	17 312	1.67
50	蒙特塞拉特	24 308	1.83	特克斯和凯科斯群岛	16 776	1.62
51	圣基茨和尼维斯联邦	23 565	1.78	巴林	16 650	1.61
52	立陶宛	23 111	1.74	爱沙尼亚	16 201	1.56
53	爱沙尼亚	22 337	1.68	圣基茨和尼维斯	16 018	1.55
54	特立尼达和多巴哥	22 097	1.67	阿曼	14 959	1.44
55	波兰	22 034	1.66	塞舌尔	14 728	1.42
56	匈牙利	21 269	1.60	立陶宛	14 599	1.41
57	俄罗斯	20 907	1.58	克罗地亚	14 439	1.39
58	拉脱维亚	20 868	1.57	拉脱维亚	14 313	1.38

（续表）

排名	按照购买力平价法计算			按照汇率法计算		
	经济体	人均消费（美元）	和世界平均值相比	经济体	人均消费（美元）	和世界平均值相比
59	安提瓜和巴布达	20 385	1.54	智利	14 070	1.36
60	克罗地亚	20 333	1.53	乌拉圭	13 789	1.33
61	智利	19 614	1.48	波兰	13 536	1.31
62	土耳其	19 084	1.44	特立尼达和多巴哥	13 211	1.28
63	维尔京群岛（英属）	19 018	1.43	安提瓜和巴布达	13 173	1.27
64	赤道几内亚	18 710	1.41	巴西	12 968	1.25
65	巴巴多斯	18 143	1.37	匈牙利	12 900	1.25
66	毛里求斯	17 674	1.33	俄罗斯	12 159	1.17
67	乌拉圭	17 408	1.31	赤道几内亚	11 752	1.14
68	马来西亚	17 278	1.30	土耳其	11 340	1.10
69	罗马尼亚	16 894	1.27	墨西哥	10 242	0.99
70	白俄罗斯	16 696	1.26	毛里求斯	9 724	0.94
71	黑山	16 618	1.25	委内瑞拉	9 631	0.93
72	哈萨克斯坦	16 588	1.25	哥斯达黎加	9 373	0.91
73	墨西哥	16 550	1.25	格林纳达	9 332	0.90
74	保加利亚	15 631	1.18	罗马尼亚	9 004	0.87
75	伊朗	15 556	1.17	哈萨克斯坦	8 932	0.86
76	委内瑞拉	15 234	1.15	黑山	8 850	0.85
77	巴拿马	15 183	1.15	巴拿马	8 390	0.81
78	巴西	14 765	1.11	马来西亚	8 340	0.81
79	特克斯和凯科斯群岛	14 711	1.11	圣卢西亚	8 139	0.79
80	博茨瓦纳	14 305	1.08	南非	8 012	0.77
81	格林纳达	13 786	1.04	圣文森特和格林纳丁斯	7 938	0.77
82	马其顿	13 704	1.03	多米尼克	7 924	0.77
83	哥斯达黎加	13 662	1.03	博茨瓦纳	7 816	0.75
84	苏里南	13 430	1.01	苏里南	7 570	0.73
85	塞尔维亚	13 402	1.01	加蓬	7 404	0.72
86	泰国	12 997	0.98	保加利亚	7 285	0.70
87	约旦	12 671	0.96	哥伦比亚	7 204	0.70

（续表）

排名	按照购买力平价法计算			按照汇率法计算		
	经济体	人均消费（美元）	和世界平均值相比	经济体	人均消费（美元）	和世界平均值相比
88	南非	12 299	0.93	马尔代夫	7 061	0.68
89	圣文森特和格林纳丁斯	12 255	0.92	塞尔维亚	7 016	0.68
90	马尔代夫	12 091	0.91	伊朗	6 851	0.66
91	阿尔及利亚	11 890	0.90	牙买加	6 450	0.62
92	多米尼加	11 771	0.89	波黑	6 114	0.59
93	圣卢西亚	11 720	0.88	多米尼加	6 113	0.59
94	阿尔巴尼亚	11 687	0.88	马其顿	6 041	0.58
95	波黑	11 417	0.86	秘鲁	5 805	0.56
96	哥伦比亚	11 385	0.86	纳米比亚	5 748	0.56
97	多米尼克	11 351	0.86	白俄罗斯	5 656	0.55
98	阿塞拜疆	11 028	0.83	安哥拉	5 538	0.53
99	突尼斯	10 970	0.83	阿尔巴尼亚	5 497	0.53
100	蒙古	10 941	0.83	厄瓜多尔	5 370	0.52
101	埃及	10 892	0.82	中国	5 316	0.51
102	加蓬	10 609	0.80	泰国	5 303	0.51
103	秘鲁	10 412	0.79	约旦	5 252	0.51
104	厄瓜多尔	10 089	0.76	阿尔及利亚	4 940	0.48
105	牙买加	9 951	0.75	阿塞拜疆	4 929	0.48
106	中国	9 709	0.73	伯利兹	4 901	0.47
107	伊拉克	9 275	0.70	佛得角	4 853	0.47
108	不丹	9 202	0.69	蒙古	4 698	0.45
109	斯里兰卡	9 147	0.69	突尼斯	4 663	0.45
110	纳米比亚	9 109	0.69	斐济	4 617	0.45
111	乌克兰	8 859	0.67	萨尔瓦多	4 392	0.42
112	萨尔瓦多	8 535	0.64	亚美尼亚	4 157	0.40
113	亚美尼亚	8 427	0.64	伊拉克	3 888	0.38
114	伯利兹贝	8 401	0.63	格鲁吉亚	3 829	0.37
115	印度尼西亚	8 389	0.63	乌克兰	3 798	0.37
116	佛得角	8 133	0.61	巴拉圭	3 739	0.36

（续表）

排名	按照购买力平价法计算			按照汇率法计算		
	经济体	人均消费（美元）	和世界平均值相比	经济体	人均消费（美元）	和世界平均值相比
117	斐济	7 949	0.60	斯威士兰	3 694	0.36
118	安哥拉	7 757	0.59	危地马拉	3 595	0.35
119	格鲁吉亚	7 675	0.58	摩洛哥	3 477	0.34
120	摩洛哥	7 580	0.57	印尼	3 462	0.33
121	危地马拉	7 536	0.57	不丹	3 372	0.33
122	巴拉圭	6 934	0.52	巴勒斯坦	3 368	0.33
123	斯威士兰	6 915	0.52	斯里兰卡	3 248	0.31
124	菲律宾	5 952	0.45	埃及	3 006	0.29
125	摩尔多瓦	5 951	0.45	摩尔多瓦	2 776	0.27
126	巴勒斯坦	5 678	0.43	洪都拉斯	2 732	0.26
127	玻利维亚	5 187	0.39	菲律宾	2 466	0.24
128	洪都拉斯	5 102	0.38	刚果(布)	2 289	0.22
129	印度	4 960	0.37	玻利维亚	2 226	0.22
130	越南	4 906	0.37	圣多美和普林西比	2 129	0.21
131	巴基斯坦	4 685	0.35	尼加拉瓜	1 894	0.18
132	尼加拉瓜	4 564	0.34	莱索托	1 831	0.18
133	圣多美和普林西比	4 372	0.33	苏丹	1 678	0.16
134	老挝	4 212	0.32	加纳	1 673	0.16
135	也门	3 826	0.29	印度	1 620	0.16
136	吉尔吉斯斯坦	3 810	0.29	越南	1 607	0.16
137	苏丹	3 660	0.28	吉布提	1 557	0.15
138	加纳	3 601	0.27	吉尔吉斯斯坦	1 498	0.14
139	刚果(布)	3 546	0.27	赞比亚	1 451	0.14
140	莱索托	3 456	0.26	喀麦隆	1 435	0.14
141	毛里塔尼亚	3 356	0.25	毛里塔尼亚	1 389	0.13
142	塔吉克	3 340	0.25	巴基斯坦	1 337	0.13
143	缅甸	3 206	0.24	也门	1 331	0.13
144	孟加拉国	2 985	0.23	塞内加尔	1 325	0.13
145	赞比亚	2 967	0.22	塔吉克斯坦	1 323	0.13

（续表）

排名	按照购买力平价法计算			按照汇率法计算		
	经济体	人均消费（美元）	和世界平均值相比	经济体	人均消费（美元）	和世界平均值相比
146	喀麦隆	2 966	0.22	老挝	1 308	0.13
147	吉布提	2 963	0.22	尼日利亚	1 269	0.12
148	柬埔寨	2 722	0.21	科特迪瓦	1 083	0.10
149	尼泊尔	2 677	0.20	乍得	1 082	0.10
150	塞内加尔	2 641	0.20	海地	1 046	0.10
151	尼日尔	2 634	0.20	肯尼亚	961	0.09
152	肯尼亚	2 417	0.18	孟加拉国	942	0.09
153	科特迪瓦	2 247	0.17	缅甸	920	0.09
154	海地	2 105	0.16	尼泊尔	914	0.09
155	乍得	2 040	0.15	柬埔寨	903	0.09
156	贝宁	1 919	0.14	贝宁	879	0.08
157	塞拉利昂	1 800	0.14	津巴布韦	834	0.08
158	乌干达	1 790	0.14	多哥	695	0.07
159	坦桑尼亚	1 767	0.13	塞拉利昂	685	0.07
160	津巴布韦	1 650	0.12	马里	684	0.07
161	冈比亚	1 640	0.12	卢旺达	680	0.07
162	马达加斯加	1 557	0.12	布基纳法索	651	0.06
163	卢旺达	1 538	0.12	几内亚比绍	637	0.06
164	马里	1 525	0.12	乌干达	619	0.06
165	多哥	1 507	0.11	坦桑尼亚	616	0.06
166	布基纳法索	1 424	0.11	莫桑比克	593	0.06
167	几内亚比绍	1 362	0.10	冈比亚	577	0.06
168	埃塞俄比亚	1 321	0.10	马拉维	566	0.05
169	马拉维	1 151	0.09	中非共和国	546	0.05
170	几内亚	1 116	0.08	马达加斯加	542	0.05
171	莫桑比克	1 082	0.08	尼日尔	508	0.05
172	尼日利亚	1 071	0.08	科摩罗	497	0.05
173	中非共和国	1 012	0.08	几内亚	425	0.04
174	科摩罗	866	0.07	利比里亚	407	0.04

（续表）

排名	按照购买力平价法计算			按照汇率法计算		
	经济体	人均消费（美元）	和世界平均值相比	经济体	人均消费（美元）	和世界平均值相比
175	布隆迪	845	0.06	刚果	402	0.04
176	利比里亚	779	0.06	埃塞俄比亚	370	0.04
177	刚果(金)	653	0.05	布隆迪	302	0.03

数据来源：世界银行数据库，2014 年。

按照汇率法计算，美国在 2011 年人均消费为 51 605 美元，日本人均消费为 46 371 美元，中国人均消费为 5 316 美元，排名第 101 位。中国人均消费仅占美国的 10.3%，占日本的 11.4%。印度人均消费为 1 620 美元，在全球排名第 135 位，印度人均消费是美国的 3.1%，是日本的 3.5%。由此可见，无论是中国还是印度的人均消费量都远远落后于美国和日本。从人均消费来看，美国、日本是典型的富国，而中国和印度还穷得很。

美国人均消费是世界平均值的 3.89 倍（按照购买力平价法计算）或者 4.98 倍（按照汇率法计算）。日本的人均消费是世界平均水平的 2.60 倍（按照购买力平价法计算）或者 4.48 倍（按照汇率法计算）。可是中国的人均消费仅仅是世界平均水平的 73.0%（按照购买力平价法计算）或者 51.0%（按照汇率法计算）。印度的人均消费是世界平均水平的 37.0%（按照购买力平价法计算）或者 16.0%（按照汇率法计算）。

12.7　调整服务业占比之后的排名榜

众所周知，人均 GDP 和服务业在 GDP 中占比显著相关。随着人均收入的提高，服务业在国民经济中所占的比例也逐步升高。2012 年，低收入国家的服务业占 GDP 比例的平均值是 48.96%，中低收入国家的平均水平是 53.82%。随着经济改革的进展，人民生活水平不断提高，服务业在 GDP 中的比重也不断提高，可是到了 2012 年，中国服务业占 GDP 的比重只有 46.09%。

实事求是地讲,中国的服务业不亚于任何一个中低收入国家,中国服务业占比数字如此低只能说数据统计出了问题。倘若中国继续执行现行的税制,个人所得税占比只有6%左右,那么,必然大量丢失服务业数据。在推行大规模税制改革之前,几乎无法获得比较准确的服务业数据。可是,在估算 GDP 规模的时候,我们有理由适当地调整服务业在 GDP 中的比重。例如,把中国服务业占比调整到低收入国家的平均水平(48.96%),记为中国(A);或者把中国服务业占比调整到中低收入国家的平均水平(53.82%),记为中国(B)。[①] 在调整服务业占比之后,中国的经济规模在世界各国的排名榜中的位置将显著变化,本章仅以购买力平价法数据为例。

表12-10 显示,如果把中国的服务业调整到低收入国家的平均水平(48.96%),中国赶超美国和日本的时间被提前了好几年。

表 12-10　将中国服务业调整到低收入国家平均水平后的前五位排名(购买力平价法)　　(单位:亿美元)

年份	1	2	3	4	5
1990	美国 59 796	日本 23 780	德国 14 721	中国(A) 13 781	俄罗斯 11 894
1991	美国 61 740	日本 25 387	德国 15 988	中国(A) 14 294	俄罗斯 11 670
1992	美国 65 393	日本 26 179	德国 16 665	中国(A) 15 736	印度 11 491
1993	美国 68 787	日本 26 848	中国(A) 18 839	德国 16 891	印度 12 323
1994	美国 73 087	日本 27 656	中国(A) 22 096	德国 17 677	印度 13 424
1995	美国 76 640	日本 28 782	中国(A) 25 660	德国 18 348	印度 14 742
1996	美国 81 002	日本 30 072	中国(A) 28 899	德国 18 871	印度 16 144
1997	美国 86 085	中国(A) 31 591	日本 31 075	德国 19 313	印度 17 086

①　调整服务业占比之后对 GDP 的估算请参阅本书第七章。

（续表）

年份	1	2	3	4	5
1998	美国 90 891	中国（A） 34 241	日本 30 783	德国 19 837	印度 18 339
1999	美国 96 657	中国（A） 36 854	日本 31 160	德国 20 517	印度 20 246
2000	美国 102 897	中国（A） 40 604	日本 32 898	印度 21 502	德国 21 200
2001	美国 106 253	中国（A） 44 288	日本 33 771	印度 23 055	德国 22 018
2002	美国 109 802	中国（A） 48 683	日本 34 717	印度 24 300	德国 22 638
2003	美国 115 122	中国（A） 55 346	日本 35 690	印度 26 734	德国 23 412
2004	美国 122 770	中国（A） 64 368	日本 37 534	印度 29 643	德国 24 479
2005	美国 130 954	中国（A） 74 744	日本 38 896	印度 33 434	德国 25 660
2006	美国 138 579	中国（A） 86 076	日本 40 649	印度 37 655	德国 27 660
2007	美国 144 803	中国（A） 99 919	日本 42 643	印度 42 443	德国 29 212
2008	美国 147 203	中国（A） 111 190	印度 44 955	日本 42 895	德国 30 479
2009	美国 144 179	中国（A） 119 885	印度 49 143	日本 40 811	德国 29 453
2010	美国 149 583	中国（A） 135 487	印度 54 841	日本 43 227	德国 31 329
2011	美国 155 338	中国（A） 150 085	印度 59 630	日本 43 862	德国 33 521
2012	美国 162 446	中国（A） 160 481	印度 63 546	日本 45 048	德国 33 666
2013	中国（A） 170 497	美国 168 000	印度 67 744	日本 46 244	德国 34 935

　　在没有调整服务业占比之前，在 1990 年，中国的经济规模排名世界第五；若把中国服务业占比调整到低收入国家的平均值，中国的排名上升为第四。

按照调整后的数据,中国在 1993 年超过德国,成为世界第三。

在 1996 年,中国的 GDP 规模为 28 899 亿美元,日本为 30 072 亿美元,两国的经济规模已经非常接近。在 1997 年,中国超过日本,成为世界第二大经济体。

在 2012 年,中国 GDP 按购买力平价法计算为 160 481 亿美元,美国为 162 446 亿美元,两国的经济规模已经非常接近了。在 2013 年,中国的 GDP 达到 170 497 亿美元,美国为 168 000 亿美元,中国在 2013 年超过美国成为世界上规模最大的经济体。

如果说中国的服务业占 GDP 的比例应当不低于中低收入国家的平均水平,恐怕很少有人表示异议。表 12-11 显示,调整服务业占比之后,在 1990 年,中国的 GDP 规模在世界上位居第四。

表 12-11　将中国服务业调整到中低收入国家平均水平
之后的前五位排名(购买力平价法)　　　　　(单位:亿美元)

年份	1	2	3	4	5
1990	美国 59 796	日本 23 780	德国 14 721	中国(B) 14 065	俄罗斯 11 894
1991	美国 61 740	日本 25 387	德国 15 988	中国(B) 14 993	俄罗斯 11 670
1992	美国 65 393	日本 26 179	德国 16 665	中国(B) 16 634	印度 11 491
1993	美国 68 787	日本 26 848	中国(B) 19 704	德国 16 891	印度 12 323
1994	美国 73 087	日本 27 656	中国(B) 23 070	德国 17 677	印度 13 424
1995	美国 76 640	日本 28 782	中国(B) 27 624	德国 18 348	印度 14 742
1996	美国 81 002	中国(B) 31 127	日本 30 072	德国 18 871	印度 16 144
1997	美国 86 085	中国(B) 34 693	日本 31 075	德国 19 313	印度 17 086
1998	美国 90 891	中国(B) 37 877	日本 30 783	德国 19 837	印度 18 339
1999	美国 96 657	中国(B) 41 063	日本 31 160	德国 20 517	印度 20 246

（续表）

年份	1	2	3	4	5
2000	美国	中国(B)	日本	印度	德国
	102 897	44 490	32 898	21 502	21 200
2001	美国	中国(B)	日本	印度	德国
	106 253	49 342	33 771	23 055	22 018
2002	美国	中国(B)	日本	印度	德国
	109 802	53 711	34 717	24 300	22 638
2003	美国	中国(B)	日本	印度	德国
	115 122	60 135	35 690	26 734	23 412
2004	美国	中国(B)	日本	印度	德国
	122 770	68 030	37 534	29 643	24 479
2005	美国	中国(B)	日本	印度	德国
	130 954	78 534	38 896	33 434	25 660
2006	美国	中国(B)	日本	印度	德国
	138 579	90 799	40 649	37 655	27 660
2007	美国	中国(B)	日本	印度	德国
	144 803	105 938	42 643	42 443	29 212
2008	美国	中国(B)	印度	日本	德国
	147 203	118 509	44 955	42 895	30 479
2009	美国	中国(B)	印度	日本	德国
	144 179	131 601	49 143	40 811	29 453
2010	美国	中国(B)	印度	日本	德国
	149 583	146 634	54 841	43 227	31 329
2011	中国(B)	美国	印度	日本	德国
	162 648	155 338	59 630	43 862	33 521
2012	中国(B)	美国	印度	日本	德国
	177 361	162 446	63 546	45 048	33 666
2013	中国(B)	美国	印度	日本	德国
	195 532	168 000	67 744	46 244	34 935

在 1993 年,中国(19 704 亿美元)超过了德国(16 891 亿美元),位居世界第三。

在 1996 年,中国(31 127 亿美元)超过了日本(30 072 亿美元),位居世界第二。

在 2011 年,中国(162 648 亿美元)超过了美国(155 338 亿美元),跃居世界首位。

同样,印度的位次也在不断上移,在 2000 年,印度(21 502 亿美元)超过德国(21 200 亿美元)。在 2008 年,印度(44 955 亿美元)超越日本(42 895 亿美元),位居世界第三。

按照这种估算,在 2013 年,以中国的经济规模为基准,美国的 GDP 规模是中国的 85.9%,印度是中国的 34.7%,日本是中国的 23.7%。

由此可见,如果调整服务业在 GDP 中的占比,将显著地改变中国在世界各国排名榜中的位次。迄今为止,由于中国的税制还带有鲜明的计划经济特色,税制改革是当前经济改革的一个瓶颈,要建立一套新的税制绝非易事,因而,在短期内很难得到比较准确的服务业数据。在没有确切的服务业数据的情况下,我们只能根据世界各国的情况大致估计一下中国服务业占比的可能区间,而不能确切地给出服务业的总产值。因此,上述估算只能大致上帮助人们了解中国经济规模。

12.8　按照工农业产出的排名榜

无论按照汇率法还是按照购买力平价法计算,中国的 GDP 规模都很大。可是,中国人口众多,摊到每一个人头上就不多了。

除了按照 GDP 总值的排名榜之外,还可以按照具体的产品的产量排名,具体见表 12-12。

表 12-12　中国主要指标居世界位次

指标	1978 年	1990 年	2000 年	2005 年	2010 年	2011 年	2012 年
GDP	10	11	6	5	2	2	2
人均 GNI	175(188)	178(200)	141(207)	128(208)	121(215)	114(214)	112(214)
进出口贸易额	29	15	8	3	2	2	2
货物出口总额	31	14	7	3	1	1	1
货物进口总额	29	17	8	3	2	2	2
钢	5	4	1	1	1	1	1
煤	3	1	1	1	1	1	1

（续表）

指标	1978 年	1990 年	2000 年	2005 年	2010 年	2011 年	2012 年
原油	8	5	5	5	4	4	4
发电量	7	4	2	2	1	1	1
水泥	4	1	1	1	1	1	1
化肥	3	3	1	1	1	1	1
棉布	1	1	2	1	1	1	1
谷物	2	1	1	1	1	1	1
肉类	3	1	1	1	1	1	1
籽棉	2	1	1	1	1	1	1
大豆	3	3	4	4	4	4	4
花生	2	2	1	1	1	1	1
油菜籽	2	1	1	1	1	2	2
甘蔗	7	4	3	3	3	3	3
茶叶	2	2	2	1	1	1	1
水果	9	4	1	1	1	1	1

注：人均 GNI 一栏的 175（188）表示在全球 188 个经济体中中国位居第 175。

数据来源：联合国数据库，联合国粮农组织数据库；《中国统计年鉴，2013》，附录 2-14；《中国统计摘要，2014》，第 178 页。

如果仅仅看工农业主要产品的总产量，中国在许多项目中都位居第一，诸如钢铁、煤炭、发电量、水泥、化肥、棉布等，谷物、肉类、花生、水果等产品的产量也遥遥领先。可是，这些产品产量拿 13 亿人一除，摊到每个人头上，数量就不多了，在世界各国当中的排名也只能位居中游。

12.9　究竟中国的经济规模有没有超过美国

在进行国际比较的时候，人们不仅要关注一个经济体的绝对规模，还要研究这个经济体和其他经济体之间的相对位置。在田径竞赛中，人们往往更在意谁跑得最快。有的运动员在起步的时候落在后头，可是越跑越快，逐渐超越，往往引起观众热烈欢呼。纵观全球经济，中国正在超越，在整体经济规模上逐渐超越了英国、德国、日本，进而挑战世界上唯一的超级大国——美国。

然而,必须注意到体育竞赛和经济体之间的竞赛的区别。体育竞赛的指标单一,很容易确定金牌的归属;可是,经济问题要复杂得多,从不同角度观察,回答不同的问题,往往得出完全不同的排名榜。

世界银行的报告说,中国在 2014 年 10 月超过了美国,成为世界上最大的经济体。世界银行的报告自有它的道理。平心而论,虽然在近年内购买力平价法取得了很大的进展,但是,依然存在着许多局限和问题,在理论上和方法上,学术界对购买力平价法尚有争论。无论如何,世界银行的报告代表了一家之言,值得参考。表 12-13 显示,按照世界银行的数据,在 2014 年,中国的经济规模可能超过美国,是美国 GDP 的 102.1%。中国早在 1999 年就超过了日本,日本在 2014 年的经济规模是中国的 29.0%。

表 12-13　中国与美国、日本经济比较

项目	中国超越美国的时间	中国和美国相比(%)	中国超越日本的时间	中国和日本相比(%)
GDP(按购买力平价法)	2014	102.1	1999	29.0
GDP(按汇率法)	?	182.0	2009	53.0
人均 GDP(按购买力平价法)	?	446.4	?	303.9
人均 GDP(按汇率法)	?	780.7	?	564.5
人均消费(按购买力平价法)	?	531.5	?	355.5
物质性产出(按购买力平价法)	2002	41.3	1993	14.5
GDP(调整服务业占比 1)	2013	98.5	1997	27.1
GDP(调整服务业占比 2)	2011	85.9	1996	23.7

注:中国和美国、日本相比都以 2013 年中国数据为基准。
数据来源:综合本章各表计算。

可是,同样按照世界银行提供的数据,倘若采用汇率法计算,中国的经济规模非但没有超过美国,而且差距还很大。在 2013 年,美国的经济规模相当于中国的 182.0%。中国在 2009 年超越日本,日本的经济规模在 2014 年是中国的 53.0%。

由于税制改革严重滞后,中国在统计中大量丢失了服务业数据。如果把中国的服务业调整到低收入国家的平均水平,中国的 GDP 规模可能提前在

2013年就超过了美国;在2013年,美国的经济规模可能相当于中国的98.5%。如果将中国的服务业调整到中低收入国家的平均水平,中国的GDP规模超越美国的时间将进一步提前到2011年;在2013年,美国的经济规模相当于中国的85.9%。

和日本相比,如果调整中国服务业占比到低收入国家的平均水平,中国在1997年超越了日本。如果调整到中低收入国家的平均水平,中国超越日本的时间提前到1996年。对应着两种调整,日本在2013年的经济规模分别是中国的27.1%和23.7%。

如果把目光放在居民生活水平上,世界银行的数据呈现出截然不同的排名榜。无论是按照购买力平价法还是按照汇率法计算,中国别说超越美国和日本,相比之下,差距还非常悬殊。按照购买力平价法,在2013年,美国的人均GDP是中国的446.4%,日本是中国的303.9%。按照汇率法,这个差距更为显著,美国人均GDP是中国的780.7%,日本人均GDP是中国的564.5%。

如果讨论人均消费,中国依然远远落后于发达国家。在2013年,以购买力平价法计算,美国的人均消费是中国的531.5%,日本是中国的355.5%。

许多新闻媒体都把中国称为"世界工厂",到处都可以找到"中国制造"的商品。从统计数字来看,确实反映出了这个特点。中国的物质性产出数量非常庞大,在许多产品产量上,例如,钢铁、水泥、谷物、水果等,都位居世界第一。如果剔除服务业,中国的物质性产出早在2002年就超过了美国,超过日本的时间更要追溯到1993年。众所皆知,生产的物质性产品多,并不意味着在生产链中的附加值多,也不意味着生产者获得的利润高。这从另一个角度解释了,尽管中国是一个制造大国,但依然是一个比较穷的发展中国家。

综上所述,中国和美国、日本在世界各国排名榜中的相对位置如何?

如果从物质性产出来看,中国确实位居世界第一。早在1993年就超越了日本,在2002年超越了美国。可是,物质性产出虽多,在很大程度上却是在替别人打工,增值很低,利润很低,生产了许多产品,民众收入水平却不高。不过,从综合国力的角度来看,中国经济规模巨大,一旦发生国与国之间的对抗,中国可以调动的物质性资源较多,能够支撑对抗的时间较长。在国际关系和政治经济学中,这一点至关重要。

换个角度,在讨论 GDP 的时候要注意到购买力平价法和汇率法两组数据。对于西方各国,这两组数据的差别不大,可是,对于中国来说,购买力平价法得出的 GDP 要比汇率法高出 1.80 倍左右。对于其他发展中国家来说,这个差距甚至比中国更大。① 姑且接受世界银行的说法,中国 GDP 在 2014 年超过了美国,不过,这仅仅指的是按照购买力平价法估算的数值。如果采用汇率法,中国的 GDP 刚刚超过了美国的一半。在调整了服务业占比后,中国的经济规模和美国基本相当,差距并不显著。

如果把目光聚焦在居民生活水平上,美国的人均 GDP 是中国的 4.46 倍(购买力平价法)或 7.81 倍(汇率法),美国的人均消费是中国的 5.32 倍。美国是个典型的富国,和中国的差距可谓天壤之别。

表 12-13 列出了 8 种指标体系,其中有 4 种表明中国经济超过了美国,还有 4 种表明中国没有超过美国。在超过的 4 个指标中,中国和美国的数据非常接近,如果考虑到统计误差,还不能确认到底谁是第一。在其他的 4 个指标中,中国非但没有超过美国,两者之间的差距还很大。

也许这样比较有助于人们全面地了解中国和美国之间的经济差距。

究竟中国在什么时候能够在这 4 个指标上超越美国?在表中给出几个问号。事实上,中国赶超美国的具体时间完全不确定。有些人拿两国的经济增长率来线性外推,很乐观地预言,中国可能在 2024 年,或者更早一些,全面赶上美国。这些人的愿望良好,但是估算方法却是错误的。拿中国和美国当前的经济增长率逐年递推,前提假设是两国都各自保持当前的经济增长率不变。且不知这些假设的依据在哪里?在 20 世纪 80 年代,日本的经济增长率显著地高于美国,有些经济学家曾经预测,日本将取代美国成为世界第一。可是,日本在 1990 年泡沫经济崩溃之后,经济衰退,在世界各国排名榜上的位置一

---

① 低收入国家的购买力平价法估算的 GDP 要比汇率法估算值高 3 倍左右。

跌再跌。中国经济高速增长是事实,但是,随着经济增长,中国遭遇金融危机的概率也越来越高。因此,中国必须严肃、认真地防范金融危机。倘若中国能够有效地预防金融危机爆发,那么,中国的经济还可以保持一段时间的高速增长。但是,随着经济基数加大,增长率也必然逐步回落,继续保持8%的经济增长率似乎过于乐观。

第十三章

经济规模与联合国会费和世界银行股份

13.1 缴纳联合国会费的规则

缴纳各类国际组织的费用必然和各国 GDP 规模联系在一起。有人说,中国的 GDP 比美国还高,就是想要我们给联合国多交会费。人家挖了个坑,等着我们往里跳。这话对不对?

联合国会费包括经常性预算、维和费用和国际法庭费用三个部分,其中,经常性预算是联合国会费的主要部分。联合国以及下属的世界银行、IMF 等机构服务于世界各国,联合国的经费自然需要由世界各国来负担。《联合国宪章》第十七条规定,联合国组织的会费"应由各会员国依照大会分配限额担负之"。各国应缴纳的会费数额由会费委员会决定,每3年计算一次。会费委员会主要根据每个国家的 GDP、人口和支付能力确定各国会费,同时对低收入国家实施宽减优惠。

所谓支付能力指的是该国的 GDP 在联合国全体成员国 GDP 中的比例。原则上,联合国会费按照各国 GDP 大小等比例分配,经济规模大的国家多交,经济规模小的国家少交。例如,如果某国的 GDP 占所有会员国 GDP 总额的5%,就缴纳全部会费的5%。此外,从1974年起,联合国设定了最高和最低摊款限额的规定:最高摊款限额不能超过该国整个预算的22.00%,最低不能低于0.001%。

斗转星移,沧桑巨变,在短短的三十多年内,中国由一个当年几乎赤贫的穷国发展成一个中等收入国家,GDP 规模越来越大。中国老百姓完全理解,在新形势下,中国应当承担更大的国际义务。中国也有能力向各类国际组织支付更多的费用,情理之中,责无旁贷。

2013 年,联合国采用新的常规预算分摊比例。联合国会费总额(经常性预算)54 亿美元,其中美国 22.00% 的预算分摊比例维持不变;日本位居第二,缴纳比例从之前的 13.50% 降至 10.80%;中国从 3.19% 增至 5.15%(总额约 2.78 亿美元),成为联合国第六大会费支付国;排在第三位到第五位的分别是德国(7.14%)、法国(5.59%)和英国(5.18%)(见表 13-1)。

表 13-1　2013 年各国缴纳联合国会费的份额和金额

排名	国家	所占份额(%)	实际缴纳金额(亿美元)
1	美国	22.00	11.88
2	日本	10.80	5.83
3	德国	7.14	3.86
4	法国	5.59	3.02
5	英国	5.18	2.80
6	中国	5.15	2.78
	总额	100.00	54.00

数据来源:根据世界银行数据整理。

在确定会费的时候,除了各国的经济规模之外,联合国为了照顾穷国,给予人均收入低于世界平均收入水平的国家宽减优惠。如同公共财政学中阐述的基本原则那样,税收应当遵循递进制。在缴纳个人所得税的时候,收入高的税率高,收入低的税率低,最穷的困难户不仅不交税还酌情给予各种补贴和资助。联合国会费缴纳规则中也有这一条:低于世界平均收入水平的国家少交一点。在 2012 年,人均 GDP 的世界平均水平为 10 281 美元。按照汇率法计算,中国的人均 GDP 为 6 091 美元,按照购买力平价法计算,中国的人均 GDP 为 9 063 美元。① 无论采取哪种算法,中国的人均 GDP 都低于世界平均水平。

---

① 人均 GDP 数据来源:世界银行数据库;《中国统计摘要,2014》,第 173 页。

因此,在缴纳联合国会费的时候,中国有理由享受宽减优惠,只不过宽减率有所不同而已。

13.2 中国缴纳联合国会费的演变

中国自 1972 年恢复了在联合国的合法席位之后,缴纳联合国会费的比例经历了四个阶段(见表 13-2)。

表 13-2 中国在联合国会费中的比例

年份	会费比例(%)	年份	会费比例(%)
1971—1973	4.000	1999	0.970
1974—1979	5.500	2000	1.000
1980—1982	1.620	2001	1.540
1983—1985	0.880	2002	1.550
1986—1988	0.790	2003	1.530
1989—1991	0.790	2004—2006	2.050
1992—1994	0.770	2007	2.670
1995	0.720	2008—2009	2.667
1996—1997	0.740	2010—2012	3.189
1998	0.900	2013—2015	5.148

数据来源:由联合国网站(http://www.un.org/zh/)整理;张毅,"联合国会费调整反映国际格局变化",时事报告,2013 年第 2 期,第 50 页;卢垚,"联合国会费里的中国份额",中外文摘,2010 年第 9 期,第6—7 页;本刊综合,"联合国会费中国为何涨了 20%",晚霞,2010 年第 2 期,第 23 页。

第一阶段,会费比例从 1971 年的 4.000% 上升到 1979 年的 5.500%;

第二阶段,联合国在 1980 年将中国会费标准调整为 1.620%,并且维持了 2 年;

第三阶段,从 1982 年的 1.620% 逐步下降到 1995 年的 0.720%;

第四阶段,从 1995 年以后,中国缴纳会费的比例从最低点逐年上升,到 2012 年已经达到 3.189%;预计在 2013—2015 年,中国缴纳的联合国会费将达到总额的 5.148%。

总的来说,中国在联合国缴费的变化趋势还是合理的。在 20 世纪 80 年代到90年代中期,由于中国人均GDP较低,联合国非常照顾中国,逐年降低了中国在联合国承担的会费份额。在1995年以后,中国经济迅速增长,人均GDP水平不断提高,外贸顺差加大,外汇储备情况良好,中国缴纳联合国会费的份额也水涨船高,逐年上升。近年来,中国交给联合国和世界银行的会费越来越多,占比从1995年的0.720%上升到2013年的5.148%。

联合国会费对穷国实施减负的计算公式为[①]:

联合国会费比例 = GDP 比例 × (1 − 宽减率)

宽减率 = (世界人均 GDP − 中国人均 GDP) ÷ 世界人均 GDP × 80%

按照世界银行的公式计算,在2012年,世界人均GDP是10 281美元,按照汇率法,中国人均GDP是6 093美元,代入公式,宽减率为0.326。中国GDP为82 271亿美元,全球GDP为724 404亿美元,中国GDP占全球的11.36%,应当缴纳会费占总额的比例为7.65%。

按照购买力平价法计算,中国2012年的人均GDP是10 945美元,世界人均GDP是13 889美元,代入公式计算得到的宽减率为0.170;中国GDP是147 827亿美元,全球GDP是978 219亿美元,中国GDP占全球的15.11%,应缴纳会费比例为12.53%。

实际上,2013年,中国缴纳联合国会费2.78亿美元,占比为5.15%。如果提高到7.65%的水平,中国需要缴纳联合国会费4.13亿美元,要多缴纳1.35亿美元;如果提高到12.53%的水平,中国需要缴纳联合国会费6.76亿美元,要多缴纳3.98亿美元。

在2012年,中国的外汇储备总额是33 115亿美元,2013年外汇储备增加到38 213亿美元。在这一年里,中国的外汇储备增加了5 098亿美元。即使向联合国多交3.98亿美元,也只不过是中国新增外汇储备量的0.078%。显然,中国完全有能力支付联合国的会费。

究竟是按照购买力平价法计算还是按照汇率法计算?采用不同的计算方法,会显著地影响到中国缴纳给联合国会费的数量,由于学界尚有争议,很可

---

① 参阅许宪春,"联合国会费与世行优惠是怎样计算的",北京统计,2000年第6期,第47页。

能还是在这两个极端之间找到一个折中点。

13.3 国际金融机构的缴费和投票权

凡是联合国会员国都可以申请成为世界银行和 IMF 的成员国,都必须认购一定数量的世界银行和 IMF 股份。作为股东,不仅无须缴纳费用,还可以获得一定程度的分红。[①]

一般来说,权力和贡献密切相关,贡献越大,权力就越大。在股份制企业中,谁持有股份多,谁的发言权就大。在联合国的金融机构中也是这样。世界银行的重要事项都需会员国投票决定,世界银行的投票权和会员国认购的股本挂钩。各国在世界银行中的表决权由两个部分组成:第一部分,每一个会员国不论大小都有 250 票的基本投票权;第二部分,无论哪个国家,如果多认购 1股(每股 10 万美元)就增加 1 票。认购的股本越多,在国际金融机构中的话语权就越大。2010 年以前,美国认购的股份最多,有投票权 226 178 票,占总投票数的 17.37%,对世界银行事务与重要贷款项目的决定起着重要作用。中国认购的股金为 42.2 亿美元,有投票权 35 221 票,占总投票数的 2.77%。

为了在国际金融机构中取得较大的发言权,经济实力比较强的国家都倾向于多持有世界银行和 IMF 的股份。《世界银行协定》只规定了创始会员国认购股份的最低份额,并没有公布其他会员国认股的计算规则。事实上,并不是说经济强国想认购多少世界银行的股份就能够认购多少。若想增加在世界银行或其他国际金融机构中的股本,必须提出申请,与世界银行协商,最后报世界银行董事会批准。

世界银行及其董事会分配股本的基本公式被称为布雷顿森林公式:

$$Q = \alpha Y + \beta V$$

其中,α 和 β 是两个指数,$\alpha = 2\beta$;Y 代表近三年该国的平均 GDP,代表着该国可向国际金融机构贡献的能力;V 代表长期资本净流量和经常项目收入

---

① 世界银行包括国际复兴开发银行(IBRD)、国际开发协会(IDA)、国际金融公司(IFC)、多边投资担保机构(MIGA)、国际投资争端解决中心(ICSID)等五个机构,共有会员国 188 个。

的波动值。①

由这个公式可知,一个国家的经济规模(Y)越大,就可以在国际金融机构
中认购越多的股本,同时拥有更强的发言权。同样,如果一个国家的长期资本
净流量和经常项目(外贸顺差)较高,在国际金融机构中就有可能持有更多的
股份。假定世界各国的经济等速发展,一旦确定了各国之间持有股份的相对
份额,就会维持在原有的均衡上。如果某个国家经济高速增长,拥有高额的贸
易顺差,大量资金流入该国,那么,就应当让这个国家拥有更多的股份,同时增
加这个国家在国际金融体系中的话语权。显而易见,中国在最近三十年内保
持高速经济增长,在世界各国经济规模的排名不断上升。按照世界银行的布
雷顿森林公式,中国有可能持有更多的股份,世界银行的股本结构必须随着时
代发展而进行相应的调整。

2010 年 4 月 25 日,世界银行发展委员会春季会议通过了股本结构改革方
案。发达国家向发展中国家转移了 3.13 个百分点的投票权,使发展中国家拥
有的投票权总额从 44.06% 提高到 47.19%(见表 13-3)。

表 13-3　2010 年投票权改革前后变化较大的国家　　（单位:%）

排名	国家	改革前	改革后	变化
1	美国	16.36	15.85	-0.51
2	日本	7.85	6.84	-1.01
3	中国	2.78	4.42	1.64
4	德国	4.48	4.00	-0.48
5	英国	4.30	3.75	-0.55
6	法国	4.30	3.75	-0.55
7	墨西哥	1.18	1.68	0.50
8	韩国	0.99	1.57	0.58
9	土耳其	0.53	1.08	0.55

注:表中按照股本数量排名。投票权变化较大,是以改革前后投票权增加或减少 0.45
个百分点为基准;表中各国在改革前占有 42.77%;改革后下降为 42.94%,变化为 0.17%。

数据来源:Office of the Corporate Secretary, World Bank Group Voice Reform: Enhancing
Voice and Participation of Developing and Transition Countries in 2010 and Beyond, Report Prepar-
ing for Development Committee Meeting April 2010, April 19, 2010.

① IMF, Report to the IMF Executive Board of the Quota Formula Review Group, Washington, April, 2000.

　　国际金融公司提出 2 亿美元的特别增资方案,主要由高速发展的新兴经济体认购,从而使得发展中国家在国际金融公司整体的投票权从 33.41% 上升到 39.48%(见表 13-4)。

表 13-4　国际金融公司(IFC)股本的认购数额①

排名	国家	股份(股)	占比(%)	金额(亿美元)
1	美国	35 168	35.17	9.073
2	英国	14 400	14.40	3.715
3	中国	6 646	6.65	1.715
4	法国	5 815	5.82	1.500
5	印度	4 431	4.43	1.143
6	德国	3 655	3.66	0.943
7	加拿大	3 600	3.60	0.929
8	荷兰	3 046	3.05	0.786
9	日本	2 769	2.77	0.714
10	比利时	2 492	2.49	0.643
11	澳大利亚	2 215	2.22	0.571
12	意大利	1 994	1.99	0.514
13	印度尼西亚	1 218	1.22	0.314
14	巴西	1 163	1.16	0.300
15	巴基斯坦	1 108	1.11	0.286
16	瑞典	1 108	1.11	0.286
17	南非联邦	1 108	1.11	0.286
18	丹麦	753	0.75	0.194
19	墨西哥	720	0.72	0.186
20	埃及	590	0.59	0.152
21	奥地利	554	0.55	0.143
22	挪威	554	0.55	0.143
23	土耳其	476	0.48	0.123
24	南斯拉夫	443	0.44	0.114
25	芬兰	421	0.42	0.109

---

　　① 截至 2012 年 6 月 27 日,国际金融公司的法定股本已增至 25.8 亿美元,共分为 258 万股,每股价值 1 000 美元。

（续表）

排名	国家	股份(股)	占比(%)	金额(亿美元)
26	智利	388	0.39	0.100
27	哥伦比亚	388	0.39	0.100
28	古巴	388	0.39	0.100
29	伊朗	372	0.37	0.096
30	希腊	277	0.28	0.071
31	秘鲁	194	0.19	0.050
32	缅甸	166	0.17	0.043
33	锡兰	166	0.17	0.043
34	菲律宾	166	0.17	0.043
35	泰国	139	0.14	0.036
36	乌拉圭	116	0.12	0.030
37	委内瑞拉	116	0.12	0.030
38	卢森堡	111	0.11	0.029
39	玻利维亚	78	0.08	0.020
40	叙利亚	72	0.07	0.019
41	伊拉克	67	0.07	0.017
42	以色列	50	0.05	0.013
43	黎巴嫩	50	0.05	0.013
44	厄瓜多尔	35	0.04	0.009
45	埃塞俄比亚	33	0.03	0.009
46	约旦	33	0.03	0.009
47	哥斯达黎加	22	0.02	0.006
48	多米尼加	22	0.02	0.006
49	危地马拉	22	0.02	0.006
50	海地	22	0.02	0.006
51	巴拉圭	16	0.02	0.004
52	萨尔瓦多	11	0.01	0.003
53	洪都拉斯	11	0.01	0.003
54	冰岛	11	0.01	0.003
55	尼加拉瓜	9	0.01	0.002
56	巴拿马	2	0.00	0.001

数据来源:《国际金融公司协定》,2012 年 6 月 27 日。

这次改革显著地提高了包括中国在内的发展中国家在国际金融组织中的话语权。毫无疑问,在这次世界银行改革中,中国是"最大的赢家",中国拥有的投票权从 2.78% 大幅度提升到 4.42%。在改革前,中国在世界银行中是排名第六的股东;在 2010 年以后,中国已经超越了德国、英国、法国,成为世界银行仅次于美国和日本的第三大股东国。

国际复兴开发银行(IBRD)共有 188 个成员国,国际开发协会(IDA)有 172 个成员国,表 13-5 列出 IBRD 成员国认购的股本数额及占比情况。

表13-5 国际复兴开发银行(IBRD)股本认缴和投票权(截至 2013 年 10 月 10 日)

排序	会员国	股份(股)	股份占比(%)	票数	票数占比(%)
1	美国	29 688.1	15.93	297 464	15.07
2	日本	16 544.4	8.88	166 027	8.41
3	中国	10 659.4	5.72	107 177	5.43
4	德国	8 747.5	4.69	88 058	4.46
5	法国	7 799.4	4.18	78 577	3.98
6	英国	7 799.4	4.18	78 577	3.98
7	加拿大	5 835.4	3.13	58 937	2.99
8	印度	5 673.9	3.04	57 322	2.90
9	意大利	5 066.2	2.72	51 245	2.60
10	俄罗斯	4 583.1	2.46	46 414	2.35
11	沙特阿拉伯	4 583.1	2.46	46 414	2.35
12	荷兰	3 963.3	2.13	40 216	2.04
13	西班牙	3 872.5	2.08	39 308	1.99
14	巴西	3 402.2	1.83	34 605	1.75
15	比利时	3 241.4	1.74	32 997	1.67
16	伊朗	3 120.5	1.67	31 788	1.61
17	瑞士	3 063.3	1.64	31 216	1.58
18	澳大利亚	2 892.7	1.55	29 510	1.50
19	韩国	2 598.3	1.39	26 566	1.35
20	土耳其	2 149.8	1.15	22 081	1.12
21	委内瑞拉	2 036.1	1.09	20 944	1.06
22	墨西哥	1 909.8	1.02	19 681	1.00

（续表）

排序	会员国	股份 （股）	股份占比 （%）	票数	票数占比 （%）
23	阿根廷	1 818.0	0.98	18 763	0.95
24	丹麦	1 779.6	0.95	18 379	0.93
25	瑞典	1 698.4	0.91	17 567	0.89
26	印度尼西亚	1 671.8	0.90	17 301	0.88
27	南非	1 528.1	0.82	15 864	0.80
28	科威特	1 341.6	0.72	13 999	0.71
29	尼日利亚	1 277.4	0.69	13 357	0.68
30	奥地利	1 252.9	0.67	13 112	0.66
31	挪威	1 213.4	0.65	12 717	0.64
32	乌克兰	1 097.7	0.59	11 560	0.59
33	波兰	1 097.7	0.59	11 560	0.59
34	芬兰	975.7	0.52	10 340	0.52
35	巴基斯坦	933.9	0.50	9 922	0.50
36	哥伦比亚	931.9	0.50	9 902	0.50
37	阿尔及利亚	925.2	0.50	9 835	0.50
38	匈牙利	896.0	0.48	9 543	0.48
39	埃及	889.6	0.48	9 479	0.48
40	泰国	849.4	0.46	9 077	0.46
41	马来西亚	824.4	0.44	8 827	0.45
42	菲律宾	816.4	0.44	8 747	0.44
43	利比亚	784.0	0.42	8 423	0.43
44	智利	759.5	0.41	8 178	0.41
45	新西兰	723.6	0.39	7 819	0.40
46	捷克共和国	716.5	0.38	7 748	0.39
47	秘鲁	634.8	0.34	6 931	0.35
48	摩洛哥	606.0	0.32	6 643	0.34
49	以色列	601.9	0.32	6 602	0.33
50	葡萄牙	546.0	0.29	6 043	0.31
51	爱尔兰	527.1	0.28	5 854	0.30
52	保加利亚	521.5	0.28	5 798	0.29
53	孟加拉国	485.4	0.26	5 437	0.28

（续表）

排序	会员国	股份（股）	股份占比（%）	票数	票数占比（%）
54	罗马尼亚	401.1	0.22	4 594	0.23
55	白俄罗斯	390.3	0.21	4 486	0.23
56	斯里兰卡	381.7	0.20	4 400	0.22
57	津巴布韦	357.5	0.19	4 158	0.21
58	斯洛伐克	321.6	0.17	3 799	0.19
59	乌拉圭	306.3	0.16	3 646	0.18
60	哈萨克斯坦	298.5	0.16	3 568	0.18
61	塞尔维亚	284.6	0.15	3 429	0.17
62	赞比亚	281.0	0.15	3 393	0.17
63	伊拉克	280.8	0.15	3 391	0.17
64	厄瓜多尔	277.1	0.15	3 354	0.17
65	安哥拉	267.6	0.14	3 259	0.17
66	特立尼达和多巴哥	266.4	0.14	3 247	0.16
67	刚果民主共和国	264.3	0.14	3 226	0.16
68	牙买加	257.8	0.14	3 161	0.16
69	克罗地亚	253.9	0.14	3 122	0.16
70	科特迪瓦	251.6	0.13	3 099	0.16
71	乌兹别克斯坦	249.3	0.13	3 076	0.16
72	缅甸	248.4	0.13	3 067	0.16
73	肯尼亚	246.1	0.13	3 044	0.15
74	阿拉伯联合酋长国	238.5	0.13	2 968	0.15
75	文莱达鲁萨兰	237.3	0.13	2 956	0.15
76	也门共和国	221.2	0.12	2 795	0.14
77	叙利亚	220.2	0.12	2 785	0.14
78	多米尼加	209.2	0.11	2 675	0.14
79	塞内加尔	207.2	0.11	2 655	0.13
80	危地马拉	200.1	0.11	2 584	0.13
81	玻利维亚	178.5	0.10	2 368	0.12
82	希腊	168.4	0.09	2 267	0.11
83	卢森堡	165.2	0.09	2 235	0.11
84	阿塞拜疆	164.6	0.09	2 229	0.11

（续表）

排序	会员国	股份 （股）	股份占比 （％）	票数	票数占比 （％）
85	格鲁吉亚	158.4	0.08	2 167	0.11
86	阿曼	156.1	0.08	2 144	0.11
87	喀麦隆	152.7	0.08	2 110	0.11
88	加纳	152.5	0.08	2 108	0.11
89	纳米比亚	152.3	0.08	2 106	0.11
90	立陶宛	150.7	0.08	2 090	0.11
91	拉脱维亚	147.6	0.08	2 059	0.10
92	塞浦路斯	146.1	0.08	2 044	0.10
93	斯洛文尼亚	144.9	0.08	2 032	0.10
94	南苏丹	143.7	0.08	2 020	0.10
95	马达加斯加	142.2	0.08	2 005	0.10
96	卡塔尔	138.9	0.07	1 972	0.10
97	约旦	138.8	0.07	1 971	0.10
98	摩尔多瓦	136.8	0.07	1 951	0.10
99	坦桑尼亚	129.5	0.07	1 878	0.10
100	巴布亚新几内亚	129.4	0.07	1 877	0.10
101	几内亚	129.2	0.07	1 875	0.10
102	冰岛	125.8	0.07	1 841	0.09
103	毛里求斯	124.2	0.07	1 825	0.09
104	巴拉圭	122.9	0.07	1 812	0.09
105	马里	116.2	0.06	1 745	0.09
106	亚美尼亚	113.9	0.06	1 722	0.09
107	吉尔吉斯斯坦	110.7	0.06	1 690	0.09
108	多哥	110.5	0.06	1 688	0.09
109	巴林	110.3	0.06	1 686	0.09
110	马拉维	109.4	0.06	1 677	0.09
111	马耳他	107.4	0.06	1 657	0.08
112	巴哈马	107.1	0.06	1 654	0.08
113	海地	106.7	0.06	1 650	0.08
114	塔吉克斯坦	106.0	0.06	1 643	0.08
115	圭亚那	105.8	0.06	1 641	0.08

（续表）

排序	会员国	股份 （股）	股份占比 （%）	票数	票数占比 （%）
116	卢旺达	104.6	0.06	1 629	0.08
117	斐济	98.7	0.05	1 570	0.08
118	加蓬	98.7	0.05	1 570	0.08
119	埃塞俄比亚	97.8	0.05	1 561	0.08
120	尼泊尔	96.8	0.05	1 551	0.08
121	越南	96.8	0.05	1 551	0.08
122	科索沃	96.6	0.05	1 549	0.08
123	巴巴多斯	94.8	0.05	1 531	0.08
124	莫桑比克	93.0	0.05	1 513	0.08
125	刚果共和国	92.7	0.05	1 510	0.08
126	爱沙尼亚	92.3	0.05	1 506	0.08
127	毛里塔尼亚	90.0	0.05	1 483	0.08
128	贝宁	86.8	0.05	1 451	0.07
129	布基纳法索	86.8	0.05	1 451	0.07
130	乍得	86.2	0.05	1 445	0.07
131	中非共和国	86.2	0.05	1 445	0.07
132	尼日尔	85.2	0.05	1 435	0.07
133	苏丹	85.0	0.05	1 433	0.07
134	阿尔巴尼亚	83.0	0.04	1 413	0.07
135	突尼斯	71.9	0.04	1 302	0.07
136	塞拉里昂	71.8	0.04	1 301	0.07
137	布隆迪	71.6	0.04	1 299	0.07
138	赤道几内亚	71.5	0.04	1 298	0.07
139	黑山共和国	68.8	0.04	1 271	0.06
140	莱索托	66.3	0.04	1 246	0.06
141	洪都拉斯	64.1	0.03	1 224	0.06
142	乌干达	61.7	0.03	1 200	0.06
143	博茨瓦纳	61.5	0.03	1 198	0.06
144	尼加拉瓜	60.8	0.03	1 191	0.06
145	圣马力诺	59.5	0.03	1 178	0.06
146	厄立特里亚	59.3	0.03	1 176	0.06

（续表）

排序	会员国	股份（股）	股份占比（％）	票数	票数占比（％）
147	瓦努阿图	58.6	0.03	1 169	0.06
148	伯利兹	58.6	0.03	1 169	0.06
149	吉布提	55.9	0.03	1 142	0.06
150	圣卢西亚	55.2	0.03	1 135	0.06
151	索马里	55.2	0.03	1 135	0.06
152	波斯尼亚和黑塞哥维那	54.9	0.03	1 132	0.06
153	冈比亚	54.3	0.03	1 126	0.06
154	几内亚比绍	54.0	0.03	1 123	0.06
155	不丹	53.7	0.03	1 120	0.06
156	格林纳达	53.1	0.03	1 114	0.06
157	萨摩亚	53.1	0.03	1 114	0.06
158	土库曼斯坦	52.6	0.03	1 109	0.06
159	安提瓜和巴布达	52.0	0.03	1 103	0.06
160	东帝汶	51.7	0.03	1 100	0.06
161	所罗门群岛	51.3	0.03	1 096	0.06
162	佛得角	50.8	0.03	1 091	0.06
163	多米尼克	50.4	0.03	1 087	0.06
164	圣多美和普林西比	49.5	0.03	1 078	0.05
165	汤加	49.4	0.03	1 077	0.05
166	密克罗尼西亚	47.9	0.03	1 062	0.05
167	马歇尔群岛	46.9	0.03	1 052	0.05
168	马尔代夫	46.9	0.03	1 052	0.05
169	蒙古	46.6	0.02	1 049	0.05
170	基里巴斯	46.5	0.02	1 048	0.05
171	利比里亚	46.3	0.02	1 046	0.05
172	图瓦卢	46.1	0.02	1 044	0.05
173	斯威士兰	44.0	0.02	1 023	0.05
174	马其顿	42.7	0.02	1 010	0.05
175	苏里南	41.2	0.02	995	0.05
176	巴拿马	38.5	0.02	968	0.05
177	黎巴嫩	34.0	0.02	923	0.05

（续表）

排序	会员国	股份 （股）	股份占比 （%）	票数	票数占比 （%）
178	新加坡	32.0	0.02	903	0.05
179	阿富汗	30.0	0.02	883	0.04
180	科摩罗	28.2	0.02	865	0.04
181	圣文森特和格林纳丁斯	27.8	0.01	861	0.04
182	圣基茨—尼维斯—安圭拉岛	27.5	0.01	858	0.04
183	塞舌尔	26.3	0.01	846	0.04
184	哥斯达黎加	23.3	0.01	816	0.04
185	柬埔寨	21.4	0.01	797	0.04
186	老挝	17.8	0.01	761	0.04
187	萨尔瓦多	14.1	0.01	724	0.04
188	帕劳	1.60	0.00	599	0.03

数据来源：世界银行，https://finances.worldbank.org/zh/Shareholder-Equity/IBRD-/igpu-3jne

IMF 的情况和世界银行很类似。2010 年 12 月，IMF 最高决策机构理事会批准了关于 IMF 份额和治理改革的方案。改革之前，美国、日本、德国、法国、英国和中国分别占有股份总额的 17.69%、6.56%、6.12%、4.51%、4.51% 和 4.00%。改革之后，IMF 份额排名前六位国家分别调整成美国（17.39%）、日本（6.46%）、中国（6.39%）、德国（5.58%）、法国（4.23%）和英国（4.23%）。由于美国国会尚未通过该方案，这一方案至今未能生效。

国际金融机构规定，对任何重大事项（包括投资、贷款、援助等）或者修改任何规则，都需要 85.00% 以上的赞成票。作为世界上唯一的超级大国，美国在国际金融机构中一支独大，具有垄断性地位。近年来，美国政府赤字累累，捉襟见肘，债台高筑，一向财大气粗的山姆大叔也变得斤斤计较起来。美国不断地降低给联合国支付会费的比例，同时减少在国际金融机构中持有的股份。到了 2013 年，美国在世界银行的表决权下降为 15.85%，显然，如果美国依然持有这些股份，美国可以继续掌控世界银行和其他国际金融机构。凡是美国人不赞成的方案，只要他不放行，谁都没有办法。金融霸权和军事霸权是支撑美国超级大国地位的两大支柱。当初美国很轻松地转让股本的时候，也许没有想到,它拥有的股份离失去控制权的警戒线只有 0.85 个百分点,已经到了不能再降的边缘状态。

可以预见,随着中国的崛起,今后还会调整世界银行的股本。如果调整幅度很小,美国还有可能继续持有 15.00% 以上的股份。可是,一方面,中国的经济规模已经可以和美国相提并论,而另一方面,中国持有的股份只有 5.15% 。只要一调整股份,中国的份额上升,必然会稀释美国的持股比例。一旦美国的股份比例降到 15.00% 以下,就丢失了在世界金融机构中的否决权。摆在美国面前的有两个选项:第一,尽量要求中国给联合国多交会费,这样美国就可以少交一些;第二,尽量不让中国在世界金融机构中持有更多的股份。由于这两者相互关联,美国面临着两难决策的尴尬局面。

第十四章

国际比较项目的冲击

14.1　国际比较项目带来的机遇和挑战

随着世界经济一体化的进展,各国之间交流日益频繁、密切,国际比较项目(ICP)已经成为全球最大的统计合作活动。最近一轮国际比较项目(ICP 2011)规模空前。中国在 2011 年首次全面参加第八轮 ICP,这是中国统计走向世界的重要一步。世界银行建立的全球 ICP 执委会成员包括联合国、世界银行、IMF、欧盟统计局、OECD、地区协调机构等许多国际和地区性组织以及部分参与国的代表。中国国家统计局局长马建堂应联合国和世界银行的邀请,经国务院批准出任执委会委员。可以预料,这个项目必将越来越受关注,在国际政治、经济、社会分析与决策中起到越来越大的作用。

中国在国际比较项目(ICP)的理论、方法、数据以及应用研究等方面还有很大的拓展空间,主要体现在以下几个方面:

(1) 评估中国经济发展水平。改革开放以后,中国经济持续高速增长,工业化、城市化进展迅速,改革开放进入攻坚阶段。旧的格局已经打破,新的常态正在形成。ICP 项目有助于更全面地测度中国经济实际规模,分析和评估中国经济发展水平,为宏观经济决策服务。

(2) 评估、预测中国综合国力和人民生活水平,为制定经济发展与改善民生的政策提供数据支持,也有助于制定对外援助计划和优惠贷款政策等。

(3) 开展分部门购买力平价生产率比较研究。通过测算分部门购买力平价和生产法购买力平价,推动投入产出表调查,可以推动部门生产率的国际比较,据此完善经济规划,消除市场壁垒,加强落后地区交通物流配套服务。此外,通过研究中国与其他国家的货币、购买力的多边关系,了解我国在国际经济交往中的优势与劣势,改进利用外资和对外投资政策。

(4) 监测减贫进程,为制定减贫战略提供数据支撑。按照购买力平价分层次测算贫困购买力平价、贫困线标准、贫困程度,有助于推进收入、卫生和教育不平等研究,进一步改革和健全公共服务体系。

(5) 探索并推动 ICP 与 CPI 调查体系的整合。ICP 与 CPI 之间在统计理论、调查方案、计算公式等方面有诸多相同或相似,探讨 ICP 与 CPI 整合的可能性和渠道,有助于改进这两个统计调查项目的实施效率,提高数据质量,从而也将有助于改进中国的统计能力,特别是价格统计和国民核算的能力。

(6) 探索购买力平价在微观经济中的应用。例如,将购买力平价数据应用于比较劳动生产率、产业竞争优势,分析投资回报以及潜在市场需求等。在企业对外投资或引进外资时,除考虑决定其投资收益的兑换率外,还可根据购买力平价方法来衡量投资方向和投入产出效益等。

全面参加全球 ICP 项目,对中国来说既是一大挑战,也是一大机遇,好处主要在于:

(1) 全面参加 ICP,有助于中国更好地融入国际经济体系,有更多的机会和其他国家、国际组织合作,让世界更客观地了解中国。收集、编制和发布购买力平价数据,可以满足国际社会分析研究和决策参考的需要。将 ICP 项目测算的购买力平价用作转换因子,为国际经济规模和结构的比较提供了一个新的视角,有利于从多个角度来评估和分析中国经济发展阶段与水平。采用购买力平价法和汇率法进行国际比较,可以双管齐下,互为补充,裁长补短,相辅相成。从总量规模与人均水平两个层面进行横向、纵向比较,有助于分析中国与其他各国的经济实力。

（2）全面参加 ICP，有助于促进统计研究的国际交流和合作。虽然目前购买力平价（PPP）尚未用于行政管理，但可以预期，ICP 项目的广度和深度必定会逐步提高。实际上，在联合国"千年发展目标"监测方面，购买力平价方法已开始用来测算贫困线，还有更多的领域正在逐步推广购买力平价方法。中国必须跟上这个世界统计学发展的大潮流。

（3）全面参加 ICP，有助于中国国民经济核算和价格统计的制度建设，有利于培养人才，提高统计人员的业务素质。例如，计算 ICP 的购买力平价需要完整的 GDP 支出分类数据作为计算权数，但是中国 GDP 支出统计体系尚未完善。在 2005 年实施全球 ICP 项目时，中国已有的统计资料仅能将 GDP 大致分出 70 个分类，未能按世界银行的要求将 GDP 分为 155 个基本分类，缺失部分只能大概估算。显然，这将导致购买力平价计算结果产生很大的误差。全面加入 ICP，可以推动中国的统计体系更快与世界各国接轨，显著提高中国统计数据的质量。

与此同时，全面参加全球 ICP 活动也带来一些挑战。

由于 ICP 对中国经济规模的估计要明显地高于汇率法估算的结果，某些别有用心者往往以此渲染"中国威胁论"。也难免会有一些人根据 ICP 项目对中国经济规模的估算，要求中国在国际组织、治理环境、减污减排等方面承担更多的国际义务，影响中国作为发展中国家取得优惠贷款的资格。

众所周知，购买力平价主要衡量的是单位货币对国内产品的购买力，而外汇汇率主要衡量贸易品之间的交换水平，两者之间并没有绝对的关系，购买力平价并不能反映一国货币的"真实"或"均衡"汇率。尽管学界对此早有共识，可是，某些国家的政界和新闻界却经常有人借购买力平价和汇率之间的差距说事，为压迫人民币升值提供借口。

兵来将挡，水来土掩。只要认真研究，不卑不亢，据理力争，无论是出于无知、误解还是恶意的攻击，都无法阻挡中国积极地参与 ICP 项目并作出自己的贡献。

14.2　国际比较项目的不足之处

世界银行公布的 ICP 报告,就涉及中国的部分来说,在以下几方面有明显的问题:

(1)目录产品在中国市场上代表性不强。居民消费是构成支出法 GDP 的主要成分,可是,第八轮使用的亚太区目录产品并不十分适合中国的国情,缺乏代表性,这主要体现在服装、食品、交通通信和住房家居产品上。例如,汽车代表性产品由大众汽车改为铃木汽车,西服代表性产品由 100% 纯毛西服改为含毛 50% 的混纺质地西服,等等。这些采价产品在中国市场上的比重明显低于同类产品的平均水平,致使相应类别采价数据偏低。这对居民消费价格影响较大,导致我国按购买力平价计算出来的结果偏低。把区域结果链接成全球购买力平价之后,可能低估我国购买力平价,进而高估我国实际 GDP 总量。

(2)未充分考虑我国经济转型的特点。我国目前正处于从计划经济向市场经济转型阶段,市场化发育还不完善,价格扭曲现象丛生。例如,能源、电力、电信价格尚未完全放开,医疗卫生服务存在大量财政补贴,药品价格存在政府限价和指导价,民办教育没有充分的市场化运营,等等。而美国等市场化程度很高的国家,产品价格完全由市场决定,价格反映了货物和服务的真实价值。因此,按照我国目前产品的市场价格计算购买力平价可能导致数值偏低,与市场化程度较高的发达国家相比,缺乏可比性。

(3)未能反映我国的经济结构特点。从经济结构方面看,通常,消费占 GDP 的主要部分。美国等大多数发达国家的消费占其 GDP 比重通常都在 90.0% 以上,大多数发展中国家的消费占比也能达到 60.0%。可是,我国在高速城镇化和工业化过程中,消费占比相对较低,投资在 GDP 中的比例较高。在第八轮 ICP 结果中,我国固定资产投资占 GDP 的比重高达 43.4%,在估算投资品价格水平时误差较大。例如,建筑品在投资中所占比重较高,可是,由于没有因地制宜地调整各个国家的建筑品价格,在计算 GDP(购买力平价)

时,低估了建筑品产值在中国 GDP 当中的比重。显然,全球层面汇总的各国购买力平价总结果无法反映这种经济结构差异造成的影响。

(4) 对发展不均衡问题关注不够。第八轮 ICP 公布的数据表明,ICP 在亚太地区的误差显著大于其他区域。从统计方法而言,ICP 项目中采用的方法主要来源于 OECD 国家的购买力平价方法。这种方法适合市场化充分、同质性强的经济体,这些国家在货物和服务等方面质量差异很小,而亚太地区国家的经济发展程度差异非常大。例如,中国和印度在世界上人口最多(占全球总人口 1/3 左右),经济增长速度较高,与此同时,在亚太地区也有一些人口很少、经济增长缓慢的经济体;有不少很穷的经济体,也有文莱、中国澳门、中国香港以及新加坡等人均收入很高的富裕经济体;有斐济和马尔代夫等岛屿经济体,也有柬埔寨、老挝和越南等转型经济体。亚太地区各经济体在发展水平、生活水平和消费方式等许多方面差异悬殊,在计算购买力平价的时候,采样的内涵差异很大。在这种情况下,购买力平价的汇总与链接方法不太适用于亚太地区。需要进一步开发适合亚太地区,尤其是适合正处于快速发展或者经济转型经济体的统计方法。

(5) 方法稳定性不高,可比性不强。在 2005 年和 2011 年分别进行了两轮 ICP,链接方法由"环国法"改为"全球核心目录"。2005 年仅有 18 个代表国家用于区域链接,而 2011 年几乎所有参与国都参与了区域链接;2011 年,新采用"国家间再分配法"计算汇总系数来代替原来的"大区法"。由于采用的方法发生了较大变化,导致结果不具有可比性。此外,近年由于人民币不断升值,出口商品的价值受汇率影响较大,也导致汇率法计算的中国经济总量排名提高。从整体来看,中国的经济增长速度高于美国,中美差距正在缩小,但缩小的程度没有第八轮结果所显示的这么大。

14.3 如何看待国际比较项目

平心而论,世界银行公布国际比较项目的结果(ICP 2011)似乎没有理由跟中国过不去。在世界银行的邀请下,中国不仅全面参加了 2011 年的第八轮

ICP,中国官员还参加了全球 ICP 执委会。ICP 2011 亚太区办公室和全球办公室采用的原始数据也是中国国家统计局提供的。但是,好像中国政府对此结果并不满意,不承认其为官方统计结果。[①] 中国的新闻媒体反应非常冷淡,有些媒体不予报道,好像这件事压根就没有发生过。

究竟应当如何看待 ICP?

由于对购买力平价法缺乏了解,有些人对这次 ICP 公布的结果反应过度。迄今为止,联合国还没有正式推荐购买力平价法。"在世界一级,ICP 的结果至今尚未用于联合国范围的各项评估,也未用于世界银行的优惠贷款分配。联合国统计委员会在最近数届会议上的立场是:在世界一级,ICP 的结果不会用于行政管理目的。"[②]因此,在世界银行的发展报告中,按照购买力平价法计算出来的 GDP 仅供参考。购买力平价数据主要用于一些大学和研究机构的某些科学研究之中,国际上主流的国际比较方法依然是汇率法。世界银行曾经多次明确表示,由于存在较大的误差和争议,不能根据以购买力平价推算出来的 GDP 总量和人均指标进行严格的排名。对于 ICP 的理论和方法还有很大的讨论余地。正如国家统计局马建堂局长在 2009 年 10 月 14 日出席 2011 年第八轮 ICP 全球执行委员会第一次会议上所强调的那样,ICP 成果的运用要特别谨慎,应该充分考虑政治上的敏感性、组织上的复杂性、技术上的挑战性和结果使用上的有限性,据此进行重大决策时应该特别谨慎。[③]

另一方面,世界银行也充分肯定 ICP 的前景,明确表示以购买力平价折算的 GDP 误差比用汇率法小,今后要继续推进购买力平价法的研究与实践。实际上,近几轮 ICP 活动在理论与方法上都做了巨大调整和改进,国际社会对购买力平价测算结果也越来越关注。可以预期,国际组织正式采用购买力平价法来估算各国经济实力只是时间问题。ICP 项目的实施绝不仅仅是单纯的计算方法的变更,一定会对世界政治、经济格局的发展产生深远的影响。正确定

---

① 参阅亚洲开发银行,《2011 年亚洲及太平洋地区国际比较项目,购买力平价与实际支出,概要报告》,第 12 页。

② 参阅联合国,《国际比较项目工作手册》,转引自郑京平,1996 年。

③ 引自"马建堂出席新一轮国际比较项目全球执行委员会第一次会议",中国信息报,2009 年 10 月 21 日,第 001 版。

位和认识中国目前所处的经济发展阶段,对于借鉴其他国家的发展道路、经济发展经验具有重大意义。

当然,ICP 在理论上设计完美是一回事,能否保证得到完美实现又是另外一回事。毋庸讳言,现行的全球 ICP 项目仍存在诸多不足。面对 ICP,不仅要关注"怎么看"的问题,更重要的是应关注"怎么用"的问题。

一是趋利避害。中国经济快速发展,国际竞争力显著提高,外部干扰和遏制力量也日益增大。在经济全球化的过程中,必须始终坚持国家利益高于一切。中国全面参加全球 ICP 项目有利有弊,关键在于趋利避害。改革开放以来,我国的综合国力逐步进入世界前列,但由于人口多、底子差,目前仍然属于发展中国家,人均实际产出和消费水平(包括货物和服务)还很低。在开展国际比较研究时,要积极向世界阐明这个基本事实,既不怕捧杀,也不怕棒杀。

二是为我所用。现行 ICP 项目各种汇总与链接方法并不完善,规格品设计、调查方案等也都存在不足。ICP 对发展中国家 GDP 水平普遍存在较为严重的高估倾向。因此,中国在参加世行全球 ICP 活动时,应加强前瞻性分析、预判与应对,使之为我所用。中国在实施 ICP 项目时应在调查地域选择、价格信息采集、数据核查整理等环节提出自己的建议,在统计方法上向以市场经济为基础的国际标准靠拢,积极完善有关理论与方法,针对中国城乡二元结构并存、地区间差异巨大的现实,提出适合中国国情的统计方法,在理论和方法创新上为 ICP 项目作出自己的贡献。

既然是大势所趋,中国应以一种更加开放和包容的心态来看待 ICP 项目,以一种大国的气魄积极参与 ICP 项目,视而不见或者一拒了之并非上策。更为可取的策略是,以更积极、主动的姿态全面参与 ICP 项目,从战略的高度加强 ICP 理论与实践的研究,妥善应对 ICP 项目的实施和结果评估、应用。积极和世界银行、ICP 全球办公室、亚太区办公室进行沟通、协调与合作,针对下一轮 ICP 项目,积极地、前瞻性地妥善应对,争取中国乃至发展中国家在进行国际经济比较中的话语权,获得更加公平的待遇,为我国的宏观经济管理与长期规划提供决策和制定政策的依据。

14.4 如何看待购买力平价法提供的数据

世界银行于 2014 年 4 月 30 日发布的 ICP 项目初步结果显示,中国 2011 年购买力平价结果为 3.506,也就是说 1 美元与 3.506 元人民币的购买力相当,同期人民币对美元的汇率为 6.46,两者相差甚远。虽然无论利用购买力平价法还是汇率法计算,中国在 2013 年都是世界第二大经济体,但是占全球 GDP 比例却不同。按照购买力平价法,中国占全球 GDP 的 14.9%,按照汇率法估算,只占 10.4%。许多人发出这样的疑问,两种方法相差如此之大,到底哪种算法比较靠谱?

汇率法的长处是即时快捷、简单直观、折算方便、全球公认,在比较国际贸易、进出口价值时特别有效。另外,汇率作为货币的一种等价比率,对跨国投资、跨国贸易、跨国消费有比较充分的反映。长期以来,人们大都习惯于使用汇率将以不同货币单位计量的各国经济总量折算成统一的货币单位,并在此基础上进行国际比较。

汇率法的缺点很多。汇率法假设所有商品和服务都能投入国际贸易,这一点明显不符合事实。各国相对价格差异很大,导致计算出来的商品和服务的价值缺乏可比性。在统计 GDP 时,各国选取的代表品组合不同,导致显著的统计误差。此外,汇率波动使得汇率法统计出来的 GDP 上下波动,往往导致对经济增长趋势的误解。汇率波动往往受到人为因素的影响,比如投机因素、政治因素等。这些因素独立于市场价格、供求关系等市场信号,和 GDP 的规模以及变化趋势无关。

由于汇率只反映了国际贸易中的货物与服务的比例关系,而且未考虑各国价格水平差异,从理论上来讲,汇率难以充分表现不同国家或地区间的货币购买力。因此,统计学界一直探索推出一种能反映货币相对购买力的方法来验证和补充汇率法计算结果,购买力平价法就是这样的一种探索。按照统计学理论,通过 ICP 项目测算得到的购买力平价是一个优于汇率的货币转换工具。它的本意是测量各国货币的购买力,测度同一产品在不同国家的价格比率。从理论设计和技术角度看,购买力平价法固然要比汇率法严密得多。当然,这并非意味着 ICP 方法的结果就一定优于汇率法。

因为购买力平价是从下往上逐级汇总得到的,其优点是可以得出各层次实际支出结果,其缺点是计算结果取决于价格结构和权重结构。购买力平价计算结果正确与否取决于多种因素:规格品价格是否代表基本类所有产品价格的平均水平? 如果有偏差,这种偏差被权重放大到何种程度? 这种权重是否正确估计? 除了价格结构、权重结构方面的不可靠性,概念框架层面、方法和调查数据层面的不可靠性等均会导致计算结果不可靠。

购买力平价法在实施时所要求的限定条件很多,而现实经济生活中,这些前提条件并不能得到充分甚至必要的满足。各参加国上报的支出分类和价格数据的可信度也高低不一,许多项目本身是难以比较的。

ICP 项目在汇总和链接方面也存在诸多技术难点,无论选用什么样的代表品以及选用什么样的汇总方法都会严重影响购买力平价的评价结果。实施全球 ICP 项目,不得不在所选比较项目的代表性与可比性之间做出权衡,以找出一个妥协方案。因此,虽然 ICP 方法比汇率法在设计上的技术含量更高,但是不能因此盲目迷信其估计结果。对此,世界银行组织了各国专家进行攻关,但还是承认,由于购买力平价方法存在很多问题,必须提供相应说明,以便用户能更好地理解各类图表、相关分析和结果的局限性。

其实,在实施第八轮 ICP 之前,已有不少经济学家和研究机构使用购买力平价法来估计中国 GDP。可是由于对商品样本的选择不同,依据的资料不同,使用的估算方法不同,得出的结论相差悬殊,最高和最低的估计差了一倍多。按照一般规律,如果各种统计方法得出的结论上下差 10%,人们对统计的准确度就已经很不满意了。用统计学的术语来说,统计方差如此之大,这些数据基本上不能提供什么有用的信息了。

由于购买力平价法和汇率法各有长短,其优劣就不可一概而论,应根据不同应用领域和应用目的选取合适的方法。总体而言,汇率法 GDP 的比较更适合经济体量和贸易量相近且人为因素影响程度相近的两个经济体,购买力平价法 GDP 的比较更适合人均水平相近的两个经济体。两种方法各有长短利弊,不能以一者否定另一者。

　　既然联合国和世界银行同时公布两套 GDP 数字,采用哪一套都有道理。不过,在进行国际比较的时候切切注意,一定要采用同一种方法。如果采用汇率法,就对所有国家都采用汇率法;如果采用购买力平价法,就统统采用购买力平价法。千万不要对某些国家采用汇率法,而对另外一些国家采用购买力平价法。如果对参加比较的国家采用不同的统计方法,这样的比较毫无意义。

参 考 文 献

中文文献

George J. Gilboy、钟宁桦,"度量中国经济:购买力平价的适当应用",经济研究,2010 年第 1 期。

Robert C. Feenstra, "中国有多大?",经济学(季刊),2012 年第 11 期。

陈杰、孙小英,"基于平减指数的 GDP 数据修订的合理性解析",统计与决策,2010 年第 10 期。

陈相成,"购买力平价国际比较的局限性和前景",经济经纬,1996 年第 5 期。

陈相成,"国际经济中的购买力平价研究状况及其计算方法",经济经纬,1996 年第 4 期。

褚可邑,"对 MPS 与 SNA 核算体系的比较分析",深圳大学学报(人文社会科学版),1996 年第 2 期。

丛培华,"国际经济比较中量值统一的价值尺度——剖析联合国 ICP 方法的缺陷",统计研究,2007 年第 5 期。

崔大沪,"外商直接投资与中国的加工贸易",世界经济研究,2002 年第 6 期。

范超,"购买力平价在国际组织中的主要应用",中国统计,2011 年第 12 期。

高凯平,"MPS 与 SNA 两大国民经济核算体系中国民收入指标的比较",山西统计,1999 年第 2 期。

高莉,《中国国内生产总值的国际比较方法研究》,湖南大学出版社,2005 年。

郭红丽、王华,"宏观统计数据质量评估的研究范畴与基本范式",统计研究,2011 年第 6 期。

郭熙保,"购买力平价与我国收入水平估计——兼评克拉维斯对中国收入的估计结果",管理世界,1998 年第 4 期。

国家统计局国民经济核算司,"我国国民经济核算的历史性转变从 MPS 到 SNA",中国统计,2008 年第 8 期。

国家统计局国民经济核算司,《中国经济普查年度国内生产总值核算方法》,中国统计出版社,2008 年。

国家统计局,《中国统计年鉴2001》,中国统计出版社,2002 年。

何算,"从 MPS 到 SNA:国民经济核算体系不断发展完善",中国信息报,2010 年 10 月 22 日。

江小涓、李辉,"我国地区之间实际收入差距小于名义收入差距——加入地区间价格差异后的一项研究",经济研究,2005 年第 9 期。

李翀,"两种国际经济比较方法缺陷性差异的分析",中国经济问题,2005 年第 3 期。

李岱松、汪晓霞、宋戈平,"各国货币对美元购买力平价转换系数研究",数量经济技术经济研究,2002 年第 9 期。

李金华,"联合国三大核算体系的演化与历史逻辑",国外社会科学,2012 年第 2 期。

李伟,"统计数据修订 Q&A",调研世界,2011 年第 10 期。

李文薄,"试析 MPS 与 SNA 国民经济综合指标的换算对比方法",统计研究,1987 年第 5 期。

联合国等,《2008 年国民账户体系》,中国统计出版社,2012 年。

刘瑞中,"十八世纪中国人均国民收入估计及其与英国的比较",中国经济史研究,1987 年第 3 期。

刘似臣,"我国加工贸易的产业升级效应研究",统计研究,2005 年第 2 期。

刘逊,"中国历史上的 GDP 估算中跨国换算方法初探",中国经济史研究,2011 年第 3 期。

刘轶芳、何菊香、刘向丽,"GDP 两种测算结果差异原因的实证分析",经济研究,2007 年第 7 期。

隆国强,"加工贸易发展问题研究",国际贸易,2006 年第 9 期。

骆祖春、高波,"新中国六十年来工业化发展时段标准的确定——基于世界银行 2005 年国际比较项目(ICP)结果的研究",学海,2009 年第 6 期。

邱东,"PPP 同质度指数的设计",2013 年上海财经大学经济统计学研讨会报告。

邱东,"对国际经济比较方法的若干思考",统计研究,1996 年第 6 期。

邱东,"宏观测度的边界悖律及其意义",统计研究,2012 年第 8 期。

邱东,"偏差测度悖论与方法改进陷阱",学术问题研究,2007 年第 1 期。

邱东、杨仲山,《当代国民经济统计学主流》,东北财经大学出版社,2004 年。

任若恩、陈凯、韩月娥,《中美国民生产总值的双边比较》,航空工业出版社,1992 年。

任若恩、李洁、郑海涛、柏满迎,"关于中日经济规模的国际比较",世界经济,2006 年第 8 期。

任若恩、郑海涛、柏满迎,"关于中美经济规模的国际比较研究",经济学(季刊),2008 年第 1 期。

桑百川、李玉梅，"外国直接投资与我国对外贸易失衡"，国际贸易问题，2008 年第 6 期。

孙菲，"冷思考我国 GDP 排名全球第二"，沈阳工业大学学报(社会科学版)，2011 年第 1 期。

孙鹤，"从 MPS 体系到 SNA 体系——我国国民经济核算体系的转换及其意义"，经济问题探索，1997 年第 1 期。

孙秋碧，"国内生产总值的国际比较方法研究"，中南财经大学学报，1998 年第 1 期。

王成岐，"国际比较中两类购买力平价的区分"，统计研究，1994 年第 1 期。

王成岐，《联合国国际比较项目(ICP)若干问题研究》，东北财经大学出版社，1994 年。

王磊，"购买力平价(PPPs)测算方法研究评述"，统计研究，2012 年第 6 期。

王磊、周晶，"对中国省级地区相对价格水平的估计——基于一般化空间 CPD 模型的研究"，统计与信息论坛，2012 年第 8 期。

王志国，"一种基于比价体系的国际比较方法"，统计研究，2005 年第 11 期。

我国地区价差指数方法和应用研究课题组，"我国地区间价格水平差异比较研究"，统计研究，2014 年第 4 期。

邢予青、Neal Detert，"国际分工与美中贸易逆差：以 iPhone 为例"，金融研究，2011 年第 3 期。

邢予青，"加工贸易、汇率和中国的双边贸易平衡"，金融研究，2012 年第 2 期。

徐滇庆、王直、李昕，《从外贸顺差到汇率之争》，北京大学出版社，2013 年。

许宪春，"GDP 数据修订对若干问题的影响(上)"，中国统计，2006 年第 9 期。

许宪春，"GDP 数据修订对若干问题的影响(下)"，中国统计，2006 年第 10 期。

许宪春，"利用 GDP 进行国际比较需要注意的问题"，经济与管理研究，2007 年第 5 期。

许宪春，"中国国内生产总值核算"，经济学(季刊)，2002 年第 4 期。

许宪春，"中国两次 GDP 历史数据修订的比较"，经济科学，2006 年第 3 期。

闫国庆、陈丽静，"加工贸易对我国经济增长作用的实证分析"，国际经贸探索，2005 年第 2 期。

余芳东，"对购买力平价和汇率在 GDP 国际比较中的重新评价"，统计研究，1997 年第 6 期。

余芳东，"购买力平价和汇率方法的差异程度及其原因分析"，统计研究，2003 年第 8 期。

余芳东，"关于世界银行 2005 年 ICP 结果、问题及应用的研究"，统计研究，2008 年第 6 期。

余芳东，"关于世界银行推算中国购买力平价的方法、结果及问题研究"，管理世界，2008 年第 5 期．

余芳东，"2011 年新一轮国际比较项目(ICP)方法改进"，统计研究，2011 年第 1 期。

余芳东，"人民币汇率与购买力平价的关系分析"，改革，2003 年第 6 期。

余芳东，"中国购买力平价 PPP 数据的合理性论证"，统计研究，2013 年第 11 期。

余玲,"我国利用外商直接投资的现状及发展思路",战略研究,2011年第2期。

袁卫、邱东、任若恩、李善同、何新华,"专家诠释 ICP",统计研究,2008 年第 6 期。

曾五一,"关于中国 GDP 的国际比较",厦门大学学报(哲学社会科学版),1999 年第 2 期。

曾五一、许永洪,"中国国民经济核算研究 30 年回顾",统计研究,2010 年第 1 期。

张鸿,"我国对外贸易结构及其比较优势的实证分析",国际贸易问题,2006 年第 4 期。

张启江,"SNA 与 MPS 的差异分析及在投入产出模型中的处理",统计研究,1987 年第 6 期。

张迎春,"世界银行的购买力平价体系研究",统计教育,2008 年第 7 期。

张迎春,"中国距离全面参与国际比较项目还有多远",东北财经大学博士论文,2007 年。

赵进文、薛艳,"我国分季度 GDP 估算方法的研究",统计研究,2009 年第 10 期。

郑海涛、柏满迎、任若恩,《国际经济比较的理论、方法和应用》,科学出版社,2011 年。

郑学工、董森,"世界主要国家季度 GDP 核算方法研究",统计研究,2011 年第 11 期。

中华人民共和国国家统计局,《中国主要统计指标诠释》,中国统计出版社,2010 年。

朱启贵,"中国国民经济核算体系改革发展三十年回顾与展望",商业经济与管理,2009 年第 1 期。

邹宗明,《联合国国际比较项目手册》,档案出版社,1993 年。

英文文献

Asea, Patrick K. and Enrique G. Mendoza, The Balassa-Samuelson Model: A General-equilibrium Appraisal, Review of International Economics,1994(2).

Balassa Bela, The Purchasing-Power Parity Doctrine: A Reappraisal, Journal of Political Economy,1964(72).

Branko Milanovic, Global Inequality Recalculated: The Effect of New 2005 PPPs Estimates on Global Inequality, World Bank, 2009.

Cassel, G., Money and Foreign Exchange after 1914. The Macmillan Company, New York, 1922.

Chenery, H. B. and Syrquin, M., Patterns of Development, 1950-1970. Oxford University Press, 1975.

Clifford German, A Tentative Evaluation of World Power, Journal of Conflict Resolution, 1960 (4):138-144.

Deaton, Angus and Alan Heston, Understanding PPPs and PPP-Based National Accounts. NBER Working Paper, 2008. http://www.nber.org/papers/w14499

Deaton, Angus and Olivier Dupriez, Spatial Price Differences within Large Countries. Princeton

University and World Bank Working Paper, 2011 July.

Dornbusch, Rudiger, Expectations and Exchange Rate Dynamics, Journal of Political Economy, 1976(6).

Froot Kenneth A. and Rogoff Kenneth, The EMS, the EMU, and the Transition to a Common Currency. NBER Working Papers 3684, National Bureau of Economic Research, Inc.

Froot Kenneth A. , and Rogoff Kenneth, Government Cousumption and the Real Exchange Rate: The Empirical Evidence. Harvard Business School, 1991.

Hsieh, David, The Determination of the Real Exchange Rate: The Productivity Approach, Journal of International Economics,1982(12).

Isard, P. , Exchange Rate Economics. Cambridge University Press, 1995.

Jacob Frenkel, The Collapse of Purchasing Power Parities during the 1970s. NBER Working Paper, w0569, 1981 August.

Keidel Albert, How Badly do China's National Accounts Underestimate China's GDP? Rock Creek Research, Mimeo, 1992.

Kenneth Neal Waltz, Theory of International Politics. Addison-Wesley, 1979.

Klaus Knorr, The War Potential of Nations. Princeton University Press, 1965.

Lee, F. , and Tang J. , Productivity Levels and International Competitiveness between Canadian and U. S. Industries, American Economic Review, 2000(2).

Maddison, A. and Ark, B. Van, The International Comparison of Real Product and Productivity, http://ideas. repec. org/p/dgr/rugggd/199406. html

Maddison Angus, Chinese Economic Performance in the Long Run. OECD Development Center, 1998.

Mason, G. , O'Leary B. and Vecchi M. , Cross-country Analysis of Productivity and Skills at Sector Level, Report to Sector Skills Development Agency. National Institute of Economic and Social Research, London, 2009.

Moshe Syrquin, and Hollis Chenery, Three Decades of Industrialization, The World Bank Economic Review, 1989(3).

Obstfeld, Maurice and Kenneth Rogoff, Global Imbalances and the Financial Crisis: Products of Common Causes. Working Paper, 2009. http://elsa. berkeley. edu/ ~ obstfeld/ santabarbara. pdf

Officer, Lawrence H. , The Purchasing-Power-Parity Theory of Exchange Rates: A Review Article. International Monetary Fund Staff Papers #23, 1976 March.

O'Mahony, M. and Timmer M. P. , Output, Input and Productivity Measures at the Industry Level: The EU KLEMS Database, Economic Journal, 2009(119).

Oulton, Nicholas. Ex Post versus Ex Ante Measures of the User Cost of Capital, Review of Income and Wealth, 2007(2).

Paige, D. and Bombach G. , A Comparison of National Output and Productivity of the United Kingdom and United States. OEEC, Paris, 1959.

Pilat, D. , The Economics of Rapid Growth: The Experience of Japan and Korea. Aldershot: Edward Elgar, 1994.

Porter, M. E. , The Competitive Advantage of Nations. Free Press, 1990.

Ray S. Cline, World Power Assessment: A Calculus of Strategic Drift. Westview Press, 1975.

Rogoff Kenneth, The Purchasing Power Parity Puzzle, Journal of Economic Literature, 1996(34).

Simon S. Kuznets, National Income and Its Composition, 1919-1938. NBER, 1941.

Stephanie H. McCulla, Alyssa E. Holdren, and Shelly Smith, Improved Estimates of the National Income and Product Accounts, Results of the 2013 Comprehensive Revision, Survey of Current Business, 2013(9).

United Nations, ESCAP Comparisons of Real Gross Domestic Product and Purchasing Power Parities, UN, New York, 1994.

Vachris A. Michelle, and Thomas James, International Price Comparisons Based on PPPs, Monthly Labor Review, 1999 Oct.

Victor R. Fuchs, The Growth Importance of the Service Industries, The Journal of Business, 1965, 38(4): 344-373.

Wilhelm Fucks, Formeln zur Macht: Prognosen uber Volker, Wirschaft Potentiale, 1965.

World Bank, ICP 2003-2006 Handbook, World Bank, 2008.

World Bank, Measuring the Real Size of the World Economy: The Framework, Methodology, and Results of the International Comparison Program, World Bank, 2013.

World Bank, Summary of Results and Findings of the 2011 International Comparison Program. ICP 2011 Technical Notes for the Executive Board, 11th Executive Board Meeting, 2014 March.

中英文专业术语对照

ARIMA：综合自回归移动平均

ATLAS：图表集法

CAR：国家间再分配法

CPD：国家产品虚拟法

CPI：居民消费价格指数

CPRD：国家产品代表性虚拟法

EKS：EKS 法

EMH：有效市场假说

EX：汇率

FDI：外商直接投资

GDP：国内生产总值

GK：GK 法

GNI：国民总收入

ICP：国际比较项目

IMF：国际货币基金组织

LUC：单位本币

MPS：物质产品平衡体系

NBS：中国国家统计局

NGO：非政府组织

NIPAs：国民收入和生产账户

OECD：经济合作与发展组织

OEEC：欧洲经济合作组织

PARE：价格调整汇率法

PISA：国际学生评估项目

PLI：价格水平指数

PPI：生产者价格指数

PPP：购买力平价

R&D：研究与开发

SAM：社会核算矩阵

SEEA：环境经济综合核算体系

SNA：国民账户体系（国民经济核算体系）

SSDS：社会和人口统计体系

TAG：技术咨询小组

WB：世界银行

WDI：世界发展指数